Terminología de la conservación-restauración de bienes patrimoniales

Carles Tebé / Luciana Pissolato / Ignacia Montero (eds.)

Terminología de la conservación-restauración de bienes patrimoniales

PETER LANG

Lausanne · Berlin · Bruxelles · Chennai · New York · Oxford

Catalogación en publicación de la Biblioteca del Congreso

Names: Tebé, Carles editor | Pissolato, Luciana editor | Montero, Ignacia editor
Title: Terminología de la conservación-restauración de bienes patrimoniales /
   [edited by] Carles Tebé, Luciana Pissolato, Ignacia Montero.
Description: First edition. | Berlin ; New York : Peter Lang, [2025] |
   Includes bibliographical references. | Text is in Spanish.
Identifiers: LCCN 2025004159 (print) | LCCN 2025004160 (ebook) |
   ISBN 9783034353724 paperback | ISBN 9783034353731 ebook | ISBN 9783034353748 epub
Subjects: LCSH: Historic preservation--Terminology | Antiquities--Collection and preservation |
   Cultural property--Conservation and restoration | Historic sites--Conservation and restoration |
   Academia Chilena de la Lengua | Universidad Católica de Chile | Centro Nacional de
   Conservación y Restauración (Chile) | Chile. Comité Nacional de Conservación Textil |
   Consejo de Monumentos Nacionales (Chile) | Interdisciplinary approach to knowledge
Classification: LCC CC135 .T436 2025 (print) | LCC CC135 (ebook) |
   DDC 363.6/90983--dc23/eng/20250402
LC record available at https://lccn.loc.gov/2025004159
LC ebook record available at https://lccn.loc.gov/2025004160

Información bibliográfica publicada por la Deutsche Nationalbibliothek
La Deutsche Nationalbibliothek recoge esta publicación en la Deutsche Nationalbibliografie;
los datos bibliográficos detallados están disponibles en Internet en http://dnb.d-nb.de.

Publicación financiada por la Agencia Nacional de Investigación y Desarrollo de Chile (ANID)
a través del proyecto de investigación aplicada FONDEF IDEA I+D ID22I10052 "Plataforma
para la identificación de las alteraciones a los bienes patrimoniales chilenos."

ISBN 978-3-0343-5372-4 (Print)
E-ISBN 978-3-0343-5373-1 (E-PDF)
E-ISBN 978-3-0343-5374-8 (E-PUB)
DOI 10.3726/b22306

© 2024 Peter Lang Group AG, Lausanne
Publicado por Peter Lang Group AG, Lausanne, Schweiz
info@peterlang.com

www.peterlang.com

Índice

Presentación del volumen

Este volumen contiene una selección de textos basados en las ponencias que se presentaron en la I Jornada Internacional ConservaTerm, sobre la terminología de la conservación-restauración de bienes patrimoniales. La Jornada estuvo organizada por la Facultad de Letras de la Pontificia Universidad Católica de Chile (PUC), el Centro Nacional de Conservación y Restauración (CNCR), el Comité Nacional de Conservación Textil (CNCT), el Consejo Nacional de Monumentos (CNM) y la Academia Chilena de la Lengua. Las actividades se llevaron a cabo el 1 y 2 de junio de 2023, en el Campus Oriente de la Universidad Católica, en formato híbrido, y contaron con más de 120 participantes[1].

La Jornada ConservaTerm consistió en una exposición de ponencias en el marco del proyecto FONDEF IDeA "Plataforma para la identificación de las alteraciones a los bienes patrimoniales de Chile", cuya finalidad es llevar a cabo un proceso de normalización terminológica en el ámbito de la conservación-restauración de bienes patrimoniales, en el español de Chile. En esta Jornada se presentaron distintos trabajos de ponentes tanto del equipo que se adjudicó el proyecto (terminólogos de la PUC), como de conservadores-restauradores de las entidades asociadas al proyecto (CNCR y CNCT), y de otros especialistas en el ámbito, con objeto de generar una instancia de exposición y diálogo multidisciplinar que permitiera abrir nuevos senderos de conocimiento y colaboración dentro de las diversas áreas involucradas en la terminología del ámbito de la conservación y restauración de bienes patrimoniales. En la Jornada se invitó además a tres investigadoras de otros países, de trayectoria académica muy reconocida, para

[1] Este volumen contó con la financiación de la Agencia Nacional de Investigación y Desarrollo (ANID) de la República de Chile, a través del proyecto de investigación aplicada ANID SIA FONDEF IDeA I+D ID22I10052.

que hicieran aportes a la temática de la Jornada: Cleci Bevilacqua (Brasil), Isabel Medina (México) y Ana María Calvo (España).

Posteriormente se ofreció a los ponentes publicar un capítulo de libro en una monografía que recogiera las principales ideas vertidas en la Jornada, y los editores seleccionaron un total de diez textos que se enviaron a la editorial Peter Lang para que fueran evaluados mediante un proceso de revisión ciega por pares, que culminó en su posterior publicación en esta monografía.

Los capítulos de este volumen se han organizado en tres partes:
En la primera parte, *La normalización de la terminología de las alteraciones a los bienes patrimoniales chilenos*, los tres textos seleccionados están escritos por el equipo de terminólogos de la PUC, y explican el objetivo general del proyecto que da génesis al volumen, las etapas metodológicas que constituyen el proceso de normalización que se llevó a cabo, y las estrategias de detección de la variación terminológica que se utilizaron en el desarrollo del proyecto.

En la segunda parte, *Los términos de la conservación-restauración en Chile*, los cuatro textos seleccionados están redactados por conservadores-restauradores y especialistas del CNCR y del CNCT que tratan distintos aspectos de la terminología patrimonial y de su variación, vista desde el punto de vista de los especialistas que tratan diariamente con ella.

En la tercera y última parte, *La terminología de la conservación-restauración: miradas internacionales*, los tres textos seleccionados están a cargo de tres renombradas especialistas internacionales, que presentan distintos trabajos enfocados en problematizar la terminología del ámbito desde diferentes ángulos y perspectivas.

A continuación, se presentan los distintos capítulos del libro:
En el primero, titulado *La variación terminológica en el proyecto ConservaTerm*, Carles Tebé y Luciana Pissolato (Pontificia Universidad Católica de Chile), exponen la génesis del proyecto de investigación en normalización que dirigen, y describen los tipos y causas de variación terminológica más comunes en el corpus de textos con que trabajaron.

En el segundo, titulado *Metodología para la normalización terminológica en el ámbito de las alteraciones a los bienes patrimoniales chilenos: el proyecto ConservaTerm*, Luciana Pissolato, Carles Tebé e Ignacia Montero (Pontificia Universidad Católica de Chile) describen el proceso, las etapas metodológicas y los protocolos de trabajo desarrollados en el marco del proyecto para llevar a cabo un proceso de normalización terminológica en el ámbito de la conservación-restauración de bienes patrimoniales.

En el tercer capítulo, titulado *Marcas lingüísticas para la detección de variación terminológica en el corpus ConservaTerm*, Ignacia Montero (Pontificia Universidad Católica de Chile) presenta distintas estrategias de detección de variación terminológica en el ámbito de la conservación-restauración de bienes patrimoniales en Chile como parte del proceso llevado a cabo para la consecución del objetivo general del proyecto FONDEF en el que se enmarca esta publicación.

En el cuarto capítulo, *De "deterioro" a "alteración", más allá de un cambio en el término*, María Ángela Benavente (Centro Nacional de Conservación y Restauración) presenta un trabajo donde discute las diferencias conceptuales y culturales que se hallan detrás de la alternancia terminológica entre dos posibles variante de un mismo concepto, *deterioro* y *alteración*.

En el quinto capítulo, *Denominaciones textiles: lenguaje universal, lenguaje especializado*, Francisca Campos, Soledad Hoces De La Guardia y Ana María Rojas (Comité Nacional de Conservación Textil) abordan en su texto las variables que inciden en el problema de las denominaciones en el ámbito textil, reconociendo que su génesis es temprana y paralela al desarrollo de las tecnologías asociadas a esta materialidad, generando una lógica de pensamiento y relaciones que son aplicados a otros ámbitos de acción de las personas.

En el sexto capítulo, *Conservación y restauración: la variación terminológica de los conceptos clave en el contexto de los profesionales chilenos*, Silvana Bojanoski (Universidad Federal de Pelotas, Brasil), presenta una discusión sobre la variación de los términos *conservación* y *restauración* a partir de un análisis terminológico puntual realizado en los textos y artículos de la Revista Conserva, publicada por la institución chilena Centro Nacional de Conservación y Restauración (CNCR).

En el séptimo capítulo, *Avances, funcionalidades y colaboraciones en las herramientas para la normalización de vocabulario del Centro de Documentación de Bienes Patrimoniales de Chile*, Iris Moya (CDBP) presenta en su trabajo distintas herramientas para la normalización del vocabulario, en el marco del trabajo de documentación que realiza en su centro.

En el octavo capítulo, *La conservación y restauración de los bienes culturales en papel: principios teórico-metodológicos para la construcción de una base de datos terminológicos*, Cleci Bevilacqua (Universidad Federal do Río Grande do Sul, Brasil) trata los principios teórico-metodológicos aplicados en la elaboración de una base de datos terminológicos sobre la conservación y restauración de bienes culturales en papel llevada a cabo por el Grupo Terminológico Cone Sul (Termisul).

En el noveno capítulo, *Sobre la terminología en conservación-restauración: implicaciones, saberes, procesos y desafíos*, Isabel Medina (ENCRyM-INAH, México) explora, analiza y problematiza en su capítulo la terminología de la conservación-restauración desde perspectivas conceptuales, disciplinarias, interdisciplinarias para profundizar en sus implicaciones, saberes y procesos. Con ello, busca encontrar vías de profundización sobre los fundamentos, prácticas y resultados de los procesos de estandarización terminológica en nuestro campo, amén de clarificar sus desafíos.

En el décimo y último capítulo del libro, *Reflexiones sobre terminología en conservación y restauración*, Ana María Calvo (España) expone cómo la terminología en la conservación y restauración del patrimonio cultural ha adquirido gran desarrollo en los últimos años. Así, a la luz del avance que se ha producido en este tipo de trabajos, reflexiona sobre la importancia de editar y difundir estos diccionarios con las variantes terminológicas y las equivalencias en otras lenguas.

Los editores de este volumen esperamos que los diez capítulos que lo conforman sean un aporte a la disciplina de la terminología y también a la disciplina de la conservación-restauración de bienes patrimoniales. El trabajo interdisciplinario llevado a cabo entre lingüistas-terminólogos y conservadores-restauradores ha resultado fructífero, y ha permitido visualizar un interés colectivo más allá de las instituciones que han trabajado en el proyecto, como se comprobó en la asistencia a la Jornada ConservaTerm de junio de 2023, que está en el origen de este proyecto de investigación aplicada.

El resultado aplicado de este proyecto –la plataforma con la terminología normalizada y el validador de textos– debe entregarse en enero de 2025, y su acceso y consulta serán públicos. Pero el trabajo, las reflexiones y las investigaciones que dieron origen a este producto esperamos que perduren a través de este volumen, que puedan aplicarse –con los ajustes que sean necesarios– a otros ámbitos, y que sean un paso más en la evolución del conocimiento interdisciplinario en las humanidades.

Carles Tebé
Luciana Pissolato
Ignacia Montero

Pontificia Universidad Católica de Chile

La normalización de la terminología de las alteraciones a los bienes patrimoniales chilenos

I. La variación terminológica en el proyecto ConservaTerm

Carles Tebé, Luciana Pissolato

RESUMEN

La variación terminológica ha sido objeto de descripción y análisis en los últimos años, sobre todo desde la reacción a la Teoría General de la Terminología (TGT), paradigma dominante hasta los años 90. Los nuevos enfoques teóricos y metodológicos surgidos desde entonces, como la socioterminología, la terminología sociodiscursiva, la terminología textual, la terminología sociocognitiva y, finalmente, la Teoría Comunicativa de la Terminología (TCT), han privilegiado el enfoque semasiológico del trabajo terminológico, la aproximación descriptiva, y el análisis textual a partir de los instrumentos que proporciona la lingüística de corpus.

En este trabajo proponemos una actualización de la descripción de la variación terminológica a partir de un corpus monolingüe en español de Chile sobre conservación-restauración de obras de arte, proporcionado por el Centro Nacional de Conservación y Restauración de Chile (CNCR). El corpus consta de diferentes géneros y tipos textuales que deben servir de base para la elaboración de un glosario pensado, en una primera etapa, para la normalización terminológica del léxico especializado del español de Chile en este ámbito; en una segunda etapa, el proyecto incorporará otras variantes geolectales del español; y, por último, incorporará como lenguas de equivalencia el portugués del Brasil, junto con el inglés.

El ámbito de las humanidades y, en particular, el del arte, es un ámbito propicio para actualizar la descripción de la variación terminológica, que se da en menor medida en otras áreas más técnicas o científicas.

En este texto se presentará en primer lugar un breve estado actual de los estudios de variación terminológica y, posteriormente, sobre la base de un análisis del corpus CNCR, se procederá a la discusión actualizada de las tipologías y causas de la variación terminológica en el ámbito de los bienes patrimoniales, en la modalidad lingüística del español de Chile.

ABSTRACT

Terminological variation has been the subject of description and analysis in recent years, especially since the reaction to General Terminology Theory, the dominant paradigm until the 1990s. The new theoretical and methodological approaches that have emerged since then, such as socio-terminology, socio-discursive terminology, textual terminology, socio-cognitive terminology, and finally the Communicative Theory of Terminology, have privileged the semasiological approach to terminological work, the descriptive approach, and textual analysis based on the instruments provided by corpus linguistics.

In this paper we propose an update of the description of terminological variation based on a monolingual corpus in Chilean Spanish on conservation and restoration of works of art, provided by the Centro Nacional de Conservación y Restauración de Chile (National Center for Conservation and Restoration of Chile). The corpus consists of different genres and textual types that should serve as the basis for the elaboration of a glossary designed, in a first stage, for the terminological standardization of the specialized lexicon of Chilean Spanish in this field; in a second stage, the project will incorporate other geolectal variants of Spanish; and finally, it will incorporate Brazilian Portuguese, together with English, as languages of equivalence.

The field of the humanities, and that of art, is an area conducive to updating the description of terminological variation, which occurs to a lesser extent in other more technical or scientific areas.

In this text we will first present a brief current state of terminological variation studies, and then, based on an analysis of the CNCR corpus, we will proceed to an updated discussion of the typologies and causes of terminological variation in the field of patrimonial goods, in the linguistic modality of Chilean Spanish.

Introducción

Un problema crítico que enfrentan los organismos públicos que producen y transmiten conocimiento especializado, es la falta de una terminología normalizada. El problema particular que abordamos en este proyecto se sitúa en el ámbito temático de la conservación y restauración de los bienes patrimoniales, y en un ámbito geolingüístico concreto –el español de Chile–. Los problemas que plantea la falta de una terminología normalizada en el Centro Nacional de Conservación y Restauración de Chile (en adelante, CNCR), dependiente del Ministerio de las Culturas, las Artes y el Patrimonio, son graves, y se sitúan en dos planos: problemas de fijación del conocimiento, y problemas de comunicación de ese conocimiento. En el terreno de la fijación del conocimiento, el problema principal es la falta de consenso en torno a los límites de muchos de los conceptos que utilizan, y en las denominaciones (términos especializados) que las designan. En los trabajos preliminares ya realizados, se observan fenómenos de sinonimia, polisemia, variación denominativa y variación conceptual, que necesitan ser abordados de una forma sistemática. En el terreno de la comunicación, los problemas se manifiestan en a) la redacción de documentos necesarios para llevar a cabo sus trabajos de conservación-restauración –diagnósticos, fichas clínicas, informes de intervención–; b) en las acciones de formación que llevan a cabo los conservadores y restauradores en el propio Centro y a lo largo de todo Chile (cursos, seminarios, talleres); y c) se manifiestan también en los intercambios con otros especialistas de fuera del CNCR (simposios, congresos, jornadas científicas). La falta de una terminología normalizada en el ámbito de los bienes patrimoniales redunda en la dificultad de redactar un diagnóstico y de acordar, por lo tanto, las acciones adecuadas para solucionar el problema que este bien presenta; y, en consecuencia, en la imposibilidad de comunicar eficazmente con la contraparte interesada el estado de conservación de ese bien.

No es posible la generación, producción y comunicación de conocimiento científico, tecnológico, humanístico o social, sin su vehiculación mediante términos especializados. En la gran mayoría de ámbitos científicos y técnicos existe un trabajo explícito, constante y consensuado para fijar los conceptos de cada disciplina, así como la o las denominaciones adecuadas para designar cada concepto, con objeto de evitar ambigüedades, incomprensiones y otros problemas propios de la comunicación especializada. En algunos ámbitos, este trabajo de normalización terminológica se lleva a cabo en organismos internacionales y tiene carácter multilingüe; en otros casos, se lleva a cabo en organismos o asociaciones nacionales, y tienen carácter monolingüe

Por el contrario, en las ciencias humanas y sociales no existe una tradición generalizada de normalización terminológica. Ello explica las ambigüedades, las incomprensiones, y las confusiones conceptuales que a menudo se producen no ya en diálogos interdisciplinarios, sino incluso dentro de una misma disciplina y por especialistas con una misma formación de base. Este fracaso en una comunicación sin ambigüedades se debe a la proliferación de denominaciones para designar a un mismo concepto, sin que sea fácil determinar si son realmente sinónimas (es decir, semánticamente equivalentes), o bien, si existen dimensiones, matices, o rasgos semánticos que hacen que dos denominaciones parecidas se refieran, en realidad, a conceptos próximos, pero bien diferenciados.

Si tenemos en cuenta el rol central que juega el CNCR como centro de referencia nacional –y su prestigio a nivel internacional– en el ámbito de la conservación-restauración de bienes patrimoniales, se decidió abordar la normalización de su terminología de forma conjunta, entre un equipo de conservadores-restauradores del Centro, y terminólogos de la Facultad de Letras de la Pontificia Universidad Católica de Chile.

Referentes teóricos

En este apartado exponemos primero de forma sucinta el marco teórico utilizado para el proyecto; en segundo lugar, las referencias a la normalización del léxico patrimonial que hemos tenido en cuenta en el trabajo; y, finalmente, los antecedentes de trabajo conjunto entre el CNCR y la PUC.

El marco teórico de la variación terminológica de este proyecto conjunto parte de la Teoría Comunicativa de la Terminología (en adelante, TCT), y de los distintos aportes que realizaron Teresa Cabré y algunos de sus discípulos: Cabré (1999, 2003), Cabré & Estopà (2005), Freixa (2006), Suárez de la Torre (2004), Tebé (2006), Kostina (2011), Fernández-Silva (2011), y Tebé y Pissolato (2022).

En estos trabajos, se describe la variación terminológica como un fenómeno propio del lenguaje natural que se manifiesta en los textos especializados; por lo tanto, se admite como natural la variación de los conceptos y sus denominaciones. Asimismo, se considera que las unidades léxicas son polisémicas, pero se admite que algunas unidades pueden pertenecer solo a la comunicación general y aún no se han activado como términos, que algunos términos solo se utilizan en un ámbito específico o, incluso, que un término está presente en diversos ámbitos y en la comunicación general. Esto permite explicar la *banalización* (unidades especializadas que pasan a formar parte del lenguaje general), *terminologización* (unidades léxicas del lenguaje general que pasan al especializado) y la *pluriterminologización* (transferencia de unidades especializadas de un ámbito a otro). Se acepta la sinonimia como un fenómeno de la realidad comunicativa. Ahora bien, «cuanto más especializado es el texto mayor es su sistematicidad y menor su grado de variación denominativa» (Cabré, 1999, p. 55). Y, por último, se proponen distintas clasificaciones de la variación terminológica, así como diferentes explicaciones para los factores o causas de esta variación.

En el ámbito de la conservación-restauración de bienes patrimoniales existen muchos recursos externos que describen la terminología de este ámbito en forma de diccionarios (algunos internacionales y plurilingües; otros, monolingües en español).

Sin embargo, ninguno de estos recursos terminológicos en el ámbito de la conservación-restauración está normalizado, de modo que entre las distintas fuentes citadas:

a) hay discrepancias entre ellas a todos los niveles: selección de términos, indicación de sinónimos o términos preferentes y rechazables, relaciones entre conceptos, redacción de definiciones, etc.

b) la mayoría de estas obras son iberocéntricas; en otros casos, son traducciones de obras originales escritas en otros idiomas y, por encima de todo,

c) no recogen los usos del español de Chile, que posee una terminología propia fruto de su rica tradición en el área.

Entre las obras a destacar, citamos el *Glosario de términos técnicos inglés-español, español-inglés de conservación de libros y documentos* (1997) de John P. McCleary; el diccionario monolingüe *Conservación y Restauración. De la A a la Z* de Ana Calvo (2003); el *Diccionario técnico Akal de Conservación y Restauración de Bienes Culturales* (2003), el *Diccionario Técnico Akal de Materiales de Restauración* (2014); el *Diccionario de restauración y diagnóstico* (2008) de Cristina Giannini; el *Illustrated glossary on stone deterioration patterns* (2008) del International Scientific Committee for Stone (ISCS) de ICOMOS en inglés y francés; y, finalmente, el *Glosario Europeo ilustrado de términos de conservación de pintura mural y superficies arquitectónicas Ewaglos* (2015). En esta misma línea se inscribe el proyecto de Mireia Xarrié que, desde 2005, ha publicado tres *Glossary of Conservation* (I, II y III), además de un nuevo *Diccionario de conservación y restauración de obras de arte (A–Z)* desde 2007.

A nivel internacional, destacan el *Art & Architecture Thesaurus* desarrollado por el Getty Research Institute, que tiene su versión en español en el *Tesauro de Arte & Arquitectura* (TA&A) del Centro de Documentación de Bienes Patrimoniales del Servicio Nacional del Patrimonio Cultural. Sin embargo, si bien se encuentran en ellos algunos términos de conservación-restauración, no abarcan la totalidad de los términos, siendo la versión en español aún más limitada.

Como antecedentes de este proyecto, durante los años 2015 y 2016, conservadores y restauradores del Centro Nacional de Conservación y Restauración y profesores e investigadores del Magíster de Traducción de la PUC sostuvieron diversas reuniones que evidenciaron su interés en trabajar conjuntamente la terminología del ámbito de la conservación-restauración. Este trabajo conjunto partió del interés del CNCR por normalizar su propio vocabulario, tanto para finalidades de coherencia y sistematicidad del lenguaje de sus propios documentos, como para desarrollar un producto que pudieran usar sus investigadores visitantes y que homogeneizara las distintas denominaciones utilizadas para referirse a sus objetos y técnicas de trabajo. En este proyecto conjunto, que se inició con algunos glosarios elaborados internamente en el CNCR, sus conservadores y restauradores aportarían sus materiales y experiencia como especialistas en la materia, y los profesores e investigadores del Magíster, su conocimiento teórico, metodológico y práctico de la terminología como disciplina y como producto.

En 2016, en el marco del XV Simposio Iberoamericano de Terminología, que tuvo lugar en la Universidad de Sao Paulo, se presentaron cuatro ponencias relacionadas con este trabajo conjunto: i) *La terminología de la conservación-restauración de bienes patrimoniales: proyecto de estandarización y normalización de términos en el CNCR-DIBAM, Chile*, a cargo de Melissa Morales, Ángela Benavente y Javier Ormeño; ii) *Variación terminológica en un corpus de conservación y restauración de obras de arte*, a cargo de Carles Tebé; iii) *Metáfora terminológica y evolución conceptual*, a cargo de Luciana Pissolato y M. Isabel Diéguez; y iv) *Diseño de una base de datos terminológicos en el ámbito de la conservación y restauración de obras de arte*, a cargo de Marilyn Silva.

En 2017 se materializó un primer trabajo exploratorio de la colaboración de las partes, que consistió en la elaboración de una tesis final de Magíster titulada *Creación de una base de datos terminológicos en el ámbito de la conservación y restauración*, cuya autora es Marilyn Silva, y fue dirigida por Carles Tebé. Esta tesis se elaboró con materiales del CNCR y, muy especialmente, con la colaboración y asesoría permanente de sus especialistas, especialmente de la conservadora Melissa Morales.

En 2018 se elaboró una segunda tesis de Magíster sobre el tema, que da continuidad al trabajo inicial, titulada *Terminología de las alteraciones patrimoniales en el ámbito de la conservación de restauración de obras de arte*, cuyo autor es Ángel Adriazola y dirigida igualmente por Carles Tebé, con la contraparte de Melissa Morales en el CNCR. En el marco del XVI Simposio Iberoamericano de Terminología (Manizales, Colombia) el profesor Tebé presentó una ponencia titulada *Análisis de los tipos y causas de variación terminológica en el ámbito de la conservación y restauración*.

Hacia una primera clasificación de los tipos de variación

Una de las razones que llevaron al trabajo conjunto entre el CNCR y la PUC fue la gran presencia de variación terminológica en su vocabulario, como se detectó en el trabajo de Silva (2017). Al compilar en este trabajo la nomenclatura del vocabulario de la conservación y restauración de bienes patrimoniales, se puede reafirmar que la variación terminológica es quizá el rasgo más significativo que emerge de las fichas registradas.

En esta segunda descripción, tras la tesis de Magíster de Silva (2017), ahondamos un poco más en la caracterización de la variación terminológica presente, no sin advertir que sigue siendo una primera aproximación al fenómeno, y que solo una discusión caso por caso entre especialistas del CNCR y terminólogos podrá acabar de describir bien los tipos y causas de la variación en este ámbito.

De entrada, se observan los dos grandes tipos de variación descritos al presentar la Teoría Comunicativa de la Terminología de Cabré: la variación denominativa, y la variación conceptual.

La variación denominativa se da entre distintas unidades terminológicas (registrados en una misma ficha en la base de datos), que presentan entre ellas variación de forma y, a veces, variación de significado, aunque no necesariamente. La variación denominativa se puede dividir en distintos subtipos, según la naturaleza de esta variación formal: variación ortográfica, morfológica, sintáctica, reducciones, sinónimos…

La variación conceptual se da, esencialmente, entre unidades terminológicas que no cambian de forma, pero que presentan variaciones de significado.

En los estudios clásicos de lexicología, la variación denominativa es conocida como "sinonimia", y la variación conceptual es descrita como "polisemia". Pero, como hemos visto, la variación denominativa puede acarrear variación conceptual.

Como resultado del análisis se estableció que los términos del corpus se pueden clasificar en diferentes tipos de variación:

1. Variación denominativa de tipo morfológico

La variación morfológica es un tipo de variación denominativa en el que las variantes presentan variación en un morfema (puede ser prefijo, infijo o sufijo) pero se mantiene la base léxica:

- *astillamiento/astillado*
- *desencajadura/desencaje*
- *almacenamiento/almacenaje*
- *desadhesión/desadherencia*

- *desportilladura/desportillamiento*
- *amarillamiento/amarilleamiento*
- *disgregación/desagregación*

En los primeros cinco casos, la base léxica es la misma, pero cambia el sufijo. La mayoría son sufijos de acción/proceso/resultado y, por lo tanto, no existe una variación de significado apreciable, aunque en algún caso (a verificar por el CNCR) se pueda distinguir entre dos usos, según si refiere a un proceso o su resultado.

Por otro lado, se puede tomar como ejemplo los términos *amarillamiento* y *amarilleamiento*, y observar que lo que cambia entre ellos es el infijo "e", lo que da lugar a dos términos diferentes con una variación de una sola letra.

Finalmente, se observan los términos *disgregación* y *desagregación*, en donde lo que varía es el prefijo "dis-" y "des-", y se mantiene la misma base léxica. En el primer caso se trata de una base culta grecolatina, en el segundo es un prefijo que ya ha sido castellanizado.

2. Variación denominativa sintáctica, normalmente por reducción

La variación sintáctica es un tipo de variación denominativa en el que las variantes presentan algún tipo de diferencias en sus sintagmas. Típicamente, la variación sintáctica puede ser por un cambio en las preposiciones que integran la estructura léxica compuesta, o puede ser también por reducción o acortamiento. En este segundo caso, no hay variación conceptual asociada que sea reseñable:

- *desnivel, desnivel de planos*
- *faltante, faltante de soporte, faltante de capa…*
- *amarillamiento, amarillamiento de…*
- *desprendimiento, desprendimiento de estratos…*

En primer lugar, se muestra la forma reducida, y luego el término completo o desarrollado. Los sintagmas completos o términos desarrollados se utilizan a menudo en los informes de intervención o las fichas clínicas, sobre todo en la parte de descripción de la alteración del bien patrimonial, probablemente por una necesidad de fijar el concepto sin ambigüedades. Pero en otros contextos, donde ya no hay ambigüedad, el término se utiliza principalmente en su forma reducida. Un ejemplo de este tipo de variación es el término *desprendimiento de estratos* y *desprendimiento*. Para los informes o fichas se utiliza la forma más larga del término, mientras que para referirse al término dentro del discurso se utiliza normalmente su forma reducida.

3. Variación denominativa que acarrea variación conceptual

Este es el tipo de variación más presente en el vocabulario, y el que conlleva mayores dificultades de análisis y tratamiento. Se trata de aquellas unidades que, aparentemente, son "sinónimas", es decir, que figuran en los propios repertorios del CNCR como equivalentes en significado, pero que, en la mayoría de los casos, acarrean alguna diferencia de significado más o menos apreciable (por distintas razones).

- *deterioro/alteración*
- *orificio de salida/perforación*
- *hoyo/agujero/perforación/orificio*
- *mancha/decoloración/alteración cromática*
- *inscripción/marca/rayado*
- *desportilladura/daño de impacto*
- *fracturado/fragmentado*

Hay que subrayar de entrada que algunos autores distinguen entre sinónimos y variantes. Los ejemplos de los grupos 1 y 2 que hemos visto antes son esencialmente variantes, es decir, unidades léxicas en las que lo que cambia es esencialmente un afijo (prefijo, infijo o sufijo) o una extensión del sintagma, pero que la base léxica se mantiene. En cambio, los sinónimos se distinguen de las variantes porque la base léxica es diferente, y ello suele ser una pista de que puede haber variación de significado asociada, es decir, variación conceptual.

Determinar si existe variación conceptual es muy relevante, porque si no hubiera variación en el significado, los términos podrían efectivamente aparecer en el vocabulario definitivo en la misma ficha, bajo una definición común, eventualmente con alguna indicación de uso. Sin embargo, si esos términos presentan algún tipo de variación conceptual, entonces deberían aparecer en fichas distintas, con definición propia y diferenciada, que los identifique como conceptos diferentes. Para determinar si dos (o tres, o cuatro) sinónimos son conceptualmente equivalentes, hay que realizar un análisis caso por caso y comparar sus definiciones, contextos y usos.

En algún caso, y con la ayuda de los especialistas del CNCR, hemos podido determinar la causa de algunos de los sinónimos presentados. Por ejemplo, en el caso de *deterioro/alteración*, o *mancha/alteración cromática*, el concepto base es el mismo, pero la mirada, o el paradigma desde el que se concibe cada sinónimo es diferente: *deterioro* es una mirada más tradicional sobre la alteración de un bien patrimonial, que sugiere que todo cambio producido en un bien es algo que hay que reparar, devolver a su estado original; por el contrario, una *alteración* es un término que esencialmente designa lo mismo, pero su mirada no es intervencionista a priori, sino que ese cambio en la obra puede terminar en una acción de conservación o restauración, o no. Lo mismo ocurre con la terna *mancha/decoloración/alteración cromática*. Ese tipo concreto de variación podría denominarse, entonces, variación por cambio de paradigma.

4. Variación temática (por subdominio)

Hay otro tipo de variación denominativa que también conlleva variación conceptual y es la variación denominativa por subdominio o intradominio:

- *arruga/pliegue/estría*
- *faltante/laguna*
- *faltante de capa/delaminación/deplacamiento*

Esta variación corresponde a aquellos términos cuyo significado base es el mismo, pero varía de acuerdo con la subárea de uso.

5. Otros tipos de variación

La variación denominativa con carácter conceptual es muy rica en este ámbito y hay muchos tipos más de variación que aún requieren de una descripción más afinada.

- *adherencia, material adherido, residuo superficial, restos de material, suciedad superficial*
- *coloración dispareja, diferencias de color, discontinuidad cromática, variación cromática, heterogeneidad cromática*
- *concreción, adherencias, costras, sedimentos, depósitos superficiales*
- *resanes/reintegración volumétrica*

La variación asociada al género textual es un fenómeno bastante interesante, ya que es difícil saber si los términos presentan variación denominativa o conceptual. Y, al parecer, la selección de uno u otro de estos sinónimos aparentes tiene que ver con la sección del documento donde aparece. Este fenómeno no está descrito en la bibliografía y necesita mayor confirmación en el corpus textual para poder analizarlo mejor. La denominación propuesta, "asociada al género textual", podría revisarse una vez el fenómeno esté mejor descrito.

Para el proyecto de normalización de la terminología de las alteraciones en la conservación-restauración de los bienes patrimoniales chilenos, el enfoque que adoptamos es el siguiente: a) su enfoque es monolingüe; b) la orientación es mayoritariamente descriptiva con orientaciones de uso; c) contempla la variación y los aspectos sociolingüísticos del uso del término; d) el proceso de normalización es transparente, y todas las decisiones están apoyadas por criterios lingüísticos y metodológicos explícitos, que se pueden ir actualizando, y e) la metodología de trabajo, contempla el seguimiento de la implantación del uso de los términos, una vez normalizados.

Así, aunque en ambos tipos de normalización se tienda a llegar a establecer una denominación preferente para cada concepto, el enfoque, los criterios de trabajo, los resultados y su seguimiento son diferentes.

Criterios lingüísticos y metodológicos

El instrumento metodológico que hemos utilizado para registrar el estudio de la variación –que se reflejarían en las decisiones de normalización posterior– es el denominado "dossier de normalización", y ha sido adaptado a partir del que se utiliza en el *Centre de Terminologia* TERMCAT, dependiente del gobierno autónomo catalán, la Generalitat de Catalunya.

Este modelo tiene la ventaja de que cuenta con una documentación explícita no solamente de todos los datos relativos al término, y tiene como objetivo documentar exhaustivamente todas las decisiones tomadas durante las sesiones de trabajo entre especialistas y terminólogos, de modo que por un lado queda un registro detallado de esas decisiones, y por otro lado permite su reevaluación en función de la futura implantación del término o términos normalizados.

Cualquier "propuesta de normalización" se apoya en una serie de criterios lingüísticos y metodológicos que permiten al equipo normalizador trabajar con unos parámetros comunes para todos los términos del área. Entre los criterios lingüísticos, que son los pertinentes para el estudio de la variación, se encuentran documentos relativos a:

1. Formación de términos relativos a procesos: aspectos derivativos
2. Formación de términos con elementos cultos
3. Aceptabilidad de préstamos y calcos lingüísticos: orientaciones

En un proceso de normalización, resulta imprescindible analizar, por ejemplo, si para un mismo concepto de base se quiere distinguir entre acción (*desportillamiento*) y resultado (*desportilladura*), y qué sufijos son más adecuados en cada caso. De esta forma, se pueden priorizar de forma armónica y sistemática las denominaciones que corresponden a cada clase y subclase conceptual, atendiendo también a la tradición predominante en el área y en el español de Chile.

Cuando un lenguaje especializado contiene raíces y formantes cultos de origen grecolatino, también es importante fijar criterios homogéneos respecto a su utilización, y respecto a cómo tratar situaciones de conflicto entre la coexistencia de un formante griego y otro latino para denominar un mismo concepto, o entre la coexistencia de un término con un prefijo de origen griego (*dis-gregación*), frente a otro formado a partir de la evolución de ese prefijo hasta su forma actual en español contemporáneo (*des-agregación*).

Asimismo, debe valorarse qué ocurre cuando para designar un concepto solo existe una denominación en lengua foránea (mayormente en inglés, pero en este ámbito, también en italiano o francés); o qué ocurre cuando coexisten un préstamo y una forma patrimonial: el documento debe proporcionar una guía sobre cómo proceder en los distintos casos que se pueden dar, y orientar soluciones de forma sistemática.

Entre los criterios metodológicos, se encuentran documentos relativos a:

1. Criterios de redacción de definiciones
2. Representación de categorías gramaticales
3. Representación del doble género

En el apartado de criterios metodológicos, tenemos tanto documentos que nos orientan sobre aspectos esenciales del trabajo (las definiciones), como sobre aspectos más formales de elaboración de un recurso terminológico (la representación de categorías gramaticales), como sobre aspectos que han ido adquiriendo su importancia en un contexto sociolingüístico donde se da importancia al valor inclusivo del lenguaje (la forma como se representa el doble género en sustantivos y adjetivos).

El documento sobre elaboración de definiciones es el más completo y más complejo de todos, puesto que la definición terminológica tiene por objeto identificar con precisión el concepto, describirlo de forma precisa y concisa, y debe permitir relacionarlo con todas las unidades conceptualmente próximas: términos más genéricos (hiperónimos), términos al mismo nivel conceptual (co-hipónimos), y términos más específicos (hipónimos). Además, la definición terminológica debe cumplir una serie de requisitos formales establecidos en las normas ISO de terminología, sin que se vea menoscabada su legibilidad.

Presentamos a continuación dos pruebas piloto de normalización terminológica que describen detalladamente los criterios linguisticos analizados en el proceso. Vale destacar que los "dosiers de normalización" en su versión final constituyen una presentación más compacta –en cuanto a los criterios linguisticos– que los que presentamos a continuación[1]:

---

[1] Los dossiers van acompañados por toda la documentación referente al uso de los términos en los corpus de materiales del CNCR y del CNCT. Esos materiales adicionales no se han transcrito aquí.

Prueba piloto de normalización terminológica
Septiembre-noviembre de 2020

PROPUESTA DE NORMALIZACIÓN:

Disgregación / Desagregación

Motivación: las dos denominaciones aparecen en distintos glosarios del CNCR, en distintas subáreas (arqueología, escultura y monumentos, pintura) como variantes de un mismo concepto. No aparecen en el corpus del CNCT.

La motivación de este dossier es:

a) Decidir si estas denominaciones corresponden a un único concepto, o a más de un concepto
b) Observar si hay diferencias de uso en las distintas subáreas del CNCR
c) Proponer una definición, o tantas definiciones como conceptos se considere que existen
d) Decidir qué denominación se considera prioritaria

Materiales de trabajo:

1. Ficha terminológica en Word, extraída de la base de datos terminológicos de alteraciones, construida a partir de los trabajos de tesis de dos estudiantes del Magíster en Traducción: contiene la información extraída de los glosarios (Anexo I)
2. Contextos de uso extraídos del corpus de textos del CNCR (Anexo II)

CT / LP (PUC)
Disgregación / Desagregación

Planteamiento del caso

Las denominaciones "*disgregación*" y "*desagregación*" aparecen en la base de datos terminológicos de alteraciones, en distintas fichas terminológicas, donde se muestra que ambos términos aparecen en distintos glosarios del CNCR, asociados básicamente a dos laboratorios del Centro: Arqueología y Escultura y Monumentos (Anexo I). En uno de los glosarios del Centro (*Tabla_Alteraciones*) hay una mención de uso asociada al laboratorio de Pintura.

En el análisis de uso en el corpus del CNCR (Anexo II), solo se documenta la denominación "*disgregación*" en los laboratorios de Arqueología y Escultura y Monumentos. No hay ninguna evidencia del uso de "*desagregación*" en ningún laboratorio.

En Arqueología, solo se usa "*disgregación*".

En Escultura y Monumentos, solo se usa "*disgregación*".

No parece haber diferencias conceptuales relevantes en la definición de estas dos denominaciones: puede hablarse de un único concepto común, con matices diferentes según la definición encontrada:

(continuado)

"*Separación y caída de los componentes de un material (agregados, granos, partículas) de forma natural o bajo esfuerzos muy pequeños, con pérdida progresiva de coherencia en la superficie.*"
Proyecto COREMANS: Criterios de intervención en materiales pétreos. España: Ministerio de Educación, Cultura y Deporte.
"*Separación y caída de los componentes de un material (agregados, granos, partículas) de forma natural o bajo esfuerzos muy pequeños, con pérdida progresiva de coherencia en la superficie. En Pintura, decohesión caracterizada por el desprendimiento de grán* [...]"
Normal 1/88 Alterazioni macroscopiche dei materiali lapidei: lessico.
"*Separación o desunión de las partículas o de los compuestos de un material. Se manifiesta mediante un aspecto pulverulento, y el tratamiento correspondiente es la consolidación. Se puede presentar disgregación, por ejemplo, en un yeso de preparación o en una piedra.*"
Calvo, A. 2003. Conservación y Restauración: Materiales, técnicas y procedimientos de la A a la Z.

En relación con la motivación del caso:
a) Hay un único concepto común a "*disgregación*" y "*desagregación*"
b) No hay diferencias de uso sustancial en las dos subáreas del CNCR que lo utilizan
c) ¿Debe redactarse una única definición de base, o adaptarla para cada subámbito?
d) Si no hay diferencias conceptuales ni de uso significativas, la denominación prioritaria debe establecerse sobre la base de argumentos lingüísticos.

Análisis lingüístico de las denominaciones
Tanto "*disgregación*" como "*desagregación*" son sustantivos deverbales; es decir, nombres derivados de verbos, que adjuntan a la raíz verbal el sufijo nominalizador -*ción*, uno de los más productivos en español. Los sustantivos formados con ese sufijo indican "acción o efecto de [lo expresado por el verbo]".
Los verbos de los cuales derivan son, respectivamente, "*disgregar*" y "*desagregar*", que es lo que explica la variación de los sustantivos.
Pese a su similitud formal, la diferencia entre ambas denominaciones se explica por orígenes diferentes:
  • "*Disgregar*" es un préstamo culto del latín *disgregare*
  • "*Desagregar*" es un derivado de "*agregar*", al que se adjunta el prefijo negativo *des-*

Así, el primer caso se explica por su origen o etimología, el segundo caso se explica por su estructura morfológica, y por lo tanto son procesos completamente diferentes.
En el caso de *disgregare*, en latín se podía reconocer ese prefijo dis-, pero en español ya no existe el verbo "*gregar*". Se incorpora del latín como palabra completa.
El prefijo *dis-* sigue existiendo para la formación de vocabulario técnico en español. Cuando procede del latín, suele indicar 'oposición', y se adjunta a una base léxica patrimonial ("disconforme, "discontinuo", "disparejo"). Cuando procede del griego *dys-*, suele indicar 'anomalía', y se adjunta a una base léxica también griega ("dislexia", "disfagia"). (RAE 2011, §10.1g-10.1l, 10.10b).
En el caso de "disgregar", como se ha comentado más arriba, es un préstamo directo del latín, que convive con la forma patrimonial "desagregar", que es el resultado de un proceso derivativo por prefijación, regular y muy productivo en español: "des-agregar".
La coexistencia de dos denominaciones para un mismo concepto, una de procedencia culta y otro de origen patrimonial, es un fenómeno muy habitual en muchos lenguajes

(*continuado*)

(continuado)

No parece haber diferencias conceptuales relevantes en la definición de estos términos en los distintos laboratorios y ámbitos, puede hablarse de un único concepto común, que se aplica a las distintas materialidades:

"Alteración cromática hacia el color amarillo u ocre" A. Castro (2004).

"Alteración cromática hacia el color amarillo u ocre, producida por hidrólisis ácida u oxidación según la naturaleza material de los bienes culturales."

"Alteración cromática hacia el color amarillo u ocre, producida por hidrólisis ácida, radiación lumínica y calor". (CNCT)

"Alteración propia de los barnices antiguos aplicados sobre las pinturas, por efecto del envejecimiento, en que la luz y la humedad son factores determinantes." A. Calvo (Pintura)

En relación con la motivación del caso:
a) Hay un único concepto común a *"amarillamiento"* y *"amarilleamiento"* (y *"amarilleo"*)
b) No hay diferencias de uso sustancial en las distintas subáreas del CNCR (y en el CNCT)
c) ¿Debe redactarse una única definición de base, o adaptarla para cada subámbito?
d) Si no hay diferencias conceptuales ni de uso significativas, la denominación prioritaria debe establecerse sobre la base de argumentos lingüísticos.

Análisis lingüístico de las denominaciones

Tanto *"amarillamiento"* como *"amarilleamiento"* son sustantivos deverbales; es decir, nombres derivados de verbos, que adjuntan a la raíz verbal el sufijo nominalizador *-miento*, uno de los más productivos en español. Los sustantivos formados con ese sufijo indican "acción o efecto de [lo expresado por el verbo]".

Los verbos de los cuales derivan son, respectivamente, *"amarillar"* y *"amarillear"*, que es lo que explica la variación de los sustantivos.

A su vez, ambos verbos derivan del adjetivo *"amarillo"*, adjuntando los sufijos verbalizadores *"ar"* y *"ear"*.

Desde su origen morfoléxico, podría verse la creación de los sustantivos así:
- amarillo > <u>amarillar</u> > amarillamiento
- amarillo > <u>amarillear</u> > amarilleamiento

Todos los procesos derivativos indicados son regulares en español, y todos los derivados están bien formados de acuerdo con la gramática normativa actual.

La variación formal de los sustantivos se explica por la alternancia del sufijo verbal: *-ar*, o *-ear*. Aunque en el diccionario de alteraciones solo aparezcan los sustantivos derivados, la discusión sobre qué sustantivo es preferible debe decidirse sobre la base de qué verbo es preferible.

La formación de verbos en español a partir de adjetivos de color es un proceso derivativo normal, y tiene lugar mediante tres sufijos verbalizadores:

-ar: amarillar, azular
-ear: amarillear, verdear
-ecer: ennegrecer, oscurecer

Los verbos resultantes pueden ser transitivos (*azular*), intransitivos (*amarillear*), o pronominales (*amoratarse*), y también hay casos de posibles combinaciones entre ellos (un mismo verbo puede ser transitivo e intransitivo, o transitivo y pronominal, según el uso, por ejemplo).

Los verbos terminados en *-ar* son casi siempre transitivos: significan *[hacer adquirir el color x]*. Así, "azular" sería *[hacer adquirir un color azul]*, *[dar una tonalidad azul]*, *[teñir de azul]*. Y lo que es más importante, es que *"azulamiento"* sería entonces la "acción de azular", no su efecto o resultado.

Los verbos terminados en *-ear*, son casi siempre intransitivos: significan *[adquirir un color x]*, *[presentar una coloración x]*. Así, *"amarillear"* sería *[adquirir un color amarillo]*, *[presentar*

(continuado)

una coloración amarillenta]. Eso concuerda con las definiciones expuestas más arriba de "*amarilleamiento*", [*alteración cromática hacia el color amarillo u ocre*]. Hay un solo caso de verbo que funciona tanto de forma transitiva como intransitiva: "*blanquear*".
Adicionalmente, y de acuerdo con la *Nueva gramática de la lengua española*, el sufijo verbalizador *-ear* es más frecuente que *-ar*, especialmente en el español de América, y particularmente en el español de Chile (RAE 2011, § 8.3c-8.3l).

De acuerdo con el análisis previo, la propuesta de normalización quedaría como sigue:

TR   **Amarilleamiento**
DEF   **Alteración cromática hacia el color amarillo u ocre**
AT   **Arqueología, Escultura y Monumentos, Papel y Libros, Pintura, Textil**
NT   **En cada AT, el "amarilleamiento" se aplica sobre distintas materialidades, y se puede producir por distintas causas.**

Æ   Ambas denominaciones, "amarillamiento" y "amarilleamiento", son ampliamente utilizadas, tanto por el CNCR como por el CNCT, y presentan un mismo significado de base en todas sus áreas temáticas y laboratorios.
Æ   Ambas denominaciones corresponden a sustantivos deverbales correctamente formados de acuerdo con las reglas gramaticales del español actual.
Æ   Se prefiere la denominación "amarilleamiento" porque designa con mayor claridad el significado intransitivo del verbo "amarillear" [presentar una coloración amarilla], y también porque procede del sufijo *-ear*, que es más productivo en América y en Chile.
Æ   La denominación "amarillamiento" podría reservarse para designar el significado transitivo del verbo "amarillar" [dar o aplicar una tonalidad amarilla], en el caso en que se necesitara fijar ese uso.

Fuentes:
RAE (2011) *Nueva gramática de la lengua española. Vol. I: Morfología y sintaxis I.*
Rello, L. (2009) "Términos de color en español: semántica, morfología y análisis lexicográfico. Definiciones y matices semánticos de sus afijos". *Diálogo de la Lengua 1* (2009), 90-164.

Figura 1. Estudio sobre la variación. Propuesta piloto. Fuente: *Proyecto ConservaTerm*.

Conclusiones

La investigación presentada es un proyecto en curso a largo plazo, que se prevé desarrollar a lo largo de varios años.

En las etapas ya cumplidas, se observa que la terminología del ámbito de la conservación-restauración de bienes patrimoniales en el español de Chile presenta mucha variación terminológica.

Esta variación es percibida por los propios usuarios de los términos, los especialistas, como un problema de fijación de su propio conocimiento (delimitación de conceptos) y también como un problema de comunicación de ese conocimiento, que crea inseguridad a la hora de redactar los documentos necesarios para desempeñar su trabajo. Su interés es la prescripción.

Para los terminólogos involucrados en el proyecto, la presencia de una gran variación terminológica es percibida como una riqueza propia del léxico específico de esta área, y una oportunidad para estudiarla y describirla. Nuestro interés es la descripción.

Los trabajos preliminares han permitido llegar a una primera descripción de tipos y causas de la variación terminológica en este ámbito, que esperamos ampliar y desarrollar en las próximas etapas, como acompañamiento a la creación de un primer diccionario normalizado de la terminología de la conservación-restauración de bienes patrimoniales.

Referencias bibliográficas

Adriazola, A. (2019). *Terminología de las alteraciones patrimoniales en el área de la conservación y restauración de obras de arte* [Tesis de magíster, Pontificia Universidad Católica de Chile]. Repositorio UC.

Arriagada, M. (2017). Restauración de una pintura con tinta china sobre seda con técnicas de conservación textil. *Conserva, 22,* 113–120.

Bach, C., Freixa, J. & Suárez, M. (2003). Equivalencia conceptual y reformulación parafrástica en terminología. En Correia M (Ed.), *Terminología e indústrias da língua: atas do VII Simpósio Ibero-Americano de Terminologia. Lisboa: ILTEC-Instituto de Linguistica Teórica e Computacional* (pp. 173–184).

Bojanoski, S., Michelon, F., & Bevilacqua, C. (2017). Os termos preservação, restauração, conservação e conservação preventiva de bens culturais: Uma abordagem terminológica. *Calidoscopio, 15*(3), 443–454. https://doi.org/10.4013/cld.2017.153.04.

Bracchita, D. & Seguel, R. (2014). Desafíos y proyecciones para el trabajo con cuerpos momificados en el laboratorio de arqueología del Centro Nacional de Conservación y Restauración. *Conserva, 19,* 95–100.

Cabré, M. T. (1999). *La terminología. Representación y comunicación.* Barcelona: Institut Universitari de Lingüística Aplicada, Universitat Pompeu Fabra.

Cabré, M. T. (2003). Theories of Terminology. Their Description, Prescription and Explanation. *Terminology, 9*(2), 163–199.

Cabré, M. T., & Estopà, R. (2005). Unidades de conocimiento especializado: caracterización y tipología. En M. T. Cabré y C. Bach (Eds.), *Coneixement, llenguatge i discurs especialitzat.* Barcelona: Institut Universitari de Lingüística Aplicada, Universitat Pompeu Fabra.

Fernández-Silva, S. (2011). *Variación terminológica y cognición. Factores cognitivos en la denominación del concepto especializado.* [Tesis doctoral, Universitat Pompeu Fabra]. TDX (Tesis Doctorals en Xarxa). http://hdl.handle.net/10803/22638.

Franch, J. A. (Ed.). (1998). *Diccionario de Arqueología.* Madrid: Alianza.

Freixa, J. (2005). Variación terminológica: ¿Por qué y para qué? *Meta: Journal des traducteurs, 50*(4).

Galanes, I. (2008). Proceso de decisión terminológica en la traducción de textos científicos de una lengua minorizada. El traductor ante la variación terminológica. *Actas del III Congreso Internacional de la Asociación Ibérica de Estudios de Traducción e Interpretación. La traducción del futuro: mediación lingüística y cultural en el siglo XXI,* Barcelona, España, 1, 439–448. ISBN 978-84-477-1026-3.

Hernández, D. (2015). *Tres casos de conservación preventiva y restauración de madera arqueológica: Un peine, una cuchara y una escudilla pertenecientes a la colección del museo de Tocopilla.* [Memoria para optar al Postítulo de especialización en Restauración de Patrimonio Cultural Mueble, Universidad de Chile]. Repositorio Universidad de Chile. https://repositorio.uchile.cl/handle/2250/136733.

Kostina, I. (2010). *La variación conceptual de los términos en el discurso especializado.* [Tesis doctoral, Universitat Pompeu Fabra]. TDX (Tesis Doctorals en Xarxa). http://www.tdx.cat/TDX-0408110-143555.

Silva, M. (2017). *Creación de una base de datos terminológicos en el ámbito de la conservación y restauración.* [Tesis de Magíster en Traducción, Pontificia Universidad Católica de Chile]. Repositorio UC.

Suárez de la Torre, M. (2004). *Análisis contrastivo de la variación denominativa en textos especializados: del texto original al texto meta.* [Tesis doctoral, Universitat Pompeu Fabra]. TDX (Tesis Doctorals en Xarxa). http://www.tdx.cat/TDX-0217105-130025.

Tebé, C. (2006). *La representació conceptual en terminologia: l'atribució temàtica als bancs de dades terminològiques.* [Tesis doctoral, Universitat Pompeu Fabra]. TDX (Tesis Doctorals en Xarxa). http://www.tdx.cat/TDX-0329106-105835.

Tebé, C., & Pissolato, L. (2022). De la variación terminológica a la normalización: etapas metodológicas a partir de un corpus sobre conservación-restauración de bienes patrimoniales. *Mutatis Mutandis. Revista Latinoamericana De Traducción*, *15*(2), 345–367. https://doi.org/10.17533/udea.mut.v15n2a05.

Winchkler, G. (2006). *Diccionario de uso para la descripción de objetos líticos*. Buenos Aires: Universidad de Buenos Aires.

II. Metodología para la normalización terminológica en el ámbito de las alteraciones a los bienes patrimoniales chilenos: el proyecto ConservaTerm

Luciana Pissolato, Carles Tebé, Ignacia Montero

RESUMEN

En este capítulo se describen las etapas metodológicas y los protocolos de trabajo desarrollados en el marco del proyecto ConservaTerm *Plataforma para la identificación de las alteraciones a los bienes patrimoniales de Chile* (financiado por Fondef IDeA 2022) para llevar a cabo un proceso de normalización terminológica en el ámbito de la conservación-restauración de bienes patrimoniales chilenos. Este proyecto nace de una necesidad de normalización terminológica identificada por el Centro Nacional de Conservación y Restauración (CNCR) de Chile, referencia en el ámbito patrimonial nacional. La finalidad es poner a disposición de las instituciones que actúan en el área y otros interesados de la comunidad, tanto a nivel nacional como regional, una base de datos que refleje los conceptos utilizados en el ámbito en la variante del español de Chile a través de una terminología normalizada, consensuada entre especialistas y que, además, permita una interacción entre los diferentes usuarios de este recurso. Al tratarse de un proyecto interdisciplinario conformado por terminólogos, especialistas en patrimonio e informáticos, la metodología y protocolos de trabajo deben ser rigurosos y tomar en consideración los diferentes conocimientos y acercamientos a la terminología de cada grupo, a fin de lograr un resultado consistente.

ABSTRACT

In this chapter we will describe the methodological stages and work protocols developed within the framework of the ConservaTerm Project "Platform for the identification of alterations to Chilean heritage assets" (founded by Fondef IDeA 2022), to carry out a terminological standardization process in the field of conservation-restoration of heritage assets. This project arises from a need for terminological standardization identified by the National Center for Conservation and Restoration (CNCR) of Chile, a reference in the national heritage field. The proposal aims to provide institutions operating in the area and other stakeholders in the community, both nationally and regionally, with a database reflecting the concepts used in the field through standardized terminology, developed through consensus among specialists, reflecting the nuances of Chilean variety and facilitating interaction among different users of this resource. Since this is an interdisciplinary project involving terminologists, heritage specialists, and computer scientists, the methodology and work protocols must be rigorous and take into consideration the different knowledge and approaches to terminology within each team group, in order to achieve a consistent result.

La normalización terminológica en el proyecto ConservaTerm

Para que un proceso de normalización terminológica sea efectivo es necesario contar con algunas condiciones iniciales previas al desarrollo del trabajo, puesto que la normalización "no es un fin en sí misma, y debe estar entroncada en la realidad política y social del ámbito en que se aplica" (Asensio, 1988, p. 131). Según las necesidades detectadas en este proyecto, algunas de las condiciones mínimas que se deben cumplir son: tener claridad o una sensibilización sobre su necesidad, los procesos para alcanzarla deben estar bien delimitados, los resultados deben ser compartidos entre los usuarios de esta terminología, y deben existir mecanismos de implantación sistemáticos y consistentes con las necesidades del público meta sobre el cual se proyecta.

A partir de estas premisas es que hemos desarrollado una metodología y protocolos de trabajo concretos para llevar a cabo el proceso de normalización en el ámbito de la conservación-restauración de bienes patrimoniales en Chile, específicamente, sobre la terminología relativa a las alteraciones que pueden sufrir estos bienes. En esta línea, en este trabajo se describirá el diseño y las distintas etapas metodológicas implementadas para la normalización de esta terminología, cuyos resultados alimentan la plataforma de recursos terminológicos ConservaTerm.

Cabe destacar que las etapas de análisis terminológico están basadas en las normativas internacionales del Comité Técnico 37 de ISO, adaptadas para este trabajo. En concreto, se consideró la norma *ISO 704:2022: Terminology work – Principles and methods*, que establece los principios y métodos básicos para preparar y compilar terminologías, tanto dentro como fuera del marco de la normalización, describe los vínculos entre objetos, conceptos, definiciones y denominaciones, yambién establece principios generales para la formación de términos y nombres propios y para la redacción de definiciones; la norma *ISO 860:2007: Terminology work - Harmonization of concepts and terms*, que especifica un enfoque metodológico para la normalización de conceptos, sistemas de conceptos, definiciones y términos aplicada aldesarrollo de terminologías normalizadas, tanto a nivel nacional como internacional, en un contexto monolingüe o multilingüe; y, finalmente, la norma *ISO 29383:2020: Terminology policies - Development and implementation*, cuyo propósito es proporcionar unas directrices y una metodología para el desarrollo y la aplicación de una política global relativa a la planificación y gestión de la terminología. Este documento define conceptos clave y describe escenarios y entornos que pueden requerir distintos tipos de políticas terminológicas. También sitúa las políticas terminológicas en el contexto más amplio de los marcos estratégicos institucionales.

Etapas metodológicas

El proceso de normalización puesto en práctica en este proyecto considera seis etapas metodológicas, las cuales se describirán en los subcapítulos siguientes.

Etapa 1: validación y compleción de trabajos exploratorios previos

Como antecedentes de este proyecto se pueden mencionar dos tesis de magíster (Magíster en Traducción, PUC), elaboradas en el marco de la cooperación entre los terminólogos de la PUC y los conservadores-restauradores del CNCR. Las referencias a esta cooperación están descritas en la introducción de este volumen.

Estas dos tesis (Silva, 2017; Adriazola, 2019) tenían como objetivo realizar un trabajo exploratorio para el desarrollo del proyecto, y se centraron en:

· Recoger todos los glosarios producidos por el CNCR -para todas sus Unidades de Patrimonio- a lo largo de varios años, y extraer manualmente todos los términos identificados en el ámbito específico de las alteraciones a los bienes patrimoniales;
· Unificar en una sola base de datos terminológicos (BDT) todos los conceptos del ámbito de las alteraciones, junto con todos los términos que, de acuerdo con los propios especialistas en el CNCR, designaban esos conceptos, y
· Agrupar, para cada concepto, todos los términos marcados, en cualquiera de los glosarios de partida, como sinónimos o posiblemente sinónimos, junto con un etiquetado propio que reflejaba el tipo de variación observada a priori (por ejemplo, variación ortográfica, variación morfológica, variación sintagmática, variación discursiva, variación temática por subdominio, variación conceptual).

El objeto de esta primera etapa de validación fue revisar la nomenclatura y realizar una primera descripción, para fijar un punto de partida consensuado sobre el objeto de trabajo. La nomenclatura inicial, recopilada en una base de datos terminológicos (BDT) en la plataforma *SDL Multiterm*, constaba de 300 registros terminológicos, es decir: 300 conceptos, representados por un número muy superior de términos (en torno a 600 términos), ya que la mayoría de los conceptos presentan múltiples denominaciones.

Si bien la nomenclatura inicial estaba conformada esencialmente por el resultado de la propia identificación de los conservadores-restauradores del CNCR, para que el trabajo fuera lo más representativo posible de la terminología realmente usada por el Centro, como referente nacional, era importante completar esa lista de conceptos y términos con una segunda extracción terminológica, a partir de un corpus constituido por los principales documentos redactados por el CNCR. Su constitución y los procesos específicos del trabajo están descritos en el apartado 2.2, a continuación.

Etapa 2: fijación de los criterios y protocolos de trabajo

La segunda etapa consiste en la fijación de los criterios y protocolos de trabajo para normalizar la terminología de las alteraciones a los bienes patrimoniales, e involucra acciones de distintas categorías.

La primera de ellas se relaciona con la formación compartida: por una parte, formación lingüística y terminológica por parte de los terminólogos de la PUC para los especialistas del CNCR y del Comité Nacional de Conservación Textil (CNCT) –que se incorpora al proyecto en esta segunda etapa–, y, por otra parte, formación sobre los conceptos del ámbito de la conservación y restauración por parte de los especialistas para los terminólogos de la PUC.

Una gran parte de los criterios de normalización son de carácter lingüístico y lexicológico, pero deben estar informados por la tradición léxica propia del área: criterios de formación de palabras predominantes en el ámbito temático, estudio de los morfemas aceptables según su función, tanto en sufijos, como afijos y prefijos (astilla**miento** / astill**ado**; desencaja**dura** / desenc**aje**; almacena**miento** / almacen**aje**; desadhes**ión** / desadhere**ncia**; desportilla**dura** /desportilla**miento**; amarilla**miento** / amarillea**miento**; **dis**gregación / **des**agregación), aceptabilidad de algunos préstamos lingüísticos por el peso cultural de algunas lenguas con gran tradición en el área (francés, italiano), criterios de neologicidad, etc.

Un segundo grupo de criterios tiene que ver con los tipos y las causas de la variación terminológica en el área, que deben permitir fijar en qué casos es conveniente reducir la variación y seleccionar un único término para un concepto, o bien, en qué otros casos es conveniente respetar la variación, ya que se considera es una riqueza de la terminología patrimonial chilena que se decide preservar; y en este último caso, cómo se registra y etiqueta esa variación, para que el conservador-restaurador sepa en qué situaciones es conveniente usar una u otra forma preservada.

En esta etapa también se establecen qué tipos de materiales y recursos informáticos son necesarios para detectar, extraer, sistematizar y registrar las informaciones terminológicas pertinentes. Eso porque, para que un proceso de normalización sea eficiente, se debe analizar el ambiente natural de esta terminología, lo que solo es posible a partir del análisis de los distintos materiales producidos por los expertos en la temática, en nuestro caso el CNCR. Su producción se basa, fundamentalmente, en informes de asesoría, informes de intervención, y fichas clínicas. En estos documentos se abordan diferentes etapas del trabajo de conservación-restauración de bienes patrimoniales en Chile, desde el estudio histórico de los bienes, su descripción y caracterización, hasta los diferentes procesos de evaluación y clasificación de las alteraciones que presenta el objeto, y las consiguientes acciones de conservación y restauración que se llevan a cabo.

Estos materiales presentan diferentes grados de especialización en el uso del lenguaje según el tipo de información descrita. Los informes de intervención, por ejemplo, constituyen un género con grado de especialización variable debido a que presenta secciones relacinadas con los antecedentes históricos, en las que se observa un uso restringido de terminología; sin embargo, en secciones como "diagnóstico" e "intervención", se observa una mayor concentración de términos técnicos relacionados con procesos de conservación-restauración.

Los informes de asesoría, por otra parte, son más homogéneos en cuanto a su grado de especialización, puesto que informan más específicamente sobre aspectos ténicos del proceso de evaluación del bien patrimonial. Finalmente, las fichas clínicas, que suelen venir anexadas a los informes de intervención, son las que presentan el grado de especialización más alto, puesto que registra, en forma de lista, todas las alteraciones detectadas en un objeto (mediante terminología especializada).

A continuación, presentamos una tabla con datos cuantitativos correspondientes a los documentos que conforman el corpus:

Tabla 1. Datos estadísticos por subcorpus extraídos de *Sketch Engine*

Corpus ConservaTerm	Tokens	Words
Unidad de Patrimonio Grafico y Documental - UPGD	731,291	~ 457,460
Unidad de Patrimonio de Artes Visuales - UPAV	1,679,620	~1,050,690
Unidad de Patrimonio Arqueológico y Etnográfico – UPAE	357,357	~198,523
Unidad de Patrimonio Construido y Escultórico – UPCE	840,271	~525,633
Comité Nacional de Conservación Textil (CNCT) - TEXTIL	112,475	~95,368
TOTAL	3,681,014	~2,327,678

Además de las diferencias observadas en el contenido y en el grado de especialización entre las distintas secciones de los informes, existe también un desbalance en cuanto a la productividad de cada Unidad de Patrimonio (UP) –expresada por numero de palabras de cada subcorpus, como se puede observar en la tabla 1–. Sin embargo, lo anterior no supone una limitación para esta investigación, ya que la compilación del corpus busca responder a algunas necesidades puntuales, tales como la validación –a partir de los resultados observados en los trabajos previos– y/o detección de nuevos términos relacionados con alteraciones a los bienes patrimoniales, así como candidatos a variantes; la observación del comportamiento morfosintáctico de esta terminología; la determinación de la frecuencia de uso de cada término y sus variantes y la extracción información lingüística y de uso sobre los términos, como insumo para las sesiones colaborativas de normalización.

Para concretizar estas etapas, el corpus fue compilado en una plataforma de gestión de corpus lingüísticos, *Sketch Engine*, y posee aproximadamente 3.600.000 palabras (*tokens*). Los documentos están distribuidos en cinco subcorpus, correspondientes a las diferentes Unidades de Patrimonio del CNCR y por los materiales del CNCT, y están etiquetados estructuralmente (*p. section*) (Tabla 2) de acuerdo con los diferentes capítulos que constituyen los informes de intervención y de asesoría, con el fin poder filtrar los resultados de búsqueda por sesiones de mayor interés (como es el caso de los apartados "diagnóstico" y "procesos de intervención"). De esta forma se elimina el ruido en los resultados.

Tabla 2. Anotación estructural del corpus ConservaTerm, por número de tokens por p-section. Datos extraídos de *Sketch Engine*

Corpus ConservaTerm	Token coverage
Diagnóstico	277,671
Introducción	122,059
Proceso(s) de intervención	61,412
Análisis morfológico	35,204
Otros	–

Esta plataforma contiene distintos recursos para el procesamiento de lenguaje que permiten, entre otras funciones, extraer listas de candidatos a términos a partir de la herramienta *Keywords*, observar la frecuencia de uso de cada unidad terminológica, observar los diferentes contextos de uso de la terminología con la herramienta *Concordance* y generar listas de colocados frecuentes de los términos por medio de la herramienta *Collocation*.

De esta manera, a través de los resultados obtenidos con la concordancia del término *grieta*, por ejemplo, pudimos analizar los contextos de uso del término y observar determinados patrones que ayudaron a delimitar el concepto por medio de la identificación de contextos definitorios y/o explicativos, tales como:

"Identificación y origen del síntoma: Las *grietas* probablemente se produjeron al secar y contraerse el material que forma la entrecalle y la decoración" (Corpus ConservaTerm).

Asimismo, también se exploraron ciertos marcadores metalingüísticos, tales como "y" y "o", que podrían indicar la presencia de una variante (*grietas* "o" *líneas de fracturas finas*) así como un término relacionado o un co-hipónimo (*grietas* "y" *fisuras*):

"En la figura 13 se observa que en dicha sustancia hay huellas de un trazo posiblemente derivado de la manufactura por raspado del motivo, así como también una especie de craquelado, el cual corresponde a una red de pequeñas *grietas o líneas de fracturas finas*, localizadas superficialmente en las capas del recubrimiento pictórico" (Corpus ConservaTerm).

"Las *grietas* y *fisuras* observadas se asocian directamente con las propiedades intrínsecas del soporte rocoso y a factores biogénicos y fisiogénicos" (Corpus ConservaTerm).

Por medio de la herramienta *Collocation* -que identificó por medio de criterios estadísticos unidades terminológicas como *fisura*, *fenda* y *separación*, entre otros, como unidades recurrentes que acompañaban el término *grieta*- fue posible profundizar en los análisis de cada par terminológico revelado en la búsqueda, ampliando la especificidad de los criterios de búsqueda -a través de la concordancia de cada par (*grieta/fisura*, *grieta/fenda*, *grieta/separación*, etc.)- para reunir toda la información pertinente relacionada con la serie terminológica bajo estudio.

Para este proyecto, además de extraer listas generales de candidatos a términos y de las búsquedas proporcionadas con las herramientas de *Sketch Engine*, se pudieron desarrollar estrategias *ad hoc* de detección de variantes terminológicas basadas en la sistematización de los datos provenientes de los trabajos previos, organizados en la BDT. A partir de esa lista inicial de términos, fue posible construir expresiones regulares de búsqueda –por medio de las herramientas *Corpus Query Language* (*CQL*) y *ReGex*–, con marcadores discursivos y ortotipográficos que filtraran los contextos con mayor probabilidad de recuperar variantes terminológicas. A modo de ejemplo, presentamos la búsqueda de variantes del término *grieta*, a partir de marcadores ortotipográficos en la Figura 1:

1 ☐ doc#0 <s>En la figura 13 se observa que en dicha sustancia hay huellas de un trazo posiblemente derivado de la manufactura por raspado del motivo, así como también una especie de craquelado, el cual corresponde a una red de pequeñas grietas o líneas de fracturas finas , localizadas superficialmente en las capas del recubrimiento pictórico.</s>

2 ☐ doc#2 <s>Revisar además los puntos de conexión con el edificio (anclajes o empotramientos), por posibles grietas o fisuras .</s>

3 ☐ doc#2 <s>7 En relación a la estructura del inmueble, es posible señalar que durante las visitas no se observaron alteraciones como asentamientos que produjeran desniveles en el piso o grietas en los muros.</s>

4 ☐ doc#2 <s>También en "Otoño" se observaron craqueladuras (fisuras o grietas) en la capa pictórica que sugieren que la obra en algún momento fue enrollada.</s>

5 ☐ doc#2 <s>(Fotografía: Archivo CNCR, Benavente, A. 2017) Vista desde arriba de la deformación del costado izquierdo. (Fotografía: Archivo CNCR, Benavente, A. 2017) 45 Otro deterioro importante que se observa son las craqueladuras (fisuras o grietas) que se observan en la capa pictórica.</s>

6 ☐ doc#3 <s>Éste puede ser tanto macizo como hueco, y la madera está ubicada de tal manera que las fuerzas ejercidas empujan en dirección opuesta a los anillos de crecimiento (Figura 8), tanto para evitar grietas o fisuras en la superficie de las obras, como también para favorecer la perdurabilidad y estabilidad estructural del embón (Martínez, 2012).</s>

7 ☐ doc#3 <s> Grieta o fenda en la planta del pie izquierdo. (Fotografías: Archivo CNCR, Rivas, V.; 2015) Por otra parte, la morfología de algunos deterioros de la repolicromía hace pensar que el soporte ha sufrido una pérdida de la humedad interior que posee por naturaleza, produciéndose una contracción o merma de la misma y, por tanto, una variación de sus dimensiones.</s>

8 ☐ doc#4 <s>Dada la exposición al aire marino con un alto contenido de cloruros (spray marino), se recomienda evaluar otras vías de corrosión de fierro que no sea a través de fisuras o grietas .</s>

9 ☐ doc#7 <s>Como resultado, se obtuvo una imagen digital, donde la lectura del texto y de la composición no se ven interrumpidas por elementos tales como faltantes, grietas o manchas .</s>

Figura 1. Extracción *ad hoc* de variantes terminológicas.

En esta búsqueda dirigida, se utilizó el marcador discursivo de disyunción "o" para detectar candidatos a variantes o términos relacionados con el término *grieta*. Como resultado, se recuperaron los siguientes términos: *fractura*, *fisura*, *fenda*, los cuales se incorporaron a los materiales de discusión preparados para las sesiones de normalización para su validación por parte de los especialistas.

Etapa 3: normalización

A partir de las informaciones recopiladas en la BDT, validadas y completadas a través de las búsquedas avanzadas en el corpus, se elaboraron los materiales para las sesiones de normalización. Participaban de estas sesiones semanales de discusión, además de los miembros del proyecto –conservadores y restauradores del CNCR y linguistas de la PUC–, otros profesionales interesados en la problemática y pertenecientes a instituciones púbicas o privadas de Chile, vinculados con el Servicio Nacional del Patrimonio Cultural, tales como el Consejo de Monumentos Nacional (CMN), el Museo Histórico Nacional (MHN) y otros profesionales independientes. Por esta razón, era necesario poner a la disposición de los asistentes la mayor cantidad de información lingüística y conceptual posible, para respaldar y justificar las decisiones tomadas.

Denominamos "series terminológicas" al conjunto de términos y variantes vinculados a un determinado concepto y, junto con su frecuencia y el contexto de uso en cada uno de los diferentes subcorpus y las expresiones terminológicas relacionadas con cada término perteneciente a una serie, elaboramos un documento llamado "dossier de entrada". En la Figura 2, se muestra el ejemplo de la serie *fenda/hendidura/fisura/grieta/pérdida de continuidad del plano*:

PONTIFICIA UNIVERSIDAD CATÓLICA DE CHILE — CENTRO NACIONAL DE CONSERVACIÓN Y RESTAURACIÓN CHILE — Textil

PROYECTO FONDEF
Quinta sesión de normalización terminológica
22 de agosto 2023
Fenda / Hendidura / Fisura / Grieta /pérdida de continuidad del plano

PROPUESTA DE NORMALIZACIÓN – CASO 10:

Motivación: las cinco denominaciones aparecen en distintos glosarios del CNCR y CNCT, en distintas subáreas (arqueológico y etnográfico, escultórico y construido, artes visuales, y gráfico y documental) como variantes de un mismo concepto.

La motivación de este dossier es:

a) Decidir si estas denominaciones corresponden a un único concepto, o a más de un concepto
b) Proponer una definición, o tantas definiciones como conceptos se considere que existen
c) Decidir qué denominación se considera prioritaria
d) Observar si hay diferencias de uso en las distintas subáreas del CNCR y en el CNCT

BASE DE DATOS TERMINOLÓGICA UNIFICADA

UNIDAD PATRIMONIO	TÉRMINO	VARIANTE(S)	OBSERVACIONES
UPAE (arqueología)	Fisura	Grieta / Pérdida de continuidad del plano	
UPCE (construido y escultura)	Fenda	Hendidura / Hendadura / Fisura / Grieta	
UPAV (pintura)	Fisura	Grieta	
UPDG (papel)	Fisura	Grieta / Pérdida de continuidad del plano	

		CORPUS CONSERVATERM					
	Laboratorio	N° de Informes	Fenda	Hendidura	Hendadura	Fisura	Grieta	Pérdida de continuidad del plano
FRECUENCIA DE USO CORPUS	UPAE	36	0	4	0	45	60	0
	UPCE	66	15	5	0	188	165	0
	UPAV	41	0	1	0	37	182	2
	UPDG	98	0	5	0	10	10	0
	CNCT	65	0	0	0	0	0	0

	Fenda	Hendidura	Hendadura	Fisura	Grieta
EXPRESIONES TERMINOLÓGICAS CNCR	Fenda radial (1) Cuña de fenda (1)	NO HAY	NO HAY	NO HAY	Grieta horizontal (5) Grieta transversal (1) Grieta parcial (1)
CNCT	NO HAY	NO HAY	NO HAY	NO HAY	NO HAY

Figura 2. Dossier de entrada. Fuente: materiales provenientes de las sesiones de normalización.

El objetivo del dossier de entrada es sistematizar en un documento único toda la información lingüística y conceptual referente a una serie terminológica, con el objeto de facilitar la discusión entre los expertos en conservación-restauración y los terminólogos para: a) decidir si estas diferentes denominaciones corresponden a un único concepto, o a más de un concepto; b) proponer una definición, o tantas definiciones como conceptos se considere que existen; c) decidir qué denominación se considera prioritaria y d) observar si hay diferencias de uso en las distintas subáreas del CNCR.

El resultado de estas discusiones se registra en el un "dossier de salida", que servirá como insumo para la redacción de las fichas terminológicas y que refleja los acuerdos alcanzados entre los participantes.

El dossier de salida es un documento que representa, por lo tanto, una respuesta consensuada sobre las motivaciones declaradas en el dossier de entrada. En este documento se registran los argumentos que justifican la determinacion de un término como preferente, o bien, como variante, al interior de una serie terminológica, y se informa la decisión de normalización de acuerdo con los siguientes criterios: "término preferente" (término consensuado entre los participantes del equipo del proyecto); "término aceptado", variante aceptada del término recomendado; y "término rechazado", cuya utilización no se recomienda por razones específicas, que solo se pueden explicar individualmente.

Al final del dossier de salida, se adjunta una ficha terminológica que registra toda la información lingüística y conceptual relacionada con la serie estudiada. En un primer bloque se registra: el término preferente, su categoría gramatical, las áreas temáticas o unidades patrimoniales en las que se utiliza, su definición y las fuentes de la definición, sus contextos de uso (según su transversalidad entre las distintas unidades de patrimonio) y fuentes de cada contexto de uso. En un segundo bloque se registran las mismas informaciones para cada variante –excepto la definición–, junto con el status de aceptada o rechazada, según corresponda.

En la sección de "Estudio de caso" más adelante se presenta un estudio completo de la serie *agujero/orificio/perforación/hoyo*. En este estudio se presentan detalladamente el dossier de salida y las fichas terminológicas derivadas del proceso.

Etapa 4: validación de la metodología

Con el objetivo de validar los procesos de trabajo y obtener una retroalimentación de los primeros resultados obtenidos, hemos organizado la *I Jornada Internacional sobre la Terminología de la Conservación-Restauración de Bienes*

Patrimoniales – ConservaTerm[1]. El evento reunió, en junio de 2023, un gran número de asistentes, tanto en modalidad presencial como remota, y contó con la presencia de investigadores de Mexico, Brasil, Chile, Perú y Argentina.

En esta ocasión, se presentaron las propuestas y avances en el proceso de normalización, y se recopilaron oportunidades de mejora en los procesos. Además, la Jornada ha sido una instancia de sensibilización sobre la terminología de este ámbito y se hizo latente la necesidad de seguir profundizando en difentes aspectos de esa terminología, tal como la inclusión de variantes de lenguas minoritarias, el trabajo con los bienes inmateriales, entre otros aspectos de interés. También ha sido una oportunidad de conocer a otros profesionales independientes interesados en la terminología y de participar de las discusiones en torno a su normalización dentro del grupo del proyecto.

Como resultado de esta Jornada se publica el presente material monográfico, que tiene como objetivo reflejar los trabajos realizados en esta área tanto en Chile como en otras zonas geográficas, como es el caso de España y México.

Etapa 5: implementación y validación de la plataforma web y validador de textos

El desarrollo e implementación de la plataforma web de recursos terminológicos ConservaTerm, que consiste en una base de datos y un validador de textos, se basa en un diseño acorde con los nuevos modelos de servicios tecnológicos, enfocados en el intercambio y uso de la terminología. Esa tendencia viene determinada por las nuevas propuestas de desarrollo de recursos terminológicos (Budin, G. & Wright, S. E., 2001; ISO ISO/DIS 26162-1), como la puesta en común de datos y la participación de los usuarios en su recopilación y/o validación, así como también por el rápido desarrollo de aplicaciones de tecnología lingüística basada en datos (Heinisch, 2023).

Así, a fin de que el resultado de este proceso de normalización se implante en el quehacer de los usuarios de esa terminología, hemos propuesto la elaboración de dos productos que se encuentran en fase final de desarrollo.

El primero corresponde a una base de datos terminológicos, que recopila la terminología normalizada, consensuada entre los especialistas del ámbito, evidenciando a través de ejemplos reales de uso extraídos del corpus textual los términos preferentes y las variantes aceptadas o rechazadas por la comunidad de conservadores-restauradores. Esta base incluye un módulo de búsqueda de términos con diferentes filtros: por ámbito patrimonial, por término preferente,

---

[1] https://www.cncr.gob.cl/cartelera/conservaterm-i-jornada-internacional-sobre-terminologia-de-la-conservacion-restauracion.

por términos relacionados, términos rechazados o palabras relacionadas con el contexto de uso, por zona geográfica, por imágenes relacionadas con las alteraciones (proporcionadas por el Archivo CNCR), etc. También incorpora enlaces a sitios web con información relevante.

Para cumplir con los nuevos requerimientos de acceso a la información, se han implementado funciones de carga y descarga de terminología mediante archivos estructurados (extensiones .xlsx, .csv, .json), con el fin de alimentar la base de datos y de promover su uso de forma externa a la plataforma mediante su incorporación a sistemas de traducción asistida o a otras bases de datos relacionadas temáticamente, y también APIs que permitan acceder al módulo de búsqueda de términos para poner la base de datos a disposición de otras herramientas web que requieran consultarla.

Si consideramos, además, que el lenguaje es un sistema dinámico, es fundamental que el diseño de la plataforma sea flexible y permita constante actualización, fruto de la interacción con los usuarios, de las necesidades de incorporación de nueva terminología o nuevos subámbitos de la especialidad y, finalmente, de las necesidades de visualización de los datos (demostrar diferentes tipos de relaciones conceptuales, por ejemplo).

El segundo producto es el validador de textos, que corresponde a un módulo de redacción asistida interactiva y en línea que permite a los usuarios acceder a los datos almacenados en la base de datos por medio de recomendaciones de uso durante la redacción de documentos de trabajo. El validador ofrece al usuario un espacio para digitar o copiar y pegar en el editor el texto que se evaluará, además de permitir añadir ciertas características de formato (como negritas, cursivas, alineación, etc.), además de tablas e imágenes.

El validador de textos es de particular importancia dentro del proyecto, puesto que actúa, por un lado, como herramienta de implantación terminológica, gracias a su potencial de promover el uso de este conjunto terminológico normalizado; y, por otro lado, busca aportar a los estudios recientes en el ámbito de la terminología, en tanto que la implantación de la terminología normalizada en el uso social ha tenido muy poca dedicación, probablemente por la dificultad que supone el proceso (Montané, 2015; Da Cunha, Montané & Hysa, 2017).

En relación al diseño de los componentes técnicos, la plataforma considera una arquitectura de desarrollo cliente-servidor basada en tecnologías web, dado que está pensada para diferentes perfiles de usuarios de la plataforma, tanto usuarios internos al CNCR como para diferentes miembros, ya sea de la comunidad de conservadores-restauradores de Chile y regiones o de profesionales de otras comunidades que cuentan con una formación y acercamiento a la problemática muy distintos: son conservadores-restauradores, gestores culturales, académicos que actúan en el área, traductores, profesionales de áreas afines, e interesados, en general, por la temática. Este tipo de arquitectura permite, además, entregar herramientas de trabajo colaborativo que sincronicen y centralicen el trabajo realizado por los investigadores e integrantes del proyecto.

Adicionalmente, al alojarse en un portal web público, la plataforma debe cumplir con ciertos requerimientos técnicos (una arquitectura de *software* libre, lenguajes de programación específicos y estructura de presentación de los datos, etc.) y de diseño, los cuales deben ajustarse, además, a las necesidades de los usuarios de este recurso terminológico en particular.

La última etapa del proyecto consiste en la validación de la plataforma web en cuanto a su diseño, accesibilidad e interacción con los usuarios (*user experience*). Para esta etapa se dará acceso a la plataforma a un grupo de usuarios con objeto de recoger la retroalimentación de la etapa de validación, y ajustar consecuentemente el diseño y cualquier aspecto relevante mencionado por los usuarios. Finalmente, se creará un protocolo de cierre del proyecto que prevea la sustentabilidad de los productos derivados de este trabajo: la mantención y actualización de los datos de la plataforma web y la mantención del servidor que la acogerá (CNCR).

Estudio de caso

A continuación se presenta un estudio completo de la serie *agujero/orificio/ perforación/hoyo*. A partir del dossier de normalización se detallarán los aspectos relevantes manifestados durante las sesiones de discusión y el resultado obtenido para este caso, que es de especial interés ya que es representativo de las diferentes decisiones de normalización a las que se puede llegar en este proyecto.

Los protocolos de traspaso de estas fichas a la plataforma web y otros aspectos relacionados con el ambiente tecnológico se darán a conocer al final del período del proyecto.

DOSSIER DE SALIDA – CASO 2:

agujero/orificio/perforación/hoyo
La motivación de este dossier es:

a) Decidir si estas denominaciones corresponden a un único concepto, o a más de un concepto;

b) Proponer una definición, o tantas definiciones como conceptos se considere que existen;

c) Decidir qué denominación se considera prioritaria;
d) Observar si hay diferencias de uso en las distintas subáreas del CNCR y el CNCT.

Tabla 1. Frecuencia de uso por Unidad de Patrimonio (UP)

	Unidad de Patrimonio	N° de Informes	Agujero	Orificio	Perforación	Hoyo
FRECUENCIA DE USO	UPAE	36	6	54	41	0
	UPCE	66	4	221	114	0
	UPAV	41	27	33	89	0
	UPGD	98	21	403	25	0
	CNCT	65	10	3	9	0

Las cuatro denominaciones (recuperadas de la BDT) aparecen en distintos glosarios del CNCR, asociados a distintas Unidades Patrimoniales (UP) –Unidad de Patrimonio Construido y Escultórico (UPCE), Unidad de Patrimonio Gráfico y Documental (UPGD), Unidad de Patrimonio Arqueológico y Unidad de Patrimonio de Artes Visuales (UPAV)–, y también en el CNCT como variantes de un mismo concepto. Tras consultar el corpus, se evidencia que estas unidades presentan variación en cuanto a su frecuencia en cada UP, y que el término hoyo no tiene ninguna ocurrencia en el corpus.

Tabla 2. Expresiones terminológicas de la serie *agujero/orificio/perforación*

EXPRESIONES TERMINOLÓGICAS	agujero	orificio	perforación
CNCR	No hay	– Orificio de pequeño tamaño (16) – Orificio de salida (de insectos) (12) – Orificio de ventilación (4)	– Perforación marginal (3)
CNCT	– Agujero de polilla (4) – Agujero de clavo (1) – Agujero irregular (1)	No hay	No hay

En relación con las "expresiones terminológicas", etiqueta que reúne colocaciones frecuentes del término principal y que puede comprender tanto hipónimos como formaciones terminológicas sintagmáticas, también es posible observar una variación en su productividad entre las distintas instituciones para las tres denominaciones.

En lo que respecta a los aspectos conceptuales de la serie, a partir de la discusión desarrollada en sesión del 25 de abril de 2023, se llega a las siguientes observaciones consensuadas:

1. *Perforación* es un término que representa un concepto diferente que orificio y agujero. Se utiliza sobre todo en la unidad de patrimonio construido y escultórico, seguido de la unidad de patrimonio de artes visuales.
   · Una perforación puede ser un proceso (acción de perforar), o un producto (orificio observable en un material, alteración).
   · En su acepción de producto, una *perforación* se asocia a un estado provocado intencionalmente con alguna herramienta. Utilizado para especificar, cuando se conoce el agente perforador.
   · Se asocia a una acción humana.
2. *Orificio y agujero* se pueden considerar variantes terminológicas de un mismo concepto, transversal a todas las unidades. Se utiliza sobre todo en la unidad de patrimonio documental y gráfico, seguido de la unidad de patrimonio construido y escultórico.
   · *Orificio* tiene una frecuencia de uso sobresaliente en comparación con *agujero*, en todas las unidades.
   · *Orificio* se asocia a un agente biológico.
   · Para el CNCR, las expresiones terminológicas son productivas con **orificio** (**orificio** *de ventilación* / **orificio** *de salida*): pero no hay ocurrencias con *agujero*; para el CNCT, las expresiones terminológicas se dan con *agujero* (**agujero** *de polilla* / *agujero de clavo*), y manifiestan distintos agentes causantes.
   · Para UPDG y CNCT, el término *orificio* se utiliza de manera genérica (una primera evidencia) para indicar una alteración provocada por perforación. Para las demás unidades, no hay evidencias de este matiz.
   · Para el CNCT, el término más utilizado es *agujero*, y se asocia con alteraciones provocadas por herramienta punzante o animal (polilla).

La decisión de normalización es la siguiente:
perforación: término preferente (UPAE, UPCE, UPAV, UPGD, TEXTIL)
orificio: término preferente (UPAE, UPCE, UPAV, UPGD, TEXTIL)
   agujero: término aceptado (UPAE, UPCE, UPAV, UPGD, TEXTIL)

A partir de la discusión descrita en el dossier de salida, se elaboran las fichas terminológicas correspondiente a los conceptos delimitados; en este caso, *perforación* –representado por un único término– y *orificio* –representado por un término preferente y una variante, *agujero*–.

Ficha terminológica: PERFORACIÓN
Término preferente: *perforación*
Categoría gramatical: s.m.
Áreas Temáticas: CNCR, CNCT
Subáreas temáticas: UPAE, UPCE, UPAV, UPGD, TEXTIL
Expresiones terminológicas: *perforaciones marginales*
Definición: alteración en la que un objeto es atravesado por una herramienta cilíndrica punzante, de tamaño milimétrico a centimétrico, de causa antropogénica.
Fuente de la definición: propia

Contexto 1: Varias alteraciones en relación a la pérdida estructural (faltantes, *perforaciones*, deshilados, des- torcidos) porque sus agentes de alteración se encuentran inactivos, por lo que no hay riesgo en que dichos procesos puedan volver a desencadenarse.
Fuente del contexto 1: LA/CNCR_LA_INF_INTER_24.docx

Contexto 2: Se observan pequeñas *perforaciones* en la tela en los bordes perimetrales, en las zonas en que se encontraban elementos de sujeción de la pintura al bastidor.
Fuente del contexto 2: LPIN/CNCR_PIN_INF_INTER_17.docx

Contexto 3: ALTERACIONES Y ESTADO DE CONSERVACIÓN Las principales alteraciones observadas son, grietas, *perforaciones* y pérdidas de estucos en muros soporte (Figura 40, Izquierda); eflorescencias salinas y disgregación de ladrillos del muro por humedad proveniente del suelo, con pérdida de pintura (Figura 40); desprendimientos y pérdidas (Figura 41) y decoloración de los estratos pictóricos (Figura 42), especialmente de las obras hechas en látex; además de elementos vegetales que cubren las pinturas.
Fuente del contexto: LEM_A/CNCR_LEM_INF_ASES_33.pdf

Contexto 4: También se observan dos pequeñas *perforaciones* situadas en los márgenes laterales superiores, uno a cada lado y un pequeño rasgado en el margen superior lateral izquierdo
Fuente del contexto 4: LPL/CNCR_LPL_INF_INTER_67.docx

Contexto 5: A la vez la manipulación y/o un soporte inadecuado provocan roturas, deformaciones, *perforaciones* y abrasiones en los textiles.
Fuente del contexto 5: CNCT/ManualConservación

Figura 3. Perforación. Fuente de la imagen: Archivo CNCR.

Ficha terminológica: ORIFICIO
Término preferente: *orificio*
Categoría gramatical: s.m.
Áreas Temáticas: CNCR, CNCT
Subáreas temáticas: UPAE, UPCE, UPAV, UPGD, TEXTIL
Expresiones terminológicas: *orificio de salida [de insectos]*

Definición: alteración de forma circular, de tamaño milimétrico a centimétrico, en la cual el objeto es atravesado, causada por agentes biológicos.
Fuente de la definición: propia

Contexto 1: (…) *Orificio*/agujero: corresponden a desprendimientos superficiales ovalados que revelan vacíos profundos en la pasta, pero que no atraviesan todo su espesor
Fuente del contexto 1: LA/CNCR_LA_INF_INTER_21.docx

Contexto 2: Cabe destacar que en los planos de daños y durante la visita al templo, se observaron *orificios* de salida de insectos xilófagos en las esculturas tituladas «Dios Padre» y «Jesús resucitado» con número de inventario 2017-0044 y 2017-0045 respectivamente, señalando en la Ficha de Registro que dicho deterioro se presenta inactivo.

Fuente: LEM_A/CNCR_LEM_INF_ASES_27.pdf

Contexto 3: PERFORACIONES: *orificios* presentes en la tela con ruptura de fibras en forma delimitada (puede haber una pequeña pérdida de material) Ej: por clavos, polillas, etc.

Fuente del contexto 3: catastro.pdf, CNCT

Variante 1: *agujero*

Estatus de la variante: término aceptado

Categoría gramatical: s.m.

Tipo de variante: variante léxica

Áreas Temáticas: CNCR, CNCT

Subáreas temáticas: UPAE, UPCE, UPAV, UPDG, TEXTIL

Expresiones terminológicas: *agujero de polilla, agujero de clavo, agujero irregular*

Contexto 1: Destaca el *agujero* de gran tamaño situado en la parte superior del travesaño vertical, y los pequeños *agujeros* situados en el borde externo del bastidor, situados entre algunos clavos.

Fuente 1: LPIN/CNCR_LPIN_INF_INTER_25.docx

Contexto 2: Algunos presentan *agujeros* en las esquinas, que al parecer corresponderían a la forma de sujetar el sismograma al tambor o para revisarlos posteriormente.

Fuente del contexto 2: LPL/CNCR_LPL_INF_INTER_12.docx

Contexto 3: En la palmera, la actividad de insectos xilófagos en el tronco de la madera, lo cual se evidencia en la presencia de *agujeros* de salida (Figura 19, izquierda) y acumulaciones de fecas.

Fuente del contexto 3: LEM_A/CNCR_LEM_INF_ASES_33.pdf

Contexto 4: Los 3 campos presentan pequeños *agujeros* irregulares con bordes oscurecidos.

Fuente del contexto 4: CNCT/INFORME DE RESTAURACIÓN Y MONTAJE DE BANDEROLA.pdf

Figura 4. Orificio. Fuente de la imagen: Archivo CNCR/CNCT.

Consideraciones finales

En este capítulo se han descrito las seis etapas de trabajo que componen el proyecto ConservaTerm para la normalización de los términos relativos a las alteraciones a los bienes patrimoniales chilenos. Estas etapas se basan en los principios teóricos y metodológicos descritos en las normas ISO /TC 37, y fueron adaptadas a las necesidades del contexto en que se inserta este proyecto.

Esta metodología y los protocolos derivados del trabajo, validados entre pares y expertos en el ámbito, podrá servir de base para la normalización de otras subáreas de la conservación-restauración de bienes patrimoniales, y también de áreas afines que manifiesten necesidades de normalización similares.

Los resultados de este proyecto serán ampliamente difundidos y los productos derivados de este trabajo de normalización –la plataforma web y el validador de textos– estarán disponibles para consultas a partir de octubre de 2024.

Referencias

Adriazola, A. (2019). *Terminología de las alteraciones patrimoniales en el área de la conservación y restauración de obras de arte* [Tesis de magíster, Pontificia Universidad Católica de Chile]. Repositorio UC.

Asensio, R. M. (1988). *Jornadas Europeas de traducción e interpretación*, pp. 131–144 (ISBN 84-338-0671-8).

Bach, C., Freixa, J. & Suárez, M. (2003). Equivalencia conceptual y reformulación parafrástica en terminología. En Correia M (Ed.), *Terminología e indústrias da língua: atas do VII Simpósio Ibero-Americano de Terminologia. Lisboa: ILTEC-Instituto de Linguistica Teórica e Computacional* (pp. 173–184).

Bojanoski, S., Michelon, F., & Bevilacqua, C. (2017). Os termos preservação, restauração, conservação e conservação preventiva de bens culturais: Uma abordagem terminológica. *Calidoscopio*, *15*(3), 443–454. https://doi.org/10.4013/cld.2017.153.04.

Bowker, L. & Pearson, J. (2002). *Working with Specialized Language: A Practical Guide to Using Corpora*. London: Routledge.

Bowker, L. & Hawkins, S. (2006). Variation in the organisation of medical terms: Exploring some motivations for term choice. *Terminology*, *12*(1), 79–110.

Budin, G. & Wright, S. E. (eds.) (1997). *Handbook of terminology management*. Vol. I John Benjamins: Amsterdam.

Budin, G. & Wright, S. E. (eds.) (2001). *Handbook of terminology management*. Vol. II. John Benjamins: Amsterdam.

Cabré, M. T. (1999). *La terminología. Representación y comunicación*. Barcelona: Publicaciones del IULA, Universidad Pompeu Fabra.

Cabré, M. T. (2003). Theories of terminology. Their description, prescription and explanation. *Terminology*, *9*(2), 163–199. https://doi.org/10.1075/term.9.2.03cab.

Calvo, A. (2016). La normalización terminológica aplicada a la conservación y restauración de patrimonio cultural. En AA.VV, *El lenguaje sobre el patrimonio. Estándares documentales para la descripción y gestión de colecciones* (pp. 131–139). Madrid: Ministerio de Educación, Cultura y Deporte.

Ciapuscio, G. (2003). *Textos especializados y Terminologías*. Barcelona: Publicaciones del IULA, Universidad Pompeu Fabra.

Da Cunha, I., Montané, M. A. & Hysa, L. (2017). *The arText prototype: an automatic system for writing specialized texts*. In A. Martins, A. Peñas (Eds.), 15th Conference of the European Chapter of the Association for Computational Linguistics (EACL): Proceedings of the Software Demonstrations (pp. 57–60). Valencia, España.

Fernández-Silva, S. (2016). The cognitive and rhetorical role of term variation and its contribution to knowledge construction in research articles. *Terminology. International Journal of Theoretical and Applied Issues in Specialized Communication*, *22*(1), 52–79. doi: 10.1075/term.22.1.03fer.

Fernández-Silva, S. (2019). The cognitive and communicative functions of term variation in research articles: a comparative study in Psychology and Geology. *Applied Linguistics*, *40*(4), 624–645. doi: 10.1093/applin/amy004.

International Organization for Standardization. (2007). *Terminology work — Harmonization of concepts and terms*. (ISO Standard No. 860:2007).

International Organization for Standardization. (2012). *Systems to manage terminology, knowledge and content –Design, implementation and maintenance of terminology management systems, International Organization for Standardization*. (ISO/DIS No. 26162:2012).

International Organization for Standardization. (2020). *Terminology policies — Development and implementation* (ISO Standard No. 29383:2020).

International Organization for Standardization. (2022). *Terminology work — Principles and methods* (ISO Standard No. 704:2022).

Freixa, J. (2006). Causes of denominative variation in terminology: A typology proposal. *Terminology. International Journal of Theoretical and Applied Issues in Specialized Communication, 12*(1), 51–77. https://doi-org.pucdechile.idm. oclc.org/10.1075/term.12.1.04fre.

Freixas, M., Bach, C. & Bernal, E. (2023). Reformulación parafrástica y neología: una relación rentable. *Onomázein*, (59), 24–46. DOI: 10.7764/onomazein.59.02.

Garside, R., Leech, G. & McEnery, T. (2013). *Corpus Annotation. Linguistic Information from Computer Text Corpora*. London, Routledge.

Heinisch, B. (2023). Terminological Databases as a Means to Access Knowledge: Making Them Usable for a Non-Expert Audience. *Rasprave: Časopis Instituta za hrvatski jezik i jezikoslovlje*, 49 (2).

ICOM-CC (2008). Terminology to characterize the conservation of tangible cultural heritage. *Resolution adopted by the ICOM-CC membership at the 15th Triennial Conference*, New Delhi.

Kilgarriff, A., Baisa, V., Busta, J., Jakubıcek, M., Kovar, V., Michelfeit, J., Rychly, P. & Suchomel, V. (2014). The sketch engine: Ten years on. *Lexicography, 1*(1):7–36.

Kostina, Irina. (2010). *La variación conceptual de los términos en el discurso especializado* [tesis de Doctorado, Universitat Pompeu Fabra]. TDX (Tesis Doctorals en Xarxa). http://hdl.handle.net/10803/7513.

Montané, M. A. (2015). L'avaluació de la implantació de la terminologia catalana: on som i on podríem arribar. *Treballs de Sociolingüística Catalana*, (25), pp. 81–94.

Rogers, M. & Ahmad, K. (2001). Corpus Linguistics and Terminology Extraction. In *Handbook of Terminology Management* (Vol. 2, pp. 725–760). John Benjamins.

Sandu, A., Spiridon, P. & Sandu, I. (2016). Current studies and approaches in the field of cultural heritage conservation science. Harmonising the terminology in an interdisciplinary context. *International Journal of Conservation Science (IJCS)*, 7(3).

Tebé, C. & Pissolato, L. (2022). De la variación terminológica a la normalización: etapas metodológicas a partir de un corpus sobre conservación-restauración de bienes patrimoniales. *Mutatis Mutandis, 15*(2), 345– 367. https://doi. org/10.17533/udea.mut.v15n2a05.

III. Marcas lingüísticas para la detección de variación terminológica en el corpus ConservaTerm

Ignacia Montero

RESUMEN

El objetivo de este capítulo es presentar estrategias de detección de variación terminológica en el ámbito de la conservación-restauración de bienes patrimoniales en Chile como parte del proceso llevado a cabo para la consecución del objetivo general del proyecto FONDEF en el que se enmarca esta publicación. Para ello, se presentan las tres estrategias aplicadas al corpus ConservaTerm: búsqueda a través de marcas metalingüísticas, búsqueda a través de marcas ortotipográficas y búsqueda dirigida, y se evalúa su eficiencia para la detección de variación terminológica en dicho corpus. Adicionalmente, se valora la pertinencia de otras informaciones obtenidas a partir de estas búsquedas para el trabajo terminológico.

ABSTRACT

The objective of this chapter is to present strategies for detecting terminological variation in the field of conservation-restoration of heritage assets in Chile as part of the process carried out to achieve the general objective of the FONDEF project in which this publication is based. For this purpose, we present three strategies applied to the ConservaTerm corpus: search through metalinguistic marks, search through orthotypographic marks and directed search, along with the evaluation of their efficiency for the detection of terminological variation in the corpus. Additionally, we assess the relevance of other information obtained from these searches for terminological work.

Introducción

El objetivo de este capítulo es presentar estrategias de detección de variación terminológica en el ámbito de la conservación-restauración del patrimonio cultural chileno, en el marco del objetivo general del proyecto FONDEF expuesto en la presentación de este volumen. En dicho proyecto se trabaja con la terminología utilizada por los especialistas del Centro Nacional de Conservación y Restauración (CNCR), que es una de las principales instituciones que representa este ámbito de especialización en Chile. La terminología utilizada por los que usan los diferentes especialistas de esta institución, especialmente aquella relativa a las alteraciones que presentan los bienes patrimoniales, no está normalizada. Es decir, no existe consenso en cuanto a la delimitación de los conceptos que utilizan y a las denominaciones que designan dichos conceptos: se utilizan diferentes denominaciones para referirse al mismo concepto, o bien, una misma denominación se utiliza para referirse a conceptos diferentes. Esto se manifiesta en una gran variación terminológica en su vocabulario, ya consignada en trabajos preliminares en este ámbito (Silva, 2017; Adriazola, 2019; Bojanowski et al., 2018; ICOM-CC, 2008). La ambigüedad derivada de esta falta de fijación terminológica acarrea problemas de comunicación en la disciplina, tanto a nivel interno, entre los mismos especialistas, como en su proyección externa en actividades asociadas a la difusión y socialización de conocimientos o de intercambio internacional. El análisis de la variación terminológica contribuye al trabajo de normalización necesario para solucionar los problemas de comunicación mencionados.

Por ello, con el fin de establecer estrategias que permitan detectar variación terminológica en el ámbito, se analizó, a través de la plataforma de gestión y análisis de corpus Sketch Engine, el corpus ConservaTerm (descrito en detalle en el capítulo de metodología). A modo general, este corpus fue compilado en el marco del proyecto FONDEF mencionado y está constituido por textos redactados por los especialistas de los diferentes laboratorios del CNCR, relativos al proceso de conservación-restauración de bienes patrimoniales que llevan a cabo.

En este capítulo se abordará, en primer lugar, el marco teórico en el que se basa el planteamiento de las estrategias de detección; en segundo lugar, los tres tipos de estrategia de detección de variación terminológica propuestos y algunos ejemplos de los resultados obtenidos a través de ellas; en tercer lugar, la valoración global de la eficiencia de las diferentes estrategias para este corpus a partir de los resultados obtenidos, junto con las limitaciones identificadas; y, finalmente, las conclusiones y proyecciones en torno a las estrategias presentadas.

Marco teórico

Diversos autores han establecido una relación entre la variación terminológica en contextos de comunicación especializada y los mecanismos discursivos de reformulación (especialmente, los marcadores del discurso como, por ejemplo, "es decir", "esto es", "a saber", "en otras palabras", etc.). A continuación, se presentan a modo general algunos de los aportes más relevantes para el planteamiento de las estrategias de detección propuestas en este capítulo.

Bach & Suárez (2002) destacan el papel de la reformulación en relación con la variación denominativo-conceptual a través del estudio de la traducción científico-técnica. En esta investigación ya se pone de relieve la relevancia de los mecanismos de reformulación dentro del discurso especializado y su relación con la presencia de variantes terminológicas.

Bach et al. (2003) ahondan en el estudio los mecanismos de reformulación de los términos en el discurso especializado para analizar el grado de equivalencia entre dichos términos y detectar sus reformulaciones concretas (es decir, los términos que se considerarían variantes entre sí) a través de lo que denominan "marcadores reformulativos parafrásticos" (MRP).

Esta misma reformulación parafrástica a través de marcadores fue estudiada previamente por Rodríguez (1999) dentro de lo que denomina "operaciones metalingüísticas explícitas" ("Explicit Metalinguistic Operations" (EMOs)). En su trabajo, el autor propone una serie de elementos recurrentes (entendidos como marcadores u operadores metalingüísticos) que constituirían indicadores de actividad metalingüística en un texto. A partir de esta propuesta, los marcadores u operadores metalingüísticos pueden ser cualquier elemento que indique o introduzca actividad metalingüística de forma recurrente, por lo tanto, también pueden ser considerados como marcadores los signos de puntuación.

Suárez (2004), por otra parte, aborda la variación denominativa explícita (VDE), que se entiende como la variación denominativa que es introducida en el discurso a través de marcadores que indican equivalencia (a los que denomina "marcadores de variación denominativa explícita" (MVDE)) y que sirven como indicios lingüísticos para la detección de variantes denominativas explícitas.

Adicionalmente, es importante mencionar el trabajo de Fernández-Silva (2016), quien presenta un estudio del grado de distancia semántica entre variantes terminológicas según el tipo de variación al que corresponden. Esta propuesta es particularmente relevante para la búsqueda de variación en este corpus, ya que relaciona la variación terminológica con diferentes tipos de relaciones semánticas entre los términos (como la hiperonimia/hiponimia), y da cuenta, además, de la dificultad de determinar con certeza la condición de variantes entre uno o más términos.

Estrategias

Para el planteamiento de las estrategias de detección de variación, se consideró como punto de partida un conjunto de marcas (véase Tabla 1) que combina los elementos, propuestas y clasificaciones presentadas en el marco teórico que demostraron alguna relación con este fenómeno. Adicionalmente, se incluyen algunas marcas ortotipográficas adicionales de incorporación propia, propuestas a partir de las exploraciones previas del corpus (**barra** y **punto y coma**).

Tabla 1. Marcas de detección de variación terminológica en corpus ConservaTerm

MARCAS METALINGÜÍSTICAS	MARCAS ORTOTIPOGRÁFICAS
Verbos designativos: denominar, llamar, significar, designar, corresponder a, recibir el nombre, aplicar a, acuñar, hablar (de), indicar, referir(se) a, aludir, decir, querer decir, conocer como	Dos puntos [:], paréntesis [( )], barra [/], guion [-], punto y coma [;], comillas [" "]
Conectores/reformuladores: o sea, es decir, esto es, a saber, en otras palabras, en otros términos, dicho con/en otros términos, dicho con/en otras palabras, dicho de otra manera, dicho de otra forma, [dicho] de otro modo.	
Disyunción: o	

Para la detección de variación terminológica, se proponen tres de estrategia de búsqueda mediante *Sketch Engine* para el corpus seleccionado con las marcas presentadas: 1) búsqueda a través de marcas metalingüísticas, 2) búsqueda a través de marcas ortotipográficas y 3) búsquedas dirigidas.

Tras un análisis preliminar de los resultados mediante estas búsquedas, y a partir de la propuesta de Fernández-Silva (2016) consignada en el marco teórico, se consideraron pertinentes tanto los resultados que detectaran directamente candidatos a variantes terminológicas (términos considerados equivalentes o sinónimos en el contexto de uso), como también aquéllos que permitieran detectar otros tipos de relaciones semánticas entre los términos, como hiperonimia/hiponimia (términos relacionados entre sí por una relación de jerarquía, un término "contiene" al otro, constituyendo un "tipo de"; por ejemplo, *grieta* (hipónimo) es un tipo de *fracturación parcial* (hiperónimo)) y cohiponimia (ambos términos están relacionados entre sí porque ambos son "contenidos" por un mismo término más amplio; por ejemplo, *grieta* y *desportillamiento* (cohipónimos entre sí) son ambos tipos de *fracturación parcial*). Así, si bien las búsquedas no siempre resultaron ser eficientes para la detección de variantes terminológicas directamente, sí lo fueron para recuperar otros tipos de relaciones semánticas entre los términos cuyo conocimiento contribuye a organizar y establecer la estructura conceptual de la terminología del ámbito y, con ello, al análisis de la variación en el ámbito.

Búsqueda por marcas metalingüísticas

Para el grupo de las marcas metalingüísticas (solo las categorías verbos designativos y conectores/reformuladores)[1], se realizó una búsqueda automática de dichas unidades en el corpus a través de la función de concordancia de la plataforma *Sketch Engine*, para observar su frecuencia de uso, su comportamiento en relación con otras unidades del texto (otros términos) y así identificar posibles candidatos a variantes.

Verbos designativos

Para esta primera categoría se presentan una serie de marcas metalingüísticas que consisten en verbos que han sido utilizados en otros trabajos para indicar variación terminológica (Bach et al., 2003; Suárez, 2004; Rodríguez, 1999). Dado que son unidades que tienen un significado autónomo que no requiere necesariamente de otros elementos para ser interpretado, la estrategia para este grupo es realizar una búsqueda simple a través de los verbos (simples o compuestos) en su forma lematizada (infinitivo), a veces acompañados de una preposición que facilita la aparición de una posible variante denominativa u otra información de interés terminológico.

Como procedimiento general, para cada marca se consignó su frecuencia absoluta de ocurrencias en el corpus y la frecuencia específica (aquellos resultados en los que la marca permite detectar variantes terminológicas u otra información de carácter terminológicos). En los casos en que la frecuencia total sea mayor a 100, se extrajo una muestra aleatoria de 100 resultados y se contabilizó la frecuencia específica sobre esta muestra. A continuación, se presentan algunos ejemplos de los resultados obtenidos a través de esta estrategia de búsqueda con la marca **llamar** (véanse Figuras 1 y 2).

Llamar
Frecuencia absoluta: 192
Muestra aleatoria: 100
Frecuencia específica (sobre muestra aleatoria): 11
 · Variantes terminológicas: 5
 · Hiperonimia/hiponimia: 6
 · Cohiponimia: 0

---

[1] Para la categoría de la disyunción **o** se siguió el procedimiento de las búsquedas por marcas ortotipográficas que se presentará más adelante, debido a que las características de esa marca son similares a las de los signos de puntuación.

1 ☐ ⓘ doc#1 <s>Las vestimentas prehispánicas de la zona en cuestión, se tejían en una sola pieza con ligamento faz de urdimbre utilizando una trama continua; con excepción de las inkuñas y las bolsas-fajas (Horta 2005: 16), al tejer se les daba forma trapezoidal a las chupas, a algunos taparrabos y ciertos tipos de túnicas, espaciando las urdimbres adicionales o como les **llama** Horta 2005, "urdimbres de aumento".</s>

2 ☐ ⓘ doc#1 <s>El N° Inventario 4 o imanes flexibles permanentes (también **llamados** imanes de ferrita compuesta) se hacen mezclando polvo de ferrita con plástico (CPE o NBR).</s>

3 ☐ ⓘ doc#3 <s>La técnica de lacado japonesa se **llama** Urushi (el nombre japonés de la laca).</s>

4 ☐ ⓘ doc#7 <s>Se conoce como tela para dibujo, tela aprestada, y a veces erróneamente se le **llama** "papel tela".</s>

5 ☐ ⓘ doc#7 <s>El origen de la expresión chinne-collé viene desde la época en que los impresores franceses del siglo XIX comenzaron a estampar grabados en papel de fibras orientales, al que generalmente **llamaban** papel de china por provenir en su mayoría de ese país, aunque también eran importados desde India y Japón.</s>

Figura 1. Resultados de la marca **llamar** para detectar candidatos a variantes terminológicas.

1 ☐ ⓘ doc#1 <s>Con respecto al suelo, en la sección del piedemonte cordillerano y de la alta montaña predominan los suelos **llamados** entisoles y aridisoles.</s>

2 ☐ ⓘ doc#7 <s>Este último fue usualmente usado para formar una pintura **llamada** témpera (The J. Paul Getty Museum, 2003). </s>

3 ☐ ⓘ doc#7 <s>Sismogramas Los sismogramas son registros de los movimientos de la tierra realizados por un instrumento **llamado** sismógrafo, que mide la velocidad y el tipo de onda sísmica.</s>

4 ☐ ⓘ doc#7 <s>2 Material compuesto por una variedad de óxido férrico **llamado** hematites, que puede tener distintas tonalidades, todas en la gama del rojo –de ahí viene su nombre, ya que recuerda a la sangre–.</s>

5 ☐ ⓘ doc#7 <s>Analista: S. Vargas, 2016) LP-099-03 Resultado: El espectro presenta una similitud del 65,22% con el adhesivo **llamado** neopreno (trans- 1,4-policloropreno), observándose las siguientes bandas características de esta: 2954, 2860, 1658, 1615, 1487, 1447, 1363, 1306, 1215, 1164. 1075, 880, 823, 779 y 685 cm-1 (Figura 3).</s>

Figura 2. Resultados de la marca **llamar** para detectar términos en una relación de hiperonimia/hiponimia.

Como se puede ver en la Figura 1, el verbo **llamar**, si bien corresponde a un registro más informal y es más propio del estándar oral, se utiliza con relativa frecuencia en el corpus para indicar variación terminológica. En el caso 1, *urdimbres adicionales* versus *urdimbres de aumento* (este último término referenciado por una fuente, un autor de la especialidad); en el caso 2, *imanes flexibles permanentes* versus *imanes de ferrita compuesta*; en el caso 3, *técnica de lacado japonesa* versus *Urushi*; en el caso 5, *papel de fibras orientales* versus *papel de China*. El caso 4, si bien afirma que la relación de variantes que se atribuye a los términos es errónea, se indica que normalmente se establece una relación de variantes entre ellos (*tela para dibujo, tela aprestada, papel tela*), por lo que puede considerarse que la marca sigue cumpliendo la función de detectar variantes.

Por otra parte, en la Figura 2 se pueden observar ejemplos de resultados en los que mismo verbo, en sus distintas formas flexivas (mayormente participio "llamado"), permite recuperar también relaciones de hiperonimia/hiponimia: en el caso 1, los dos términos, *entisoles* y *aridisoles*, son tipos de *suelos*; en el caso 2, *témpera* es un tipo de *pintura*; en el caso 3, *sismógrafo* es un tipo de *instrumento [de medición]*, y a la derecha del término aparece la definición: "que mide la velocidad y el tipo de onda sísmica"; también en el caso 4, *hematites* es un tipo de *óxido férrico*; y en el caso 5, el *neopreno* es un tipo de *adhesivo*.

Las siguientes marcas del grupo de verbos designativos no presentaron ocurrencias o usos pertinentes para el objetivo de búsqueda en este corpus: **designar, aplicar a, acuñar, hablar (de), indicar, aludir, decir, querer decir.**

Conectores/reformuladores

Este segundo grupo de marcas metalingüísticas está constituido por una serie conectores de reformulación que han sido utilizados en otros trabajos para indicar variación terminológica (Bach et al., 2003; Suárez, 2004; Rodríguez, 2004), y se analiza su productividad en este corpus. A continuación se presentan algunos ejemplos de los resultados obtenidos a través de la marca *es decir* (véanse Figuras 3, 4, 5 y 6).

Es decir
Frecuencia absoluta: 178
Frecuencia absoluta: 100
Frecuencia específica (sobre muestra aleatoria): 3
· Variación terminológica: 2
· Hiperonimia/hiponimia: 1
· Cohiponimia: 0

1 ☐ ⓘ doc#5 <s>Si bien no es un deterioro físico-visual, el cambio en la tipología del objeto, es decir, pasar de ser una pintura de enrollar a un cuadro, **es decir** una pintura de caballete enmarcada, representó un cambio importante en el significado de la pintura, invisibilizando su función original.</s>

2 ☐ ⓘ doc#7 <s>La observación bajo lupa binocular permitió advertir pequeñas pérdidas de elementos sustentados en diversas zonas de la superficie, y se observó que posee capa de protección, **es decir** barniz, que se encuentra craquelado. </s>

Figura 3. Resultados de la marca **es decir** para detectar candidatos a variantes terminológicas.

1 ☐ ⓘ doc#1 <s>CONCLUSIONES Y PROPUESTA DE INTERVENCIÓN En vista a todas las alteraciones encontradas durante el estudio sintomatológico de las 3 piezas textiles, solo se consideraron como amenaza a las alteraciones que ponen en peligro la estabilidad estructural y material de las piezas, **es decir** los elementos foráneos de superficie y restos orgánicos de descomposi- ción, las deformaciones de plano y el desprendimiento.</s>

Figura 4. Resultados de **es decir** para detectar términos en relación de hiperonimia/hiponimia.

En la Figura 3 se puede ver que, si bien el uso del conector de reformulación **es decir** para relacionar dos variantes terminológicas no es muy frecuente, sí se observan algunos casos en los que esta marca establece una relación de equivalencia entre dos elementos (el que está antes y el que está después de la marca): *cuadro* como candidato a variante de *pintura de caballete enmarcada* y *capa de protección* como candidato a variante de *barniz*.

En el caso de la Figura 4, la marca está introduciendo una relación de hiperonimia/hiponimia, estableciendo *elementos foráneos de superficie, restos orgánicos de descomposición, deformaciones de plano* y *desprendimiento* (hipónimos) como tipos de *"alteraciones* [que ponen en peligro la estabilidad estructural de las piezas]" (hiperónimo).

Aunque esta marca no resulta muy productiva para detectar relaciones semánticas entre los términos, sí lo es para obtener otras informaciones relevantes para el trabajo terminológico, como definiciones o explicaciones de un término (véanse Figuras 5 y 6).

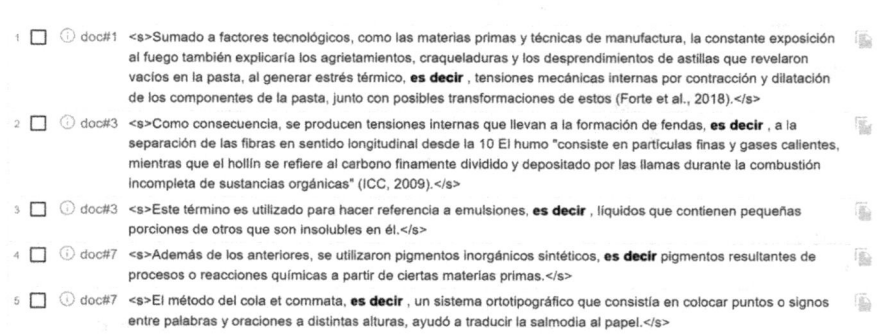

1 ☐ ⓘ doc#1 <s>Sumado a factores tecnológicos, como las materias primas y técnicas de manufactura, la constante exposición al fuego también explicaría los agrietamientos, craqueladuras y los desprendimientos de astillas que revelaron vacíos en la pasta, al generar estrés térmico, **es decir** , tensiones mecánicas internas por contracción y dilatación de los componentes de la pasta, junto con posibles transformaciones de estos (Forte et al., 2018).</s>

2 ☐ ⓘ doc#3 <s>Como consecuencia, se producen tensiones internas que llevan a la formación de fendas, **es decir** , a la separación de las fibras en sentido longitudinal desde la 10 El humo "consiste en partículas finas y gases calientes, mientras que el hollín se refiere al carbono finamente dividido y depositado por las llamas durante la combustión incompleta de sustancias orgánicas" (ICC, 2009).</s>

3 ☐ ⓘ doc#3 <s>Este término es utilizado para hacer referencia a emulsiones, **es decir** , líquidos que contienen pequeñas porciones de otros que son insolubles en él.</s>

4 ☐ ⓘ doc#7 <s>Además de los anteriores, se utilizaron pigmentos inorgánicos sintéticos, **es decir** pigmentos resultantes de procesos o reacciones químicas a partir de ciertas materias primas.</s>

5 ☐ ⓘ doc#7 <s>El método del cola et commata, **es decir** , un sistema ortotipográfico que consistía en colocar puntos o signos entre palabras y oraciones a distintas alturas, ayudó a traducir la salmodia al papel.</s>

Figura 5. Resultados de la marca **es decir** para detectar contextos definitorios.

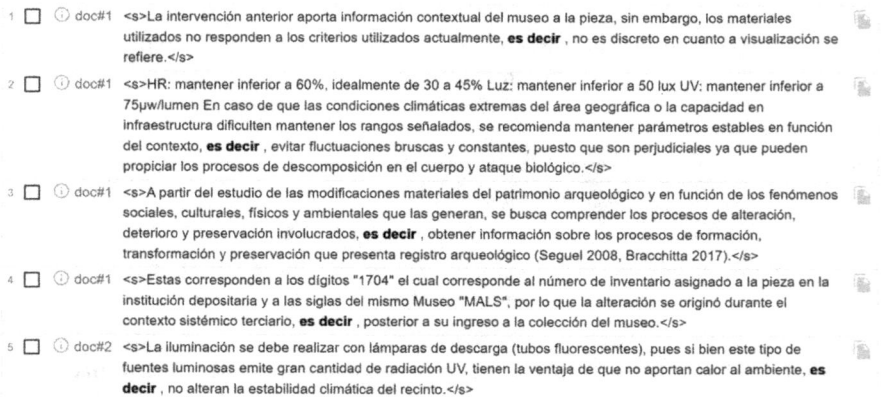

1 ☐ ⓘ doc#1 <s>La intervención anterior aporta información contextual del museo a la pieza, sin embargo, los materiales utilizados no responden a los criterios utilizados actualmente, **es decir** , no es discreto en cuanto a visualización se refiere.</s>

2 ☐ ⓘ doc#1 <s>HR: mantener inferior a 60%, idealmente de 30 a 45% Luz: mantener inferior a 50 lux UV: mantener inferior a 75µw/lumen En caso de que las condiciones climáticas extremas del área geográfica o la capacidad en infraestructura dificulten mantener los rangos señalados, se recomienda mantener parámetros estables en función del contexto, **es decir** , evitar fluctuaciones bruscas y constantes, puesto que son perjudiciales ya que pueden propiciar los procesos de descomposición en el cuerpo y ataque biológico.</s>

3 ☐ ⓘ doc#1 <s>A partir del estudio de las modificaciones materiales del patrimonio arqueológico y en función de los fenómenos sociales, culturales, físicos y ambientales que las generan, se busca comprender los procesos de alteración, deterioro y preservación involucrados, **es decir** , obtener información sobre los procesos de formación, transformación y preservación que presenta registro arqueológico (Seguel 2008, Bracchitta 2017).</s>

4 ☐ ⓘ doc#1 <s>Estas corresponden a los dígitos "1704" el cual corresponde al número de inventario asignado a la pieza en la institución depositaria y a las siglas del mismo Museo "MALS", por lo que la alteración se originó durante el contexto sistémico terciario, **es decir** , posterior a su ingreso a la colección del museo.</s>

5 ☐ ⓘ doc#2 <s>La iluminación se debe realizar con lámparas de descarga (tubos fluorescentes), pues si bien este tipo de fuentes luminosas emite gran cantidad de radiación UV, tienen la ventaja de que no aportan calor al ambiente, **es decir** , no alteran la estabilidad climática del recinto.</s>

Figura 6. Resultados de la marca **es decir** para detectar contextos explicativos.

En los ejemplos de la Figura 5, la marca separa un término de su definición; generalmente se presenta primero el término a la izquierda de la marca (en los ejemplos, *estrés térmico, fendas, emulsiones, pigmentos inorgánicos sintéticos, cola et commata*), y luego, a la derecha de la marca, su definición. En este tipo de casos, la marca relaciona un término con una definición, o bien, con características definitorias de dicho término, por lo que permite recuperar información útil para la elaboración definiciones de términos del ámbito.

En los ejemplos de la Figura 6, por su parte, la marca introduce una reformulación de un elemento previo (a la derecha de la marca) que constituye una explicación de su significado. En este caso, el elemento que se explica no corresponde necesariamente a un término, si no que pueden ser acciones asociadas al trabajo de conservación-restauración, relacionadas con terminología del ámbito: en el caso 1, "no responden a los criterios utilizados actualmente" y "no es discreto en cuanto a visualización se refiere"; caso 2, "mantener parámetros estables en función del contexto" y "evitar fluctuaciones bruscas y constantes"; caso 3, "comprender los procesos de formación, deterioro y preservación involucrados" y "obtener información sobre los procesos de formación, transformación y preservación que presenta [el] registro arqueológico"; caso 4, "durante el contexto sistémico terciario" y "posterior a su ingreso a la colección del museo"; y caso 5, "no aportan calor al ambiente" y "no alteran la estabilidad climática del recinto". Al ser una reformulación con objetivo de explicación, ambas formas son equivalentes y reemplazables entre sí para dar cuenta de una misma idea. En estos casos, entonces, la marca relaciona un término con una explicación o especificaciones relativas a dicho término, por lo que permiten recuperar información complementaria o más detallada sobre el concepto al que refiere el término.

Las siguientes marcas del grupo de conectores/reformuladores consideradas en la tabla no presentan ocurrencias en el corpus, o bien, estas ocurrencias no son pertinentes para el objetivo de búsqueda (detectar variación terminológica o información relacionada): **o sea, esto es, en otras palabras, en otras palabras, en otros términos, dicho con/en otros términos, dicho con/en otras palabras, dicho de otra manera, dicho de otra forma, [dicho] de otro modo.**

Disyunción "o"

Como se mencionó anteriormente, la disyunción **o**, a pesar de estar clasificada en el grupo de las marcas metalingüísticas, sigue el procedimiento de búsqueda de las marcas ortotipográficas. Esto se debe a que, si bien "o" tiene un significado autónomo como unidad, esta marca, a diferencia del resto de las marcas metalingüísticas, requiere en gran medida de las unidades que la acompañan para interpretar correctamente su función. El procedimiento de búsqueda para esta marca, entonces, consistió en una observación general preliminar de los textos para identificar algún "patrón" de uso relacionado con términos relacionados con la conservación-restauración de bienes patrimoniales. A partir de esta observación, se estableció un algoritmo de búsqueda en el lenguaje CQL de *Sketch Engine*. Este procedimiento de búsqueda permite restringir los resultados a los casos en que esta marca está separando específicamente términos relacionados (y no, por ejemplo, frases u oraciones). A continuación se presentan algunos ejemplos de los resultados obtenidos mediante esta marca (véanse Figuras 7 y 8).

Frecuencia absoluta: 1321
Muestra aleatoria: 100
Frecuencia específica (sobre muestra aleatoria): 30
· Variación terminológica: 20
· Hiperonimia/hiponimia: 0
· Co-hiponimia: 10

1 ☐ ⓘ doc#0 <s>19 El principal componente activo es el fosfuro de magnesio (Mg3P2) que produce un gas tóxico, la **fosfina o fosfamina** (PH3) en presencia de humedad.</s>

2 ☐ ⓘ doc#0 <s>Según su técnica de manufactura, se distinguen cuatro tipos distintos: (I) pinturas, (II) **grabados o petroglifos** , (III) pictograbados y (IV) geoglifos.</s>

3 ☐ ⓘ doc#0 <s>Por contraposición, los **petroglifos o grabados** corresponden a intervenciones físicas realizadas sobre el soporte rocoso, extrayendo parte de su corteza, dejando a la intemperie el interior de la misma.</s>

4 ☐ ⓘ doc#0 <s>Archivo CNCR) INSPECCIÓN IN SITU Y ESTADO DE CONSERVACIÓN Registro e identificación de motivos A diferencia de los registros visuales realizados por el Laboratorio de Arqueología a mediados de los años 80, y en virtud de lo observado en terreno durante la visita, podemos establecer que en la actualidad en el sector se aprecia que el afloramiento rocoso perdió terreno frente a la pendiente, registrándose una acumulación considerable de sedimentos desde el escarpe hasta el **pie de cerro o pie del deslizamiento** (Fig.4), lo que ha permitido el avance y proliferación de una vegetación arbórea y matorral arbustiva de gran volumen, la cual ha alcanzado una cobertura espacial muy densa y continua, haciendo las labores de traslado y registro muy difíciles de efectuar (Fig.5).</s>

5 ☐ ⓘ doc#0 <s>En la figura 13 se observa que en dicha sustancia hay huellas de un trazo posiblemente derivado de la manufactura por raspado del motivo, así como también una especie de craquelado, el cual corresponde a una red de pequeñas **grietas o líneas de fracturas finas** , localizadas superficialmente en las capas del recubrimiento pictórico.</s>

6 ☐ ⓘ doc#1 <s>La pieza en estudio ingresó al Laboratorio de Arqueología del CNCR a principios del año 2016, teniendo como **número de inventario o identificación** 1902, el cual venía asociado en forma de inscripción.</s>

7 ☐ ⓘ doc#1 <s>Por otro lado, las características descritas para el **desprendimiento de astillas o spall** detachement por estrés térmico (Forte et al., 2018) es coincidente con los atributos de la alteración en la pieza, como son sus formas redondas, textura rugosa, frecuencia aislada, incidencia profunda y bordes irregulares (Fig. 36).</s>

8 ☐ ⓘ doc#1 <s> **Escamas o láminas** : poseen formas ovaladas, se presentan en el borde y cuerpo de la superficie externa de la cerámica abarcando una extensión media, con dimensiones variadas que van desde 44,73 x 19.72 mm a 10,59 x 12,90 mm, por lo que se valora con intensidad regular.</s>

9 ☐ ⓘ doc#1 <s>Se presume que la técnica de elevación fue realizada por modelado, con la **técnica de presión manual o ahuecamiento** .</s>

10 ☐ ⓘ doc#1 <s>Solamente se eliminan las capas de corrosión las cuales se encuentran sobre el **nivel original o superficie original del objeto** .</s>

Figura 7. Resultados de la marca **o** para detectar candidatos a variantes terminológicas.

1 ☐ ⓘ doc#1 <s>C - 1450 d.C. Los textiles prehispánicos se elaboran a partir de **hilados de fibras vegetales o animales** que se enlacen entre-sí de varias maneras.</s>

2 ☐ ⓘ doc#1 <s>Se estima que su origen responde al contexto arqueológico, quizás por arrastre, acciones bióticas, **derrumbes o fricción** entre los materiales del depósito, en relación al factor intrínseco de las fibras.</s>

3 ☐ ⓘ doc#1 <s>Es posible que se haya provocado en el marco del contexto sistémico primario, extendiéndose al arqueológico quizás por **arrastre o roce** con el sedimento producto del contacto (golpe) con un material más duro que la cerámica (Sanhueza 1998: 73-74).</s>

4 ☐ ⓘ doc#3 <s>La manipulación se debe realizar con guantes antideslizantes y evitar golpes o roces imprevistos, así mismo evitar que se realicen cerca de la escultura trabajos que impliquen el **uso de pinturas o solventes** que puedan salpicar la superficie.</s>

5 ☐ ⓘ doc#3 <s>Si bien la presencia de suciedad o depósitos acumulados responde a su ubicación exterior, el resto de alteraciones están causadas por acciones humanas, ya sea relacionadas con las manifestaciones, como pueden ser las **abrasiones o grafitis** ; con una mantención inadecuada, como puede ser la presencia de sucesivas capas de pintura; con acciones de emergencia, como la separación de la placa de su ubicación en el pedestal; o por vandalismo, como es la separación del sable de la figura ecuestre, en este caso, tipificado por la PDI como robo. </s>

6 ☐ ⓘ doc#3 <s>En las zonas de uniones de bloques, separadas, los estratos superficiales también presentan separación, **levantamiento o pérdida** de la base y del dorado, dejando a la vista laca, papel, o madera, según el grado de pérdida.</s>

7 ☐ ⓘ doc#3 <s>Por este motivo, se descartó la realización de pruebas con materiales como esponjas de maquillaje blandas y duras, **bastones de esponja o paños de microfibra** .</s>

8 ☐ ⓘ doc#5 <s>El resto de los daños que corresponden a la parte estética principalmente, tienen que ver con el envejecimiento de algunos materiales, lo cual hace inevitable cierto viraje cromático y por otro **lado con manchas o repintes** que son daños subsanables y fáciles de gestionar.</s>

9 ☐ ⓘ doc#5 <s>La limpieza de la obra debe ser realizada con elementos secos y suaves, como plumeros, **brochas o pinceles** .</s>

10 ☐ ⓘ doc#5 <s>Las fibras de naturaleza vegetal, posiblemente de **lino o cáñamo** , presentan un diámetro entre 8 y 20 μm. </s>

Figura 8. Resultados de la marca **o** para detectar términos cohipónimos.

La conjunción disyuntiva **o** es el marcador más productivo para detectar variación terminológica. Tal como se ve en la Figura 7, los términos a la derecha y a la izquierda de la disyunción **o** constituyen candidatos a variantes terminológicas. Para citar solo algunos ejemplos: caso 1, *fosfina* **o** *fosfamina*; casos 2 y 3, *grabados* **o** *petroglifos*; caso 4, *pie de cerro* **o** *pie del deslizamiento*; caso 5, *grietas* **o** *líneas de fractura[s]*; caso 7, *desprendimiento de astillas* **o** *spall detachement*; caso 8, *escamas* **o** *láminas*.

Sin embargo, esta marca también resulta muy productiva para detectar términos cohipónimos. Como se puede ver en la Figura 8, los términos relacionados por la marca **o** son ambos "tipos de" o elementos que conforman un mismo grupo en relación con un hiperónimo anterior (explícito o implícito). Por citar solo algunos ejemplos de los casos presentados: caso 1, *fibras vegetales* **o** *[fibras] animales*; caso 5, *abrasiones* **o** *grafitis*; caso 6, levantamiento **o** pérdida de la base; caso 8, *manchas o repintes*.

Búsqueda por marcas ortotipográficas

Esta categoría consiste en una serie de marcas ortotipográficas que han sido utilizadas en la bibliografía como mecanismos metalingüísticos que permitirían detectar variación terminológica, junto con algunas de incorporación propia derivadas del trabajo de observación de los textos (barra inclinada y punto y coma). Como se explicó anteriormente las marcas ortotipográficas, por su propia naturaleza, no se pueden considerar como elementos autónomos, si no que su función se determina a partir de los elementos con los que interactúa. En este sentido, se realizó una observación general de los textos para identificar patrones de uso de estas marcas en combinación con términos (y otros elementos oracionales). A partir de estos patrones se elaboraron algoritmos de búsqueda en *Sketch Engine* (CQL – Corpus Query Language) para cada marca. Se utilizó la función de concordancia para observar la frecuencia de uso y su comportamiento sintáctico en relación con los otros elementos del texto. A continuación se presentan algunos de los resultados de la búsqueda a través de la marca **dos puntos** (véanse Figuras 9 y 10).

Dos puntos
Frecuencia absoluta: 692
Muestra aleatoria: 100
Frecuencia específica (sobre muestra aleatoria): 23
· Variación terminológica: 1
· Hiperonimia/hiponimia: 22
· Cohiponimia: 0

1 ☐ ⓘ doc#5 \<s>Los valores de los parámetros característicos de la muestra son los siguientes (siendo A/P: ácido azelaico sobre ácido palmítico; D: suma de ácidos dicarboxílicos; P/ **S : ácido palmítico sobre ácido esteárico**).\</s>

Figura 9. Resultados de la marca **dos puntos** para detectar términos candidatos a variantes.

La marca de **dos puntos** es particularmente productiva para recuperar casos que, mayoritariamente, pueden asociarse a relaciones de hiperonimia/hiponimia. En el caso 1, *intervenciones anteriores* es un término de alteraciones que funciona como hiperónimo de los términos que están a la derecha de la marca ortotipográfica: *adhesivo en uniones*, y los términos que siguen, separados por comas. En el caso 3, *grieta* y *despostillamiento* [sic], a la derecha de la marca, son términos hipónimos de *fracturación parcial*, a la izquierda de la marca. En el caso 5, *cambio cromático* es el hiperónimo de *manchas* y *amarillamiento*. En el caso 7, *pliegues* y *dobleces* son tipos de *deformaciones*. Este patrón se repite en prácticamente todos los casos de este grupo.

1 ☐ ⓘ doc#1 <s>Se observa que debido al desportillamiento en la zona del labio esta ha perdido gran parte del engobe y producto de esto una pérdida del color. (Fig. 14) Estado de conservación y evaluación crítica En vista de la sintomatología relevada, se considera que los principales procesos de alteración detectados son los siguientes: **Intervenciones anteriores: adhesivo en uniones,** resanes estructurales, inscripción, cinta adhesiva, unión de fragmentos, repintes.</s>

2 ☐ ⓘ doc#1 <s>Transferencia: mancha **Adhesión : adherencias** .</s>

3 ☐ ⓘ doc#1 <s> **Fracturación parcial: grieta, despostillamiento** .</s>

4 ☐ ⓘ doc#1 <s>Adhesión: exuvias y fecas, sedimentos, concreciones **Cristalización : eflorescencia de sales** .</s>

5 ☐ ⓘ doc#1 <s>Borde del fragmento con hilados destorcidos y deshilados (Rivas, 2014) **Cambio cromático: manchas y amarillamiento** Las manchas son de color óxido y rosado y ocupan menos del 30% de la superficie.</s>

6 ☐ ⓘ doc#1 <s>Pliegues indicados en rojo; doblez en verde (modificado de Rivas, 2014) **Pérdida estructural: distanciación,** destejido, destorcido, deshilado En el contorno de la pieza textil se observan un destejido, además del destorcido y el deshilado de los elementos constructivos.</s>

7 ☐ ⓘ doc#1 <s>ESTADO DE CONSERVACIÓN Y EVALUACIÓN CRÍTICA En vista de la sintomatología relevada, se considera que los principales procesos de alteración detecta- dos en los tres fragmentos textiles son los siguientes: Pérdida estructural: faltantes, pulverulencia, perforación, desgaste, destejido, deshilado, destor- cido, afieltramiento, desprendimiento **Deformación : pliegues y dobleces** Actividad biótica inactiva: estuches de polillas, fecas de insectos Cambios cromáticos: amarillamiento y manchas Adhesiones: sedimentos, polvo, fibras sueltas La pérdida estructural responde a varios factores: el uso de la pieza en su vida útil, las condiciones de enterramientos incluyendo su materialidad y asociación, el tiempo, el tipo de excavación/saqueo, la ma- nipulación, las

8 ☐ ⓘ doc#1 <s>ESTADO DE CONSERVACIÓN Y EVALUACIÓN CRÍTICA En vista de la sintomatología relevada, se considera que los principales procesos de alteración detecta- dos en los tres fragmentos textiles son los siguientes: Pérdida estructural: faltantes, pulverulencia, perforación, desgaste, destejido, deshilado, destor- cido, afieltramiento, desprendimiento Deformación: pliegues y dobleces Actividad biótica inactiva: estuches de polillas, fecas de insectos Cambios cromáticos: amarillamiento y manchas **Adhesiones : sedimentos, polvo, fibras sueltas** La pérdida estructural responde a varios factores: el uso de la pieza en su vida útil, las condiciones de enterramientos incluyendo su materialidad y asociación, el tiempo, el tipo de excavación/saqueo, la ma- nipulación, las condiciones de almacenamiento, etc. No obstante, otras alteraciones responden claramente a un contexto específico: Contexto primario (de uso): Afieltramientro: permite hacer relaciones referentes a un uso cotidiano y además arroja informa- ción sobre su función original.</s>

9 ☐ ⓘ doc#1 de color blanco (Perrier, 2015); Pre-intervención, Lupa estereoscópica con 1x de aumento Estado de conservación y evaluación crítica En vista de la sintomatología relevada, y la escasa información contextual que fue posible recuperar, se considera que los principales procesos de alteración detectados en el conjunto de textiles acá abordados son las siguientes: Pérdida estructural; faltante, fragmentación, desprendimiento, orificio, deshilachado, desgaste, destejido Pérdida de resistencia mecánica; rigidez y pulvurulencia Adhesión; sedimentos, concreciones y productos de descomposición Disolución - Cristalización; eflorescencia de sales **Cambios cromáticos: coloración y decoloración** Actividad orgánica inactiva; derivados animales Deformación; pliegue, ondulación y doblez De estos, se valorarán como deterioro los siguientes efectos sintomatológicos en orden de importancia y gravedad: Derivados animales: se tomaran como conjunto, ya que el material depositado sobre la superficie de los textiles es él que presenta un mayor riesgo para las piezas.</s>

10 ☐ ⓘ doc#1 <s> **Fracturación parcial: desportillamiento, grieta y microastillamiento** .</s>   Mos

Figura 10. Resultados de la marca **dos puntos** para detectar términos hiperónimos/hipónimos.

Búsqueda dirigida

Esta tercera estrategia de búsqueda parte de una situación diferente: utilizar la búsqueda en el corpus de un término previamente conocido para detectar posibles variantes terminológicas asociadas a ese término específico.

Considerando la productividad del segundo grupo de marcas (ortotipo-gráficas y, adicionalmente, la disyunción), se realizó una serie de búsquedas dirigidas a partir de los patrones de las marcas más eficientes (disyunción y ortotipográficas). Estas búsquedas dirigidas consistieron en la búsqueda de un término específico en uno (o más) de los patrones establecidos anteriormente para las diferentes marcas.

A modo de ejemplo, se presenta una búsqueda para un término específico (*ondulación*) con el patrón establecido para una de las marcas que resultaron más productivas de las presentadas en la tabla (**paréntesis**) (véase Figura 11).

Ondulación antes o dentro de paréntesis
Frecuencia absoluta: 4

1 ☐ ⓘ doc#1 <s>Estos sectores son los que están asociados a alteraciones que afectan la **continuidad del plano (pliegues, ondulaciones y doblez)** y con la presencia de sedimentos.</s>

2 ☐ ⓘ doc#3 <s>Una de ellas corresponde a acumulación de una excesiva capa de polvo, por ejemplo en los intersticios o hendiduras que median entre los volúmenes de la **escultura (ondulaciones, pliegues)** .</s>

3 ☐ ⓘ doc#7 <s>Daños mecánicos: **deformaciones (arrugas, pliegues y ondulaciones)** , rasgados, y faltantes (Figuras 4 y 5). .</s>

4 ☐ ⓘ doc#7 <s>DIAGNÓSTICO E INTERVENCIÓN Estado de conservación Las xilografías "El Ojo" y La Boca" presentan suciedad superficial general, amarillamiento del soporte, infectación por microorganismos, faltantes, **deformación del plano (ondulación, arrugas, pliegues y dobleces)** , manchas, aureolas, foxing, peladuras, elementos sustentados con pasmados localizados y depósitos oscuros en los soportes (de origen desconocido).</s>

Figura 11. Resultados en que la marca **paréntesis** permite detectar términos relacionados con el término *ondulación*.

Como se ve en la Figura 11, en el caso 1, *ondulaciones* aparece dentro del paréntesis junto a otros términos, que serían sus cohipónimos (*pliegues* y *doblez*); a la izquierda, por fuera del paréntesis, aparece la expresión "*alteraciones* [...] que afectan la continuidad del plano", que corresponde al hiperónimo de los términos que están dentro del paréntesis. De la misma forma, los casos 3 y 4, *ondulación* aparece dentro del paréntesis junto a otros términos que son cohipónimos entre sí con respecto al término hiperónimo que está fuera del paréntesis *deformaciones* y *deformación del plano*, respectivamente. En el caso 2, *ondulaciones* aparece junto a *pliegues* y a la izquierda, por fuera del paréntesis, la expresión hiperonímica *volúmenes de la escultura*. Así, lo que hace la marca de los **paréntesis** en estos casos es relacionar un término hiperónimo con su(s) hipónimo(s).

Valoración de las estrategias y limitaciones

En este apartado se presentarán algunas de las limitaciones más importantes que surgieron a lo largo de la aplicación de las búsquedas en el corpus ConservaTerm, relacionadas con la eficiencia de las estrategias para la detección de variación terminológica.

Estas limitaciones se dividen principalmente en dos grupos: 1) las que son propias de las características del corpus y de la plataforma *Sketch Engine* y sus funciones de extracción, y 2) las que son propias del uso específico de las marcas que hacen los especialistas en los textos.

Las limitaciones con respecto al primer grupo tienen que ver con los aspectos de organización estructural y visualización de los contenidos en los textos originales que entregan información valiosa para la detección e interpretación de la terminología y sus relaciones conceptuales, pero que no es posible recuperar y visualizar al momento de la extracción de datos en *Sketch Engine*. Estas características de organización y disposición visual de los informes no se pueden recuperar o visualizar en los resultados que se obtienen en *Sketch Engine* al momento de la extracción.

Las limitaciones del segundo grupo son las que afectan de forma más directa la detección de variación: la inconsistencia en el uso de las marcas (las mismas marcas se utilizan con funciones diferentes) y de la terminología. A pesar de que las inconsistencias responden a causas diferentes, existe una correlación entre ambas: la inconsistencia en el uso de las marcas dificulta el análisis de las relaciones entre los términos y, a su vez, la inconsistencia en el uso de la terminología dificulta el análisis de las funciones que cumple cada marca.

Al partir de la valoración de los resultados cuantitativos en complemento con el análisis cualitativo de cada marca (de los que se presentan solo algunos ejemplos en este capítulo), se pueden extraer las siguientes consideraciones globales:

El primer grupo de marcas metalingüísticas está dividido en tres categorías: verbos designativos, conectores/reformuladores, y la disyunción o.

Los verbos designativos que pueden indicar variación denominativa explícita están identificados por distintos autores en el marco teórico. Los resultados de las búsquedas por estos verbos fueron, desde un punto de vista cuantitativo, son globalmente poco productivos para toda la categoría. Hay algunos verbos que no aparecen en el corpus o que presentan una frecuencia absoluta muy baja y con usos no pertinentes. Resulta significativo que verbos propios de un registro más formal, como **denominar** (y alguna variación flexiva, como "también denominado"), tengan poca presencia en el corpus, y su aparición para designar variación terminológica sea muy baja. Por el contrario, otros verbos de registro más informal, más asociados a un estándar oral, como llamar, resultan más productivos para detectar variación terminológica. Esa inconsistencia entre el uso de los dos verbos parece deberse a una falta de formación lingüística de los redactores, y a una ausencia de guías de estilo que guíen a los conservadores-restauradores en la redacción de sus informes. El verbo **conocer** [**como**] (en su forma "conocido como") es el más productivo de ese subgrupo de marcas metalingüísticas para detectar variación terminológica, y es uno de los más productivos, también, para detectar otro tipo de información terminológica, como relaciones de hiperonimia/hiponimia. Finalmente, algunos verbos sí presentan un uso más consistente:

significar recupera mayormente equivalencias terminológicas entre el español y otras lenguas, y secundariamente permite obtener definiciones y explicaciones de términos.

La segunda categoría dentro de las marcas metalingüísticas corresponde a los conectores/reformuladores que también han sido identificados en la bibliografía como elementos lingüísticos que permiten detectar variación terminológica. La frecuencia absoluta de aparición de la mayoría de esos elementos en el corpus es también baja, en particular para detectar directamente variación. Esto no significa que esos conectores no se utilicen en el corpus; algunos de ellos en particular, como **es decir**, tienen una frecuencia relativamente alta, pero su uso para recuperar variación terminológica es muy bajo. Ese reformulador, en cambio, se usa bastante para relacionar términos con una definición o explicación de su alcance conceptual. Por último, como se observa en la tabla, algunos de los conectores que se analizaron no tuvieron ningún resultado pertinente.

La tercera categoría corresponde a la disyunción **o**, y se revela como la marca metalingüística más productiva para detectar variación terminológica en el corpus.

Valoradas en su conjunto, las marcas metalingüísticas resultan poco productivas en el corpus. La explicación que parece más plausible tiene que ver con el nivel de especialización de los textos: los informes de asesoría e intervención son textos muy técnicos redactados por especialistas –los conservadores-restauradores del CNCR–, y se dirigen a otros especialistas –los propietarios o curadores del bien patrimonial objeto de estudio o intervención, que en algunos casos son conservadores-restauradores, y en otros son especialistas en diversas áreas del patrimonio–. Por ello, en general, no consideran necesario precisar por medios lingüísticos cuando dos términos son variantes uno del otro, ni tampoco el alcance conceptual de los términos que usan mediante definiciones o explicaciones: esa información se presupone ya conocida tanto por el emisor como por el receptor del texto.

En el segundo grupo de marcas ortotipográficas se analizó la productividad de las marcas **dos puntos, guion, barra, paréntesis, comillas, punto y coma**, para obtener variación terminológica. Los resultados, en general, fueron bastante más productivos que con las marcas metalingüísticas. Las expresiones de búsqueda en este grupo fueron mucho más complejas, porque estas marcas, por su propia naturaleza, pueden cumplir muchas funciones diferentes en un texto y no se pueden interpretar de forma autónoma, por lo que hubo que elaborar para cada marca patrones de búsqueda específicos que permitieran recuperar elementos que pudieran constituir candidatos a términos (unidades nominales simples/unidades nominales sintagmáticas [que puedan incluir preposiciones]/unidades adjetivales) y que, al mismo tiempo, redujeran el ruido de la búsqueda al máximo. Las marcas ortotipográficas que resultaron más productivas para detectar directamente variación terminológica fueron el **paréntesis** y la **barra**. Sin embargo, tanto estas mismas marcas como otras de la misma categoría fueron muy productivas para detectar otros tipos de información terminológica relevante, como relaciones de hiperonimia/hiponimia/cohiponimia: así, los **dos puntos** fueron muy productivos para detectar términos en relación de hiperonimia/hiponimia; el **paréntesis**, además de variación, fue también productivo para detectar casos hiperonimia/hiponimia; la **barra**, además de variación, detectó bastantes casos de cohiponimia; el **guion** permitió detectar relaciones tanto de hiperonimia/hiponimia como de cohiponimia entre términos; y el **punto y coma** resultó muy eficiente para la detección de términos cohipónimos. Esos usos específicos parecen consistentes con los usos generales de cada marca dentro de la construcción del discurso: los **dos puntos** son un elemento separador que tiende a fijar relaciones de subordinación entre los elementos a la izquierda y a la derecha de la marca (de ahí su identificación de bastantes casos de hiperonimia/hiponimia); y el **punto y coma** y la **barra** se suelen utilizar como separadores en enumeraciones de elementos, por lo que era razonable que permitieran identificar casos de cohiponimia. Por último, la naturaleza altamente especializada de los textos del corpus es consistente por la preferencia demostrada en el uso de las marcas ortotipográficas por encima de las marcas metalingüísticas.

A partir del análisis de las marcas anteriores se propone una tercera estrategia de búsqueda, denominada búsqueda dirigida. Este tipo de búsqueda parte de una necesidad que se consideró probable en el mundo real: si una persona no quisiera buscar toda la variación terminológica presente en el corpus, sino buscar la variación terminológica específica asociada a un término concreto, deberá recurrir a un procedimiento diferente para obtener esa información: adaptar para ese término seleccionado los algoritmos de una o más de las búsquedas por marcas presentados anteriormente. Esta búsqueda –más dirigida o acotada– debería arrojar un número mucho menor de resultados, pero al mismo tiempo esos resultados serán en mayoritariamente pertinentes. Así, la búsqueda dirigida permite recuperar información más específica y completa sobre un término en particular en lugar de informaciones aisladas de un número indeterminado de términos.

En cuanto a la calidad de la información recuperada, el conjunto de estrategias inicialmente diseñado para identificar variación terminológica dio como resultado adicional la identificación de otros tipos de informaciones terminológicas que se relevaron como pertinentes en relación con la variación. Esencialmente, las mismas marcas metalingüísticas, ortotipográficas y las búsquedas dirigidas permitieron acceder complementariamente a relaciones de hiperonimia, hiponimia y cohiponimia, y, más puntualmente, permitieron identificar equivalencias terminológicas y obtener contextos explicativos y definitorios.

Todas esas informaciones son pertinentes porque arrojan comprensión sobre distintos aspectos relacionados con las variantes terminológicas: en algunos casos, aportan información que puede confirmar o rechazar la condición de variantes de dos unidades terminológicas; en otros casos, mejoran la comprensión de la unidad terminológica en cuestión, al entender de qué forma se halla conceptualizada en el corpus, cuáles son los términos próximos que la rodean, y qué lugar ocupa el término buscado en esa estructura conceptual.

Por ejemplo, en la búsqueda dirigida con el término *ondulación* se obtienen relaciones entre términos que no se hubieran visualizado en una búsqueda "bruta" al estar en contextos diferentes, y aquí se pueden analizar en conjunto:

a) términos cohipónimos (*pliegue, doblez, arruga*);
b) un término hiperónimo (*deformación*)
c) variantes para el término hiperónimo, unas más lexicalizadas y otras más discursivas (*deformación del plano*, «*alteraciones* que afectan la continuidad del plano»).

La confirmación de que dos unidades terminológicas son variantes denominativas que remiten a un mismo concepto de especialidad depende de un trabajo posterior de normalización, que no es más que una decisión consensuada entre conservadores-restauradores y lingüistas-terminólogos sobre la naturaleza de los distintos candidatos a variantes terminológicas. Ese trabajo de normalización corresponde a una etapa posterior al análisis de la variación, realizado por medio de las estrategias búsqueda aquí presentadas. Mediante estas búsquedas se reúnen evidencias lingüísticas que permiten identificar candidatos a variantes terminológicas en el corpus y presentarlos al momento de la discusión y consenso con especialistas para su normalización.

Conclusiones

A lo largo de este capítulo se expusieron diferentes estrategias de búsqueda mediante la plataforma *Sketch Engine* para la detección de variación terminológica en el ámbito de la conservación-restauración de bienes patrimoniales. A partir de los resultados de la aplicación de dichas estrategias en el corpus ConservaTerm se puede concluir lo siguiente:

· Las búsquedas por marcas ortotipográficas son la estrategia más productiva en el corpus ConservaTerm para detectar variación terminológica
· Las búsquedas por marcas metalingüísticas son una estrategia poco productiva en el corpus ConservaTerm para detectar variación terminológica

· Ambas estrategias permiten detectar otro tipo de información terminológica pertinente para confirmar o rechazar candidatos a variantes terminológicas, y obtener información adicional para el análisis terminológico de las mismas unidades (contextos explicativos y definitorios, equivalencias terminológicas en otras lenguas).

· La búsqueda dirigida permite obtener información terminológica sobre un término determinado del corpus, y así visualizar posibles variantes y otras informaciones de interés terminológico en relación con dicho término. Esta estrategia también demostró ser de gran utilidad para el análisis de la variación terminológica, al permitir identificar términos relacionados y comprender la naturaleza de esas relaciones, y así establecer o descartar posibles variantes.

La aplicación de estas estrategias, sin embargo, presenta algunas limitaciones que fueron explicadas y desarrolladas en el apartado anterior. En resumen:

· Los textos originales presentan ciertos aspectos (marcas) relacionados con la organización estructural y visualización de los contenidos que entregan información valiosa para la detección e interpretación de la terminología, pero que no se pueden recuperar y visualizar al momento de la extracción de datos en Sketch Engine.

· Hay una gran inconsistencia tanto en el uso de las marcas ortotipográficas como en el uso de la terminología en el corpus que responde a la falta de consenso entre los especialistas y que dificulta el análisis de la variación terminológica.

Pese a esas limitaciones, se puede afirmar, gracias a un trabajo de observación y análisis del corpus que duró varios meses, que el conjunto de estrategias diseñadas da cuenta de gran parte de la variación terminológica contenida en el corpus.

Este capítulo se centró en el estudio de la variación terminológica en un corpus de conservación-restauración de bienes patrimoniales en Chile a través del establecimiento de estrategias que permitieran detectar candidatos a variantes o información de carácter terminológico. Sin embargo, la determinación de si dos o más unidades terminológicas son variantes denominativas que remiten a un mismo concepto de especialidad depende de un trabajo posterior de normalización, que no es más que una decisión consensuada entre conservadores-restauradores y lingüistas-terminólogos sobre la naturaleza de los distintos términos.

Referencias

Adriazola, A. (2019). *Terminología de las alteraciones patrimoniales en el área de la conservación y restauración de obras de arte* [Tesis de magíster, Pontificia Universidad Católica de Chile]. Repositorio UC.

Bach, C. & Suárez, M. (2002). La variación denominativo-conceptual en la traducción científico-técnica: el papel de la reformulación. En J. Chabás, R. Gaser y J. Rey (Eds.), *Translating Science. Proceedings: 2nd International Conference on Specialized Translation* (pp. 119–127). PPU Barcelona.

Bach, C., Freixa, J. & Suárez, M. (2003). Equivalencia conceptual y reformulación parafrástica en terminología. En Correia M (Ed.), *Terminología e indústrias da língua: atas do VII Simpósio Ibero-Americano de Terminologia. Lisboa: ILTEC-Instituto de Linguistica Teórica e Computacional* (pp. 173–184).

Bojanoski, S. D. F., Michelon, F. F. & Bevilacqua, C. (2017). Os termos preservação, restauração, conservação e conservação preventiva de bens culturais: Uma abordagem terminológica. *Calidoscopio, 15*(3), 443–454. https://doi.org/10.4013/cld.2017.153.04.

Cabré, M. T. (1999). *La terminología. Representación y comunicación. Institut Universitari de Lingüística Aplicada*, Universitat Pompeu Fabra.

Cabré, M. T. (2003). Theories of terminology. Their description, prescription and explanation. *Terminology, 9*(2), 163–199. https://doi.org/10.1075/term.9.2.03cab.

Fernández-Silva, S. (2016). The cognitive and rhetorical role of term variation and its contribution to knowledge construction in research articles. *Terminology. International Journal of Theoretical and Applied Issues in Specialized Communication, 22*(1), 52–79. doi: 10.1075/term.22.1.03fer.

Fernández-Silva, S. (2019). The cognitive and communicative functions of term variation in research articles: a comparative study in Psychology and Geology. *Applied Linguistics, 40*(4), 624–645. doi: 10.1093/applin/amy004.

Freixa, J. (2006). Causes of denominative variation in terminology: A typology proposal. *Terminology. International Journal of Theoretical and Applied Issues in Specialized Communication, 12*(1), 51–77. https://doi-org.pucdechile.idm.oclc.org/10.1075/term.12.1.04fre.

Freixas, M., Bach, C. & Bernal, E. (2023). Reformulación parafrástica y neología: una relación rentable. *Onomázein*, (59), 24–46. DOI: 10.7764/onomazein.59.02.

International Council of Museums – Committee for Conservation, ICOM-CC (2008). Terminology to characterize the conservation of tangible cultural heritage. Resolution adopted by the icom-cc membership at the 15th Triennial Conference, New Delhi.

Kostina, Irina. (2010). *La variación conceptual de los términos en el discurso especializado* [tesis de Doctorado, Universitat Pompeu Fabra]. TDX (Tesis Doctorals en Xarxa). http://hdl.handle.net/10803/7513.

Loureda Lamas, Ó. & Acín Villa, E. (2010). *Los estudios sobre marcadores del discurso en español, hoy.* Arco Libros.

Martín Zorraquino, M.a A. & Portóles Lázaro, J. (1999). Los marcadores del discurso. En I. Bosquey V. Demonte (Eds.), *Gramática descriptiva de la lengua española* (1a ed., Vol. 3, pp. 4051–4213). Espasa Calpe.

Portolés, J. (2001). *Marcadores del discurso.* Ariel.

Rodríguez Penagos, C. (2004). *Metalinguistic Information Extraction from specialized texts to enrich computational lexicons* [tesis de Doctorado, Universitat Pompeu Fabra]. TDX (Tesis Doctorals en Xarxa). http://hdl.handle.net/10803/7580.

Silva, M. (2017). *Creación de una base de datos terminológica en el área de conservación y restauración de obras de arte* [Tesis de Magíster, Pontificia Universidad Católica de Chile]. Repositorio UC.

Suárez, M. (2004). *Análisis contrastivo de la variación denominativa en textos especializados:del texto original al texto meta* [Tesis doctoral, Universitat Pompeu Fabra]. TDX (Tesis Doctorals en Xarxa). http://hdl.handle.net/10803/7495.

Tebé, C. & Pissolato, L. (2022). De la variación terminológica a la normalización: etapas metodológicas a partir de un corpus sobre conservación-restauración de bienes patrimoniales. *Mutatis Mutandis, 15*(2), 345–367. https://doi.org/10.17533/udea.mut.v15n2a05.

SEGUNDA PARTE

Los términos de la conservación-restauración en Chile

IV. De *deterioro* a *alteración*, más allá de un cambio en el término

Angela Benavente Covarrubias

RESUMEN

La elección de una palabra, de un término, para referirnos a un objeto, acción o fenómeno no es al azar. Buscamos aquel término que mejor refleje lo que queremos transmitir, pero también que los otros comprendan lo mismo, de manera que se produzca la transmisión del mensaje.

Este artículo espera poder mostrar la evolución o el recorrido que ha llevado al Centro Nacional de Conservación y Restauración (CNCR) a usar ciertos términos y dejar de usar otros en algunas etapas, y el trasfondo conceptual y disciplinar que estos cambios tienen. Estos cambios van más allá de usar un término versus otro, ya que han implicado también un cambio en la metodología, en los procesos para abordar la intervención de un bien patrimonial y en la documentación de este proceso, especialmente desde una etapa que se considera crucial para lograr una restauración exitosa de un bien cultural, como es la etapa del diagnóstico.

ABSTRACT

The selection of a word or term to designate an object, action, or phenomenon is not arbitrary. The term selected should reflect the intended meaning accurately and be comprehensible to others so that the message is conveyed effectively.

This article aims to illustrate the evolution of the CNCR's terminology over time, including the reasons for the adoption and cessation of certain terms at specific stages. It will also provide an overview of the conceptual and disciplinary background that informs these changes. These changes extend beyond the mere substitution of one term for another. They have also entailed a shift in methodology, in the procedures employed to intervene in heritage assets, and in the documentation of these procedures, particularly at a juncture that is pivotal to the successful restoration of a cultural asset, such as the diagnosis.

Importancia de la normalización

El Comité Conservadata del Centro Nacional de Conservación y Restauración (CNCR), nacido primero como un proyecto específico y transformado en programa de trabajo permanente desde el año 2006, tiene por misión promover la coherencia, consistencia, integración, disponibilidad y seguridad de la información especializada y administrativa que genera el CNCR (Conservadata, s.f.). Dentro de esta misión hay dos líneas de trabajo que están relacionadas entre sí: estandarizar la información y los productos generados en el CNCR y mejorar la disponibilidad, acceso, recuperación y uso de la información producida en el CNCR. Pero ¿por qué se invierte tanto tiempo en definir conceptos, en acordar definiciones de términos, o en seleccionar los términos que emplearemos en nuestros procesos o en cómo denominamos las cosas o fenómenos que observamos? ¿Por qué en el CNCR existe un grupo de trabajo permanente que, entre otras cosas, dedica parte de su tiempo no a intervenir o "restaurar" bienes culturales deteriorados, si no que a ponerse de acuerdo en normalizar? ¿Cuál es la importancia de tener claridad sobre cómo nombramos los objetos o bienes con los que trabajamos, las acciones que realizamos o los fenómenos que observamos?

Por una parte, la normalización de los términos que utilizamos es fundamental para poder acceder y recuperar la información generada, y que esta pueda ser disponibilizada para ser utilizada por otros. Para una institución como el CNCR que, si bien no posee colecciones patrimoniales propias, reúne a través de sus 41 años de existencia información muy relevante de los bienes patrimoniales que han sido analizados, investigados, diagnosticados e intervenidos en sus unidades, la disponibilización de esta información para el uso de terceros forma parte de su misión de contribuir a la protección, recuperación y valoración del patrimonio a través de la transferencia de esta información y conocimiento a otras personas e instituciones. Internamente, poder acceder y analizar los datos contenidos en bases de datos de manera adecuada permite obtener información valiosa para la gestión del CNCR, que contribuye al conocimiento del patrimonio que está ingresando al CNCR y los problemas que lo aquejan, ya sea para priorizar acciones de conservación-restauración como de capacitación, entre otras.

Un segundo aspecto de este trabajo tiene relación con el ámbito disciplinar de la conservación-restauración. Tal como mencionan Tebé y Pissolato (2022), "no es posible la generación, producción y comunicación de conocimiento científico, tecnológico, humanístico o social, sin su vehiculación mediante términos especializados" (p. 347). Como conservadores-restauradores, necesitamos un lenguaje común que permita comunicarnos entre nosotros, transmitirnos los conocimientos, las ideas, las técnicas y procedimientos que vamos desarrollando y, sobre todo, las alteraciones y deterioros que presentan los bienes patrimoniales, que es nuestro principal objeto de estudio. A esto se deben una serie de iniciativas de normalización llevadas a cabo por grupos profesionales, principalmente de Europa, que han dado como resultado diversos glosarios especializados. Sin embargo, esta es una tarea permanente, porque la disciplina evoluciona, los conceptos cambian, el lenguaje se va adaptando y se van adoptando nuevos términos.

La evolución de la disciplina y el concepto de deterioro

La evolución de la disciplina también ha involucrado la forma en que denominamos a los bienes que hoy llamamos patrimoniales, bienes de los que se ocupa o que son objeto de restauración, y que, de manera paralela o junto con ellos, ha implicado una evolución en el tiempo de la disciplina de la conservación-restauración. Esto ha implicado cambios en el uso de los términos que se utilizan para designar estos bienes, buscando aquellos términos que mejor representen aquello que se quiere significar. La forma en la que se designan a través del tiempo aquellos objetos o bienes de los que se ocupa la restauración ha tenido una evolución importante, tal como menciona Muñoz Viñas (2004). Y si bien podemos encontrar acciones que hoy entendemos o conceptualizamos como de restauración desde la antigüedad, tal como nos las presenta Martínez Justicia (2000) señalando ejemplos desde la Grecia y Roma de los primeros siglos de nuestra era, Muñoz Viñas (2004) plantea que es solo desde el s. XVIII en adelante que se puede hablar propiamente tal de un pensamiento y conceptualización del patrimonio y su conservación como lo entendemos hoy. No basta con que en esas épocas se hayan realizado operaciones o acciones técnicas que también se realizan en los procesos de restauración de objetos, pinturas, esculturas o edificios hoy en día, si no que se requiere que tras esos procedimientos técnicos hayan "actitudes, objetivos y éticas completamente diferentes" (Muñoz Viñas, 2004, p. 1) que respondan a algunos criterios que empezaron a ser definidos a mediados del s. XVIII y que modelan lo que hoy se entiende como *restauración*.

Desde esta época en adelante se pueden encontrar diversas formas en las que se designan los bienes que son objetos de restauración. Estos cambios muestran la evolución que ha tenido el concepto de patrimonio y los objetos o bienes que en este concepto se incluyen y cómo deben ser tratados, desde la restauración de antigüedades usada en el s. XVIII hasta hoy en el que este concepto es cada vez más amplio. Los documentos más importantes que muestran esta evolución en el concepto de patrimonio son las diversas cartas y documentos elaborados por organismos internacionales preocupados de la conservación de estos bienes desde inicios del s. XX. Si bien estas cartas tienen como misión acordar principios y formas de conservar e intervenir el patrimonio, los términos utilizados en ella y, en algunos casos, las definiciones que se hacen del patrimonio dejan ver cómo se entendía este y qué bienes eran considerados en esta categoría.

El término *monumento* fue preponderante a inicios del siglo pasado y es la "Carta de Atenas" de 1931 la que retoma el uso del término *patrimonio* e incluye en este el patrimonio artístico y arqueológico, así como los monumentos históricos. Sin embargo, en otros documentos posteriores el término monumentos persiste hasta los años 50, como, por ejemplo, en el nombre del Comité Consultivo de la Unesco para la conservación, protección y restauración de monumentos, sitios artísticos e históricos y excavaciones arqueológicas.

Tal como menciona Valerie Magar (2014), la "Carta de Venecia" de 1964 "abrió el camino para definir de manera más amplia la noción de conservación del patrimonio cultural, y para plantear la diversidad de acercamientos que se aceptan en la actualidad, como reflejo de la diversidad cultural" (p. 123). En ella, el concepto de monumento se amplía no solo a las obras arquitectónicas, si no que también comprende el "conjunto urbano o rural que da testimonio de una civilización particular, de una evolución significativa, o de un acontecimiento histórico", que refiere "no sólo a las grandes creaciones sino también a las obras modestas que han adquirido con el tiempo una significación cultural" (ICOMOS, 1964, s.p.).

Posteriormente, la "Carta del Restauro" de 1972 en sus tres primeros artículos detalla todos los objetos o bienes que son materia de esta carta y se consideran, por lo tanto, patrimonio. Estos incluyen:

> todas las obras de arte de todas las épocas, en la acepción más amplia, que va desde los monumentos arquitectónicos a los de pintura y escultura, aunque sean fragmentos, y desde el hallazgo paleolítico a las expresiones figurativas de las culturas populares y del arte contemporáneo, pertenecientes a cualquier persona o ente [...] conjuntos de edificios de interés monumental, histórico o ambiental, especialmente los centros históricos; las colecciones artísticas y las decoraciones de interiores conservadas en su disposición tradicional; los jardines y parques que son considerados de especial importancia [...] restos antiguos hallados en el curso de investigaciones terrestres y subacuáticas (Brandi, 1972, s.p.).

Por su parte, la "Carta del Restauro" de 1987, define a los *bienes culturales* o *patrimonio cultural* como "todos los objetos de cada época y área geográfica que revistan significativamente interés artístico, histórico y en general cultural" (Muñoz Viñas, 2004, p. 32). Esta definición más amplia y abarcadora es la que permite considerar de manera explícita una de las características más relevantes de los bienes culturales según se entienden hoy en día: su carácter simbólico o "comunicativo", como menciona Muñoz Viñas (2004) en su "Teoría contemporánea de la restauración", y que le permite definir que la restauración se "ocupa de los objetos que mejor simbolizan (describen, representan, caracterizan) una cultura, identidad, unos sentimientos personales o colectivos" (p. 79).

Al incorporar el concepto de símbolo se está relacionando, integrando a este objeto, al sujeto para el cual simboliza. Esto ha implicado un cambio en la concepción del valor del bien patrimonial, desde el entendimiento del valor como algo objetivo que está en la esencia de los objetos, que es permanente y absoluto y que hay que descubrir y revelar, a un valor que es insustancial y que depende del bien patrimonial, del agente que lo valora, del contexto y del proceso mismo de valoración. El valor simbólico no es ya una propiedad del objeto, sino que es "lo que los sujetos proyectan sobre ellos" (Muñoz Viñas, 2004, p. 79); aun cuando el valor no es totalmente arbitrario y está basado en las cualidades o ciertos atributos de ese objeto, la valoración que se haga de él cambia dependiendo del punto de vista del agente que valoriza y del contexto en que se encuentre, ya sea espacial o temporal. Muñoz Viñas (2004) desplaza el centro de valoración desde el objeto al sujeto, entregando a éste un rol fundamental en este proceso.

Esta definición del valor entregada por Muñoz Viñas (2004) es el reflejo de la cita que Arjun Appadurai (1991) hace de George Simmel en el libro "La vida social de las cosas", quien define el valor económico de los objetos no como una "propiedad inherente de los objetos, sino un juicio acerca de ellos emitido por los sujetos" (p. 17).

Como ya dijimos, el valor (o juicio) de los bienes patrimoniales, así como de toda mercancía, varía en el tiempo y va dejando huella en el recorrido o el transcurrir que ese bien o mercancía ha tenido. Appadurai (1991) plantea que

> [...] debemos seguir a las cosas mismas, ya que sus significados están inscritos en sus formas, usos y trayectorias. Es sólo mediante el análisis de estas trayectorias que podemos interpretar las transacciones y cálculos humanos que animan a las cosas. Así, aunque desde un punto de vista teórico los actores codifican la significación de las cosas, desde una perspectiva metodológica son las cosas-en-movimiento las que iluminan su contexto social y humano (p. 19).

Llevando esto a los bienes patrimoniales y a la relación del valor con su conservación, podríamos aventurarnos a decir que la huella de los valores y juicios que ese bien ha tenido en su recorrido se manifiestan a través del estado de conservación material que ese bien presenta, como reflejo de la preocupación por la conservación o no que ha habido sobre él.

Esta incorporación del sujeto en forma activa en la definición y valoración de un bien cultural tiene consecuencias directas en la definición de lo que se entiende por *deterioro*. Este concepto es fundamental para la disciplina de la conservación-restauración, para determinar cuándo ejercer una acción sobre un objeto y qué se debe intervenir en este; ya que, aunque parezca una obviedad, no se restauran objetos que no presentan deterioros. Por lo tanto, definir lo que se entiende por *deterioro* es fundamental para la disciplina.

Podemos tomar la definición de este término que nos entrega la Real Academia Española (1992) donde deteriorar es "estropear, menoscabar, poner en inferior condición algo" (p. 737). Por lo tanto, un bien deteriorado, sería aquel que se ha estropeado, menoscabado o puesto en condición inferior. Sin embargo, el problema aquí radica en definir respecto a qué se pone en inferior condición.

Para quienes estudiaron en el primer programa de formación en Chile en la década de los 80, la definición de *deterioro* era la entregada por Guillermo Joiko H. (1948–1988), restaurador del *Istituto Centrale del Restauro* de Roma, primer director del CNCR entre 1982 y 1988 y profesor de los ramos de "Historia y Teoría de la Restauración" y "Taller de Restauración I". En el texto denominado "Mínimas ideas para abordar la problemática de los deterioros en los objetos y sus causas"

(Joiko, 1986) el deterioro se definía como: "Fenómeno que se verifica sobre la materialidad de un objeto y que es **sinónimo de alteración**, desarticulación o destrucción de los materiales que lo constituyan o de su estructura técnico-constructiva".

El concepto de *deterioro* está aquí referido a los aspectos materiales y estructurales de los bienes. Esta concepción material del deterioro, la encontramos también en publicaciones más cercanas a nuestro tiempo, en donde se entiende el deterioro como la "degradación de la materia y de las características estructurales de los objetos" (González, 2002).

Y, si bien se reconoce y se entiende que el objeto o bien patrimonial tiene esa consideración por los valores que un grupo social o comunidad le atribuye, estos en su mayoría se refieren a valores históricos, estéticos y valores simbólicos-culturales, y se sigue considerando que están en los objetos. Por lo tanto, el rol del conservador-restaurador sería "**reconocer** estos valores a partir de comprenderlos históricamente en su dimensión espacio-temporal y de entenderlos como un **documento** susceptible de ser fuente de conocimiento" (González, 2002, p. 6). En el planteamiento del bien cultural como un "documento" que puede ser fuente de "conocimiento" subyace la idea de que el valor estaría en el objeto y lo que corresponde es leerlo, extraer ese conocimiento. Otro ejemplo de esta concepción de valor o significado es el que encontramos en la revista *Museum* de 1987, en donde se define la misión del conservador-restaurador como la de "[…] comprender el aspecto material de los objetos que gozan de una significación histórica y artística a fin de prevenir su degradación, favoreciendo su identificación, de modo que sea posible establecer una distinción entre lo que es original y lo falso" (Boylan, 1987, p. 232). Los medios que desde esta concepción de la restauración científica tenía el restaurador para reconocer ese bien cultural eran, principalmente, la historia, la historia del arte (doble polaridad estético-histórica) y las ciencias.

Sin embargo, al incorporar al sujeto en la valoración simbólica del bien patrimonial, ya no se entiende la definición de *deterioro* como cualquier alteración material presente en un objeto, si no como aquel "cambio de estado que resulta en una pérdida de valor para ese objeto, disminuyendo la posibilidad de uso o de uso potencial" (Ashley-Smith, 1995, p. 5). Esta disminución en la posibilidad de uso radica en la pérdida de la capacidad de comunicar los significados que ese objeto soportaba. Así, los objetivos de la restauración pasan de revelar y descubrir, y, por lo tanto, presentar esos valores esenciales que tenía el objeto, a buscar devolver la eficacia simbólica de ese bien cultural (Muñoz Viñas, 2003, p. 80), a reconstruir la comunicación entre el objeto y el sujeto que lo valora en un contexto dado a través de la intervención sobre aquellos atributos en los que los sujetos identificaban esos valores.

Por lo tanto, lo que antes se consideraba sinónimo (*deterioro = alteración*), hoy no lo es, y así el proceso de diagnóstico se complejiza. Ya no basta con identificar alteraciones materiales o estructurales, se requiere constatar que esa alteración efectivamente resulta en una pérdida de valor que, a su vez, implica la incapacidad de comunicar estos valores a la comunidad.

Revisando nuestros conceptos y de nuestro proceso de intervención

El CNCR empieza a adoptar esta nueva definición desde los inicios de los años 2000, como se puede ver en los apuntes del seminario taller "Bases de datos para la conservación y restauración en Chile", realizado el año 2003 (véase Figura 1), donde se puede observar en las discusiones realizadas por los grupos de trabajo que ya se entendía el deterioro no como cualquier alteración o cambio, si no que aquel cambio considerado negativo[1].

La adhesión a este nuevo paradigma de lo que se entiende como *deterioro*, implicaba, sin embargo, una revisión de nuestros conceptos, procesos y de la documentación generada en nuestras intervenciones. En todos estos ámbitos se debía reflejar este cambio.

Así el Comité Conservadata se abocó a trabajar en analizar tanto los conceptos que se utilizaban en los procesos de intervención, como los instrumentos en que se vaciaba la información (fichas clínicas, memorias de intervención y bases de datos), así como también la coherencia de nuestros procesos con esta nueva concepción de *deterioro*.

La estructura de los informes o memorias de intervención son un reflejo de cómo el proceso de diagnóstico se fue complejizando. La estructura del año 2009, después de un largo capítulo de estudios y análisis, tenía un capítulo de "Diagnóstico e Intervención", que era el que contenía la ficha clínica, y que consistía en la descripción de la obra y sus características físicas, la descripción de los deterioros y un diagnóstico crítico, para terminar con las acciones de conservación y restauración realizadas y, finalmente, las recomendaciones de conservación. El 2011 se incluyen de manera explícita el "Estado de Conservación", el "Diagnóstico" y la "Propuesta de Tratamiento", la cual debe incluir una fundamentación.

---

[1] Se puede ver también acá otro concepto que estaba en proceso de cambio o de revisión, como es el de *síntoma*, término que la disciplina heredó de este paralelismo que se hizo con la medicina, junto con otros que hoy siguen en uso, como *ficha clínica* o *historial clínico*. El mismo término *diagnóstico* proviene también de esta relación, así como la palabra síntoma, utilizada para referirse a los signos o indicadores de una alteración.

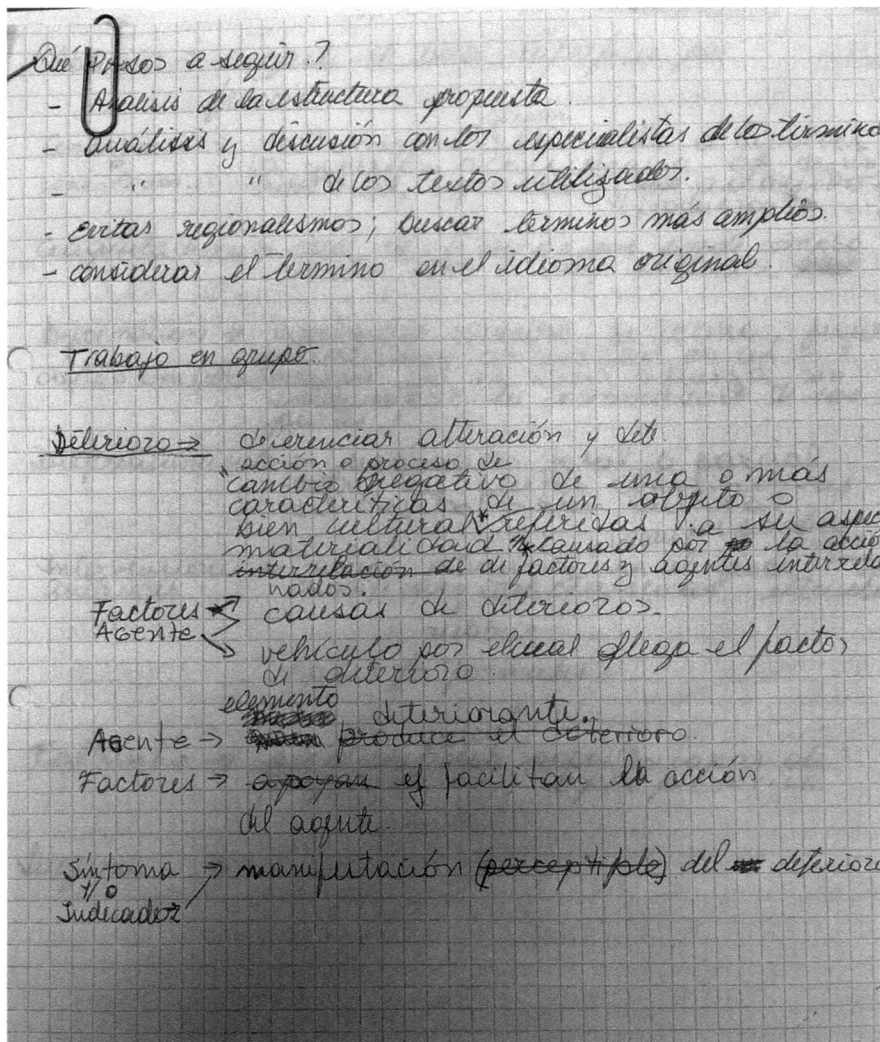

Figura 1. Fotografía de los apuntes del taller "Bases de datos para la conservación y restauración en Chile" realizado el año 2003 (Benavente, A., 2003).

Para el 2014, el diagnóstico constituye un capítulo completo y autónomo del informe, y se divide en tres subcapítulos:

· "Sintomatología del objeto de estudio": en el que se debía describir y analizar el conjunto de alteraciones detectadas. Para esto se debía primero tipificar y caracterizar el síntoma o signo de alteración, describiendo cómo se presenta y cuál es su efecto sobre la materia; señalar su ubicación, distribución, extensión y profundidad en el bien patrimonial. Después se debía identificar a qué correspondía el síntoma observado y cuáles eran los factores, agentes, causas o procesos asociados a su origen. Y, cuando fuera posible, "a qué momento de la historia del objeto puede vincularse la aparición del fenómeno (manufactura, uso-reuso-reciclaje, abandono)" (Conservadata, 2014, s.p.)

· "Estado de conservación y evaluación crítica": este punto es el que reúne y analiza las alteraciones antes identificadas y descritas con los estudios y análisis dentro de los cuales debería estar el sistema de valores del bien cultural. En esta etapa se deben "ponderar su incidencia en el sistema materia-forma-significado-valores-contexto, considerando tanto la intensidad, dinámica y estado del fenómeno observado como las consecuencias materiales y/o interpretativas que se derivan de su actual condición, distinguiendo alteraciones y deterioros" (Conservadata, 2014, s.p.).

· "Conclusiones y propuesta de intervención": con la evaluación crítica realizada es que finalmente se puede formular la propuesta de intervención. En ella se indican "los procesos de deterioro que fueron seleccionados para su intervención, […] y las técnicas que se proponen para mitigar, revertir o eliminar el daño observado" (Conservadata, 2014, s.p.). La fundamentación deberá tomar en consideración los estudios y análisis previamente realizados. También, se deberán identificar los procesos de alteración que requieren ser preservados, fundamentando en cada caso las razones que respaldan dicha elección y mencionando los métodos y las técnicas que se proponen para su conservación. A modo de síntesis, se deberán señalar claramente los objetivos de la intervención y los resultados esperados.

¿Quién define o establece los valores? El rol del conservador-restaurador

Tal como se dijo antes, este nuevo paradigma en la definición de *deterioro* implicó no solo cambios conceptuales, si no que estos cambios además debían expresarse y verse reflejados en los aspectos operativos de un proceso de restauración; y no en cualquier fase de ese proceso, sino que en el proceso de diagnóstico.

En la década de los 80, para Joiko (1986), el diagnóstico era fundamental, ya que permitía "comprender los problemas de conservación y las causas de su deterioro", por lo que en este proceso se debía "relacionar los tipos de deterioro con los factores que posibilitan el proceso destructivo y se debe llegar a una precisión ponderada de las causas". Además, establecía diferentes tipos de diagnósticos dependiendo de la finalidad con que se realizaran; así, establecía "diagnósticos específicos para la restauración", "diagnósticos de base técnica para la conservación" y "diagnósticos de base científica para la conservación". Si bien no entraré en analizar la pertinencia o actualidad de estas clasificaciones, estas sí dan cuenta de los elementos que se debían considerar al realizar el diagnóstico, ya que todas ellos aluden a aspectos materiales del deterioro, ya sean aspectos propios de la materialidad del bien patrimonial, como aspectos externos ("ambiente de conservación"), pero que influyen o afectan la materialidad de ese bien.

Para concretar los diagnósticos era necesario realizar análisis científicos que permitieran conocer la materialidad de los objetos, así como el uso de instrumentos para la medición de las condiciones ambientales. Ello no desconoce que se entendía en la restauración un carácter crítico y, por lo tanto, que se integraban otras áreas del conocimiento que reconocían en el objeto patrimonial un objeto cargado de simbolismo y significados, entendiendo que los procesos de conservación-restauración son interdisciplinarios, solo que en los 80 esta interdisciplinariedad consistía principalmente –y dependiendo del tipo de objeto–, en la participación de científicos e historiadores del arte, arquitectos y arqueólogos.

En esta interdisciplinariedad, el conservador-restaurador se establece como "el eje relacionador de todo el flujo de datos que aparecen en una obra cuando se encuentra en instancia de Restauración y que provienen de diversas áreas de especialización" (Joiko, 1983), estableciéndose un paralelismo entre el restaurador y el cirujano, defendiendo de esta forma el rol que tenía el restaurador en resguardar la integridad de la obra. Joiko (1983) lo plantea de la siguiente manera, "[…] se puede cotejar el ejercicio de la restauración con el de la medicina, el argumento resulta curioso; a nadie le parece extraño que en un proceso de curación sea el médico quien coordina todas las etapas, tampoco resulta extraño que durante la intervención sea el cirujano quien dirija a todo un grupo de especialistas, nadie se atrevería a negarle su carácter de coordinador principal del flujo de información proveniente del paciente…" (Joiko, 1983). Se encuentra también este paralelismo en el artículo de Boylan (1987) en la revista *Museum* en donde en varios párrafos se compara la actividad del conservador-restaurador con la del médico o el cirujano: "Como en el caso del cirujano, el trabajo del conservador-restaurador puede y debe ser completado por los resultados de análisis e investigaciones científicas" (p. 233).

En esta concepción el rol del conservador-restauración tiene un papel preponderante y el rol de las ciencias sociales y científicas eran fundamentales, y es en base a estos conceptos que desarrollaron procedimientos metodológicos para la intervención y el diagnóstico. Así el CNCR incorpora no solo una unidad de Documentación Visual e Imagenología, también un laboratorio de análisis que suma profesionales del área de las ciencias en la labor de levantar información técnico material de los objetos, disciplinas que se sumaban a las del historiador del arte desde un inicio considerado.

Este proceso se puede ver sintetizado en los primeros diagramas de flujo elaborados el año 2002 (véase Figura 2). Estos fueron parte del estudio técnico, operacional y económico realizado con el objetivo de la creación de una base de datos que reúna la información generada durante los procesos de intervención al CNCR, con vistas al diseño de una base de datos de la intervención, en el que están considerados la ficha, los antecedentes del objeto en el que se incluía su historia y la información científica, además de la fotografía.

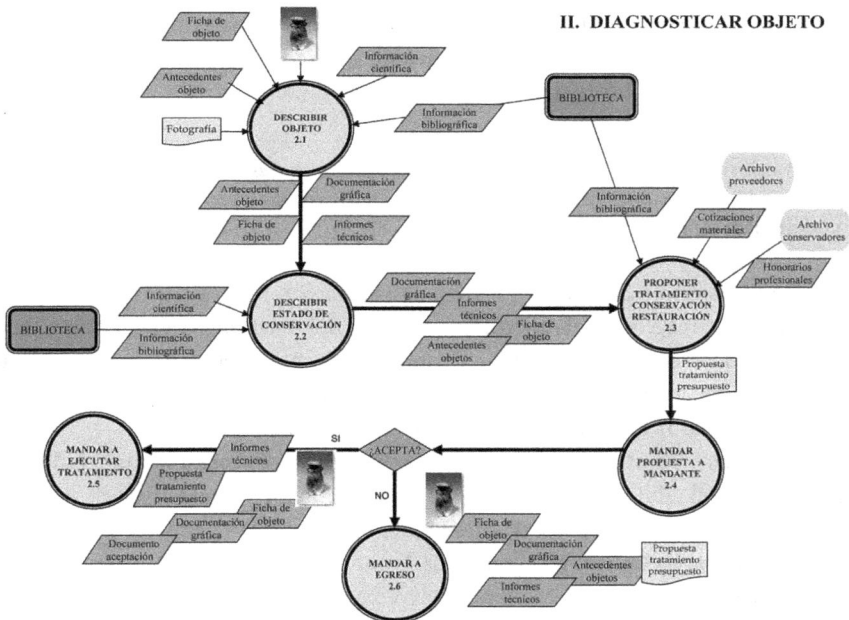

Figura 2. Diagrama de flujo del proceso de diagnóstico realizado el año 2002 (Comité Conservadata, Archivo CNCR). Reproducción con permiso del CNCR.

Como muestra el esquema, en este proceso el mandante o propietario del bien no formaba parte de la decisión de intervención, solo tenía la posibilidad de aceptar o rechazar la propuesta de tratamiento realizada por el conservador-restaurador.

Sin embargo, bajo este nuevo concepto de deterioro no bastaba con preguntar a los profesionales de las diferentes disciplinas antes mencionadas, si no que, especialmente en el caso aquellos bienes culturales que no se enmarcan en las categorías tradicionales, había que incluir en este proceso de alguna manera a quienes asignaban el valor o quienes valoraban el bien patrimonial a intervenir.

Es aquí donde radica uno de los mayores desafíos que tiene hoy en día la disciplina de la restauración, ya que los valores que hoy simboliza un objeto no necesariamente son los mismos que simbolizó en su tiempo de creación, y no necesariamente son los mismos que ha simbolizado en su transcurrir o que simbolizará en un tiempo futuro. La investigación histórica nos presentará los valores y significados que el bien tuvo en el pasado, la historia de su vida, pero sus herramientas de investigación no permiten levantar los valores y significados actuales del bien cultural.

Se debe tener en cuenta que, dependiendo del tipo de patrimonio, los sujetos o comunidades que asignan valor (agentes de valoración) pueden ser múltiples, tal como lo plantean Elizaga y Ladrón de Guevara (2009):

> […] cuando nos referimos a comunidad como agente en el proceso de valoración, hay que considerar que este concepto engloba en realidad a *muchas comunidades*. Es preciso cambiar la idea de una sola comunidad, coherente, estática y aislada, por la idea de comunidades interrelacionadas y dinámicas (p. 83).

Con esto se entendía que la comunidad de valoración no era necesariamente la institución que resguarda el objeto, lo que hacía más complicada la decisión de a qué comunidad convocar. Si se debe definir el valor para determinar si las alteraciones materiales afectan el valor de ese bien, ¿a qué comunidad o comunidades convocamos y cómo las incorporamos a los procesos de decisión?

En una primera etapa, de manera más bien exploratoria, las unidades de intervención del CNCR convocaron a las otras unidades a participar de la toma de decisiones. Así nacieron las "Propuestas de Tratamiento Ampliadas". En ellas no solo participaba la unidad a cargo de la intervención, también las unidades transversales como la de Documentación Visual y la de Ciencias, junto a otras unidades de intervención (véase Figura 3). Este fue el primer cambio en la metodología de trabajo; ya no eran las unidades de intervención quienes decidían y solicitaban los análisis y registros fotográficos que ellas consideraban necesarios, ahora estas decisiones se discutían en base al problema planteado y a las preguntas de investigación que de ahí surgían. También se incorporaba en estas discusiones el trabajo de historiadores o historiadores del arte y antropólogos, dependiendo del tipo de bien, de manera de considerar en estas decisiones los estudios de estas áreas también.

Figura 3. Propuesta de tratamiento ampliada de una de las obras de la Serie Grande de Santa Teresa. (Pérez, M., 2007. Archivo CNCR). Reproducción con permiso del CNCR.

Sin embargo, faltaban voces externas al CNCR, faltaba la opinión de la institución, por lo que, en una segunda etapa, se incorporaron al proceso de diagnóstico y discusión de los tratamientos un representante de la organización o institución propietaria, ya fuera el curador, el encargado de colecciones o el director (véase Figura 4). Esto no fue un proceso fácil, debido a que estas partes no es taban acostumbradas a ser consultadas, y entregaban las decisiones en manos de los restauradores. La respuesta más común en la época fue: "ustedes son los que saben", "ustedes son los expertos". Debido a que, en algunas ocasiones, por distancia, era difícil que desde la institución pudieran participar de estas reuniones, se intentó la estrategia de enviar encuestas con preguntas estandarizadas a las instituciones. Preguntas que, por una parte, tenían por objetivo levantar información sobre la historia de la obra, también buscaban conocer el valor relativo que esa obra o bien tenía en la colección del museo o institución, o para la comunidad que se encontraban en torno a una imagen de culto, por ejemplo. Estas preguntas muchas veces no eran comprendidas y, por lo tanto, obteníamos respuestas estandarizadas que aportaban muy poco a lo esperado. Sin embargo, en algunos casos la participación de la institución era muy activa, no solo en estas discusiones, si no que en todo el proceso (véanse Figuras 4 y 5).

Figuras 4 y 5. Macarena Murua, directora del Museo de Artes Decorativas, participando de la discusión de la propuesta de tratamiento de una obra del museo y durante el proceso de intervención (Benavente, A., 2014. Archivo CNCR). Reproducción con permiso del CNCR.

Una tercera fase en este cambio metodológico fueron las Jornadas de Declaración de Significado, en búsqueda de formas de participación más amplias, y después de haber conocido el 2011 la metodología desarrollada por Roslyn Russell y Kylie Winkworth, "Significance: a guide to assessing the significance of collections", publicada en 2001 y actualizada en 2009, metodología que entre otras cosas, tiene por objetivo entregarle a quienes tienen bajo su responsabilidad colecciones patrimoniales "un marco y un proceso estandarizado para analizar y comunicar los significados e importancia de las colecciones". Estas nacen en parte de esta metodología, que busca, a través del proceso de evaluación de significancia, investigar y comprender "los significados y valores de piezas y conjuntos" (Russell y Winkworth, 2009). En este proceso se "exploran todos los elementos que contribuyen a dar sentido, incluyendo la historia, el contexto, la procedencia, los lugares y memorias relacionadas y el conocimiento comparativo de otros objetos similares" (Russell y Winkworth, 2009, p. 23). Este es un proceso amplio e inclusivo, que busca incorporar en esta evaluación a diversas comunidades, dentro y fuera de las instituciones que custodian los bienes a evaluar. Puede aplicarse a un objeto en singular o a una colección y en diversas etapas, tanto en el proceso de adquisición, diseñar una exhibición o en los procesos de restauración. Busca develar los valores y significados que los bienes tuvieron en el pasado, pero también los que tienen hoy o podrían tener en el futuro.

Teniendo como referencia esta metodología, se diseñó la primera Jornada de Declaración de Significado el año 2014 en el contexto de restauración de la obra "La adoración de los pastores", de Cosme San Martín (1849–1906), perteneciente al Museo Nacional de Bellas Artes. Como señalan Izquierdo et al. (2015), "el mal estado de conservación requería tomar decisiones respecto de los alcances de las intervenciones en términos de criterios, recursos y presentación estética" (p. 134). El proceso de intervención se desarrolló según lo planificado inicialmente, hasta que llegó el momento de reintegrar las grandes lagunas de imagen. Es aquí que hay un cuestionamiento al sentido de reintegrar esas lagunas completando la imagen de la pintura, por lo que se decide detener el proceso y reflexionar sobre los valores y significados de esta obra.

Nace así la primera Jornada de Declaración de Significado, en la que no solo participan conservadores-restauradores, sino también historiadores, teólogos, dada la temática de la obra, profesionales del mismo museo, y su director y curadoras, para reflexionar y compartir decisiones de intervención (véase Figura 6). A esta primera jornada le han seguido muchas otras en el transcurso de estos años, que han permitido conocer los valores y significados actuales de diversos bienes patrimoniales y definir en conjunto aquellas alteraciones que efectivamente afectan estos valores y que, por lo tanto, son considerados deterioro y deben tratarse. Ejemplo de esto han sido las jornadas realizadas en torno a las obras de la serie de "Los Gobernadores del Reino de Chile" perteneciente al Museo Histórico Nacional (véase Figura 7) o de dos obras de José Balmes y Gracia Barrios (véase Figura 8).

Figura 6. Jornada de Declaración de Significado de la obra "La adoración de los pastores" de Cosme San Martín (Benavente, A. 2014. Archivo CNCR). Reproducción con permiso del CNCR.

Figura 7. Jornada de Declaración de Significado de la serie de Los Gobernadores del Reino de Chile. (Ossa, C., 2016. Archivo CNCR). Reproducción con permiso del CNCR.

Figura 8. Jornada de Declaración de dos obras de Gracia Barrios y José Balmes (Soler, N., 2017. Archivo CNCR). Reproducción con permiso del CNCR.

Conclusiones

El cambio en el uso de una palabra o término no es inocuo, no es solo un cambio cosmético, y no lo fue para el CNCR. Diferenciar entre *alteraciones* y *deterioros*, y ser conscientes de lo que estamos diciendo cuando utilizamos un término o el otro, fue un cambio relevante. Esto gatilló un proceso de revisión y ajustes que ha abarcado no solo la actualización de nuestros instrumentos de registro, si no también el cuestionamiento de nuestros procedimientos para que estos sean realmente coherentes con las definiciones de patrimonio cultural que sostenemos. De ese patrimonio que es construido por las personas y las comunidades que lo significan.

También ha implicado una entrega de poder de decisión a un otro fuera de nuestra disciplina. Algo que no ha sido fácil, ya que ha implicado un cambio cultural importante para quienes se formaron bajo la premisa de que el conservador era quien articulaba la información en torno a los bienes patrimoniales y decidía los tratamientos a realizar. Más difícil aún cuando esas decisiones deben compartirse con grupos u organizaciones no relacionados a alguna disciplina profesional. Entender que las comunidades no solo tienen derecho sobre sus bienes patrimoniales, sino que también aportan con una visión propia y tan válida como las de los "expertos" profesionales, ha sido un gran e importante aprendizaje en este proceso.

Asimismo, ha significado desafíos para los mandantes y custodios de los bienes patrimoniales, quienes han tenido que asumir un compromiso mayor en los procesos de intervención, y también validarse como entes fundamentales en la toma de decisiones. Todo esto ha redundado en un trabajo más cercano con el mandante y las comunidades en torno al objeto.

Estos cambios han permitido enriquecer los procesos de intervención, no solo a través de una mayor y mejor comprensión del bien patrimonial y sus significados, sino también haciendo más sostenibles las decisiones críticas que se toman con respecto a ellos, las que, al ser compartidas por todos los involucrados, tienen más posibilidades de ser respetadas y mantenidas en el tiempo.

Bibliografía citada

Appadurai, A. (Ed.). (1991). *La Vida Social de las cosas. Perspectiva cultural de las mercancías*. Grijalbo.

Ashley-Smith, J. (1995, Abril -8). *Definitions of Damage*. Annual Meeting of the Associaton of Art Historians, Londres, Inglaterra. http://cool.conservation-us.org/byauth/ashley-smith/damage.html.

Boylan, P. J. (1987). Museum training: a central concern of ICOM for forty years. *Museum International, 39*(4), 225–230.

Brandi, C. (1972). *Carta del restauro*. (M. J. Martínez Justicia, Trad.). http://ge-iic.com/index.php?option=com_content&task=view&id=49&Itemid=49.

Brandi, C. (2002). *Teoría de la Restauración* (María Angeles Toajas Roger, Trad.; 2a Edición). Alianza Editorial.

Comité Conservadata. (s.f.). *Estructura Memoria de Intervención*.

Consejo Internacional de Monumentos y Sitios, ICOMOS. (1964). *Carta internacional sobre la conservación y la restauración de monumentos y sitios. Carta de Venecia*. https://www.icomos.org/images/DOCUMENTS/Charters/venice_sp.pdf.

Elizaga, C. J. & Ladrón de Guevara, G. B. (2009). La conservación-restauración en un escenario plural de valoraciones: Caminos. *Revista Conserva*, (13), 81–94.

González, C. O. L. (2002). Aproximación al concepto de diagnóstico en la disciplina de la restauración. *Revista Filigrana*, (3), 5–10.

Joiko, H. G. (1983). *Marco de referencia para la definición del perfil académico-profesional del restaurador.* Pontificia Universidad Católica de Chile.

Joiko, H. G. (1986). *Mínimas ideas para abordar la problemática de los deterioros en los objetos y sus causas. Introducción a la 3ª parte del Taller de Restauración I Escuela de Arte-Programa de Restauración.* Pontificia Universidad Católica de Chile.

Magar, V. (2014). Revisión histórica de la Carta de Venecia y su impacto en su 50 aniversario. En *Los nuevos paradigmas de la conservación del patrimonio cultural. 50 años de la Carta de Venecia.* Instituto Nacional de Antropología e Historia.

Martínez Justicia, Mº José. (2000). *Historia y teoría de la conservación y restauración artística* (1a ed.). Tecnos.

Muñoz Viñas, S. (2004). *Teoría contemporánea de la restauración* (1a ed.). Editorial Síntesis.

Real Academia Española. (1992). *Diccionario de la lengua española* (21a ed.).

Russell, R. & Winkworth, K. (2009). *Significance: A guide to assessing the significance of collections* (2a ed.). Collections Council of Australia.

V. Denominaciones textiles: lenguaje universal, lenguaje especializado

Francisca Campos, Soledad Hoces de la Guardia, Ana María Rojas

RESUMEN

En este texto se abordan las variables que inciden en el problema de las denominaciones textiles, reconociendo que su génesis es temprana y paralela al desarrollo de las tecnologías asociadas a esta materialidad, generando una lógica de pensamiento y relaciones que son aplicados a otros ámbitos de acción de las personas.

El lenguaje textil alcanza una amplia diversificación al ser empleado por una gran variedad de profesionales que, desde diferentes disciplinas y con una terminología específica, enriquecen y a la vez complejizan la conversación en torno a los textiles. El lugar desde el cual ponemos en valor esta problemática supera los límites del campo de la conservación-restauración y abarca diversos espacios vinculados al quehacer textil como el arqueológico, histórico, etnográfico, religioso, así como su producción industrial y su presencia en el diseño y el arte.

Esto supone comprender y dimensionar el valor que la terminología tiene para la comunidad textil o mejor dicho para cada una de estas comunidades; ello se dificulta además por la diversidad idiomática de sus integrantes que exponen variantes para un mismo fenómeno, por ejemplo, en las diferentes culturas de habla hispana.

El ejercicio de análisis de los vocablos del área permite cuestionarse la viabilidad y a la vez el valor de su estandarización que en algunos casos vendría a empobrecer el lenguaje y los alcances de su expresión.

ABSTRACT

This text addresses the variables that affect the problem of textile denominations, acknowledging that their early origin accompanies human development, generating a logic of thought and relationships that are applied to other fields of action of people.

Textile language achieves broad diversification by being used by a wide variety of professionals who, from different disciplines and with a specific terminology, enrich and at the same time make the conversation around textiles more complex. The place from which we give value to this issue goes beyond the limits of the field of conservation-restoration, and encompasses several spaces related to textile production, such as archaeology, history, ethnography and religion, as well as its industrial production and its presence in design and art.

This means understanding and appreciating the value that terminology has for the textile community –or rather, for each of these communities. This is further complicated by the linguistic diversity of their members, who express variants for the same phenomenon; for instance, in different Spanish-speaking cultures.

The exercise of analyzing the idioms of the field allows us to question the viability as well as the value of its standardization, which in some cases would make the language and the scope of its expression poorer.

Poner en valor la terminología

En el desarrollo de la evolución humana el oficio textil es uno de los más tempranos. La urgencia de los individuos por resolver el problema de crear una herramienta más eficiente uniendo elementos rígidos como piedra y madera, por ejemplo, para construir un hacha, ello mediante un elemento largo y flexible como tiras de cuero o tendones, es una respuesta a esa necesidad que se puede leer como un inicio de la actividad textil. Desde entonces, envolver, enlazar o amarrar son acciones que debieron recibir una denominación específica. Esta técnica ancestral da origen a conceptos profundamente enraizados y establece un camino de conocimiento que surge desde el quehacer.

El uso del textil y los artefactos asociados, se integran a la cotidianeidad cumpliendo necesidades básicas de utilidad, así como también en su calidad de cultura material en todo el mundo y, en un amplio registro, se constituyen en parte significativa de la identidad de un pueblo. Estos artefactos concentran el dominio de habilidades junto a los procesos y conocimientos desarrollados a través de siglos en que las personas han elaborado materialidades y objetos tejidos, que han permitido un lenguaje propio en cada grupo cultural.

El saber textil debe ser entendido como un continuo interactuante, desde sus más remotos orígenes hasta las vivencias contemporáneas, comprenderlo como un área de conocimiento en permanente multiplicación, en la que ninguna de sus manifestaciones materiales o conceptuales puede quedar relegada.

Desde lo expuesto, es posible comprender, por una parte, cierta omisión y obviedad en la que se sume la práctica textil, "porque ha estado siempre allí"; se naturaliza su saber y se le resta valor. Por otra, la recurrencia de uso que se hace de esos conceptos textiles en el lenguaje común para expresar ideas en otro ámbito (véanse Figuras 1 y 2).

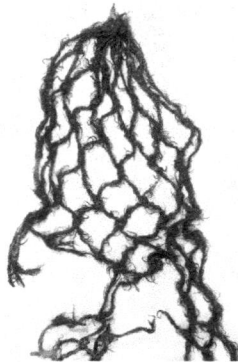

Figura 1. Red anudada de procedencia arqueológica. Formativo medio, sitio Topater, Calama, pieza 678, Museo Corporación de Cultura y Turismo del Loa, Calama (Hoces de la Guardia, 2017).

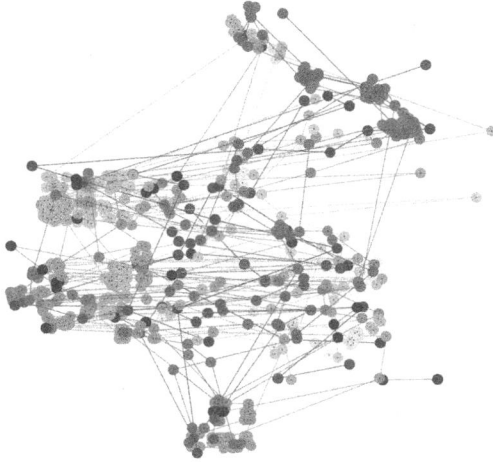

Figura 2. Red basada en el mapa de plazas, Aldo Van Eyck. (Garretón y Stutzin, 2014). Referencia visual al concepto de origen textil.

En sus vertientes contemporáneas los textiles invaden nuestra existencia cotidiana, razón por la cual alcanzan niveles de anonimato. El fácil acceso que tenemos a ellos y excesiva cercanía, llegando a fundirse con nuestro cuerpo, hace que situemos como ordinario un bien que las más de las veces, es extraordinario. Ello porque cada objeto textil es en sí un testimonio de su momento histórico que condensa y comunica el magno recorrido de su oficio.

Para comprender y dimensionar el valor que la terminología tiene para nuestra comunidad disciplinar, es necesario explicar el tipo de colectividad de la cual formamos parte. El lugar desde donde ponemos en valor esta problemática es más amplio que el campo de especialidad de la conservación-restauración y abarca diversos ámbitos del quehacer textil.

El Comité Nacional de Conservación Textil (CNCT) es una corporación dedicada a promover y difundir el estudio y la conservación del patrimonio textil tanto de Chile como de Sudamérica. Fue creada en sus inicios (1987) por encargadas de la conservación de colecciones textiles en diferentes museos del país, cuyo ámbito de acción y discusión se centraba principalmente en el cuidado de dicho acervo. Con el paso de los años se fueron incorporando investigadoras/es, antropólogas/os, arqueólogas, diseñadoras y artistas textiles tanto de Chile como del extranjero y durante muchos años contamos con socias de Argentina, Colombia, Perú, México, España, Estados Unidos, Canadá y Uruguay.

Esta variedad de profesionales ha ido enriqueciendo y complejizando la conversación en torno a los textiles que, al ser abordados desde diferentes disciplinas con su propia terminología específica, confluyen en un diálogo enriquecedor presente principalmente en nuestras reuniones anuales, de las cuales dan cuenta las actas publicadas en nuestro el sitio web[1]. Se exponen a continuación dos ámbitos en los cuales la terminología textil confluye en el CNCT.

El lenguaje en la conservación textil

El vocabulario que se ha ido conformando en torno a la conservación textil, se puede rastrear desde la segunda mitad del siglo XX y ha ido evolucionando en paralelo al desarrollo de la especialidad, en el caso de América Latina y Chile, mayormente desde los años 70 en adelante.

En relación a la profesionalización de la conservación textil en la región, una de las socias pilares del CNCT, Emilia Cortés, conservadora textil del *Metropolitan Museum of Art* de Nueva York (1990), menciona algunos hitos, como la creación en 1977 del primer taller de conservación de textiles de América Latina, en el Museo Nacional de Antropología y Arqueología de Lima, a cargo de Pat Reeves (estadounidense pionera en la conservación de textiles y conservadora desde 1968 de *Los Angeles County Museum of Art*), iniciándose así los primeros cursos de capacitación en esta área. También menciona como evento relevante el IV Curso sobre Conservación de Textiles en Lima, dictado en 1988 por Nobuko Kajitani (especialista en conservación textil, formada en el *Textile Museum de Washington* y luego encargada del Departamento Textil del *Metropolitan Museum of Art* de Nueva York).

Así mismo, ella destaca la "Reunión de Textiles de las Américas" organizada por el proyecto Regional de Patrimonio Cultural PNUD/UNESCO y *The Getty Conservation Institute* en 1988 en Lima, Perú, en la que se abordaron temas en torno a la conservación textil y se organizó el posterior "Encuentro Regional de Expertos sobre Conservación de Textiles Precolombinos Latinoamericanos", celebrado en 1990 en Arica que, entre varios temas relativos a la conservación, se trató la terminología de textiles usada en América Latina.

En el caso de Chile, dada la carencia en ese entonces de estudios formales en esta área, hubo instituciones y personas precursoras de la profesionalización a nivel local. Es el caso de especialistas que viajaron al extranjero y volvieron con los conocimientos necesarios para emprender el desarrollo de este campo en el país.

La diseñadora Liliana Ulloa, pionera en la conservación de textiles arqueológicos, afirma en una entrevista que el hito fundacional en la conservación de textiles en Chile fue la visita de la conservadora textil española María del Socorro

[1] Página web del CNCT: www.cnct.cl.

Mantilla, quien llegó al país en 1976, tomando contacto con colecciones textiles en diferentes instituciones, y comunicando la necesidad de la formación de especialistas chilenos en el área. Es así como Ulloa, quien en ese momento trabajaba en el Museo San Miguel de Azapa en Arica, gracias a gestiones de la conservadora Mantilla, viaja a capacitarse a Europa, al Instituto Nacional de Restauración de Obras de Arte de Madrid, a la Fundación ABEGG en Suiza, y al Instituto José de Figueiredo en Lisboa, volviendo con conocimientos que aplicó para la conservación de los textiles del norte de Chile, organizando el año 1978 el primer laboratorio de conservación de textiles del país, en el Museo San Miguel de Azapa[2].

Con respecto a instituciones, se debe mencionar el Museo Histórico Nacional con su Departamento Textil a cargo de María Elena Troncoso quien a mediados de los años 70 en una visita a museos de Estados Unidos trajo conocimientos que impulsaron la estructuración de dicho departamento (Müller, 2023 p. 97). Posteriormente, a principios de los años 80, se concreta la incorporación de Fanny Espinoza e Isabel Alvarado al Departamento Textil[3]. Ellas igualmente viajan y se perfeccionan en el extranjero; F. Espinoza en el Museo Textil de Krefeld, Alemania[4] e I. Alvarado en el Departamento de Vestuario del Museo de la Ciudad de Nueva York y en el estudio privado de conservación *Restorations* liderado por Helene von Rosenstiel[5].

El Museo Chileno de Arte Precolombino también puede ser mencionado como institución precursora. El Laboratorio de Conservación y Restauración Textil es creado en 1981 e implementado por las arqueólogas Carole Sinclaire y Julie Palma. La capacitación de los profesionales la realizó Clarissa Palmai (ex directora del *Textile Museum of Washington*), quien posteriormente dictó un curso abierto a especialistas de la conservación textil de otros museos (Berenguer, 2011, p. 52).

Es importante mencionar que la formación en conservación de textiles en los años 80 ya tenía la ventaja de algunas décadas de camino recorrido en países desarrollados, a diferencia de América Latina donde esta especialidad comenzaba a gestarse de forma incipiente. En el caso específico de Chile, la única manera de lograr una adecuada capacitación era la de viajar a centros de referencia localizados en el hemisferio norte, o bien, como sucedió en los casos mencionados anteriormente, recibir la visita de algún especialista procedente de los museos del primer mundo[6]. Evidentemente el desarrollo de esta profesionalización llevó

---

[2] L. Ulloa, comunicación personal, 31 de enero del 2024.
[3] Ambas profesionales Diseño con mención vestuario Universidad de Chile.
[4] F. Espinoza, comunicación personal, 22 de enero del 2024.
[5] I. Alvarado, comunicación personal, 20 de febrero del 2024.
[6] Las únicas carreras formales de pregrado en conservación fueron las de la Pontificia Universidad Católica de Chile, como una especialización de la carrera de Arte, y la Universidad Internacional UISEK.

aparejada la incorporación de una terminología especializada, generalmente en el que los términos no eran en español.

Un hito en la consolidación de la conservación textil es la creación en 1987 del Comité Nacional de Conservación Textil de Chile (en adelante, CNCT) formado durante la *1a Reunión de Diagnóstico de Conservación del Patrimonio Mueble de Museos Chilenos*, organizada por ICCROM, la Dirección de Bibliotecas, Archivos y Museos, el Museo Histórico Nacional y el Museo Chileno de Arte Precolombino. Se destaca que, en la editorial de su primer boletín publicado, se menciona: "A los objetos textiles no se les ha dado la importancia real que tienen como obras de arte y testimonios históricos, los tejidos son un elemento representativo de una cultura de variados aspectos como por ejemplo desarrollo tecnológico, iconográfico, social, etc.; y forman parte del patrimonio mueble del país" (Comité Nacional de Conservación Textil, 1990, p. 4), pudiendo entenderse que, al estar dentro de la esfera de lo cotidiano, no se encontraban al mismo nivel que otras manifestaciones artísticas y culturales. Es relevante el contenido de este primer boletín ya que muestra un panorama general del trabajo inicial en investigación y conservación textil del momento. Presenta artículos de ética en la conservación, conservación preventiva en textiles, patrimonio textil arqueológico, patrimonio textil histórico en Chile, textiles etnográficos zona sur, textiles como complemento de la imaginería religiosa.

El universo textil, por su antigüedad y extensión común a todas las culturas posee un rico y variado lenguaje, del cual algunos términos han sido tomados por la disciplina de la conservación y establecidos como lenguaje técnico, mientras que otros se han mantenido en el lenguaje más doméstico. Si bien en Chile no se ha hecho una distinción formal y explícita acerca de los términos del lenguaje profesional y los términos cotidianos, a medida que la ciencia de la conservación se desarrolla, esta diferencia se va evidenciando en aquellas palabras seleccionadas y recurrentes presentes en los informes técnicos o artículos especializados.

En lengua española, se cuenta con algunos textos que aportan terminología y que han sido usados en el área. El Centro Nacional de Conservación y Restauración (CNCR) traduce en el año 2014 un trabajo del Instituto de Conservación Canadiense, las llamadas "NOTAS del ICC", que abarcan "una gran variedad de temas relacionados con la conservación de bienes culturales" originalmente publicadas en los años 80, en inglés y francés.

También debemos mencionar el diccionario de Ana Calvo (2007), que incluye términos relacionados a la conservación y restauración en general. En éste hay cerca de 60 términos relativos al textil, principalmente tipos de fibra y técnicas, aunque también algunos tipos de alteración, la mayoría de las cuales comparten el término con otras materialidades, como *pintura de caballete* o *papel*. En otros casos, el término se presenta directamente para otra materialidad, sin mencionar su uso en textil, por ejemplo, palabras como *resecamiento* y *amarilleamiento* (Calvo, 2007).

Un referente importante en cuanto a terminología ha sido el "Manual de Conservación Preventiva de Textiles" del CNCT (2002), que en su parte final incluye un glosario con vocabulario relativo a la conservación, que considera alteraciones presentes en los textiles, entre otros términos como materiales, técnicas y procedimientos. Este manual fue difundido en las instituciones museales del país, siendo un importante referente para los conservadores a cargo de colecciones textiles. Otra publicación que aporta en este ámbito es el "Informe Catastro del Patrimonio Textil Chileno" (2002), que tuvo como objetivo principal conocer la envergadura del patrimonio textil a nivel nacional, su estado de conservación y documentación para proponer medidas tendientes a su preservación (véanse Figuras 3, 4 y 5). Para llevar a cabo los objetivos del proyecto, se realizaron visitas a terreno a cada uno de los museos, aplicando una ficha que contenía un apartado referente a la conservación de los textiles, donde se debían registrar los deterioros más comunes encontrados y su definición.

Figura 3. Portada Primer Boletín del CNCT, publicado en 1990.

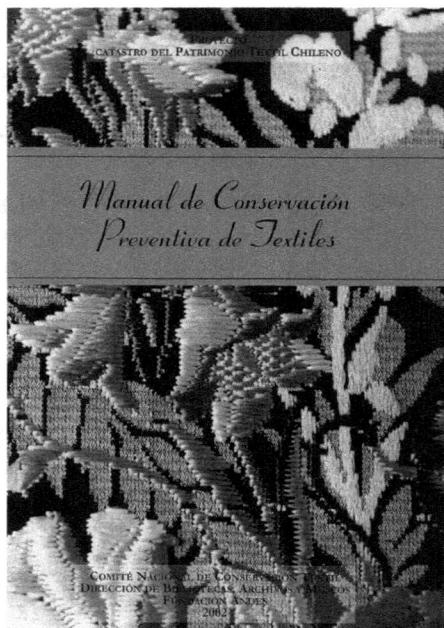

Figura 4. Manual de Conservación Preventiva de textiles. Publicación del CNCT.

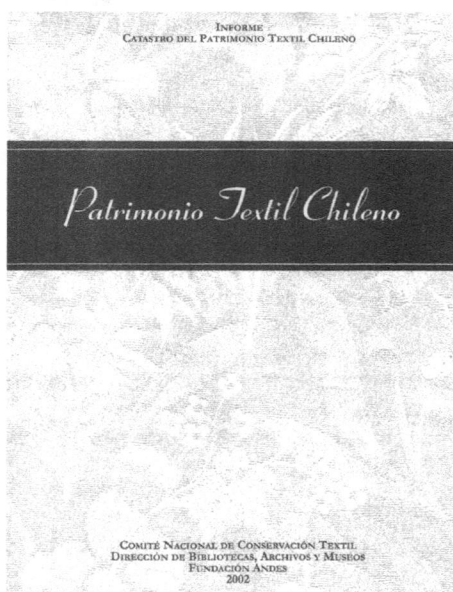

Figura 5. Catastro Patrimonio Textil Chileno. Publicación del CNCT.

Como se ha mencionado anteriormente, el lenguaje textil, por su antigüedad, su extensión y cotidianeidad, tiene asociado un enorme corpus de vocabulario, con la característica de que sus términos son ampliamente conocidos y utilizados por el común de las personas. Incluso estos términos suelen usarse asociados a temas que van más allá de la relación con lo textil, pudiendo encontrarse en frases que se repiten cotidianamente para hacer referencia a acciones, situaciones o fenómenos. Es así como, desde el ámbito textil han migrado conceptos que se han instalado en otras especialidades como la medicina o más recientemente en la tecnología.

En el ámbito de la especialidad de conservación, muchos términos de las alteraciones textiles son ampliamente conocidos por el común de las personas, a diferencia de otras áreas, donde su terminología está circunscrita a una especialidad ajena a la cotidianeidad (véase Figura 6).

Podríamos mencionar numerosos términos cotidianos y que han sido traspasados al corpus de alteraciones utilizado en conservación como *rasgadura*, *corte*, *desgarro*, *arruga*, *pliegue*, entre otros. Asimismo, se observan otros términos que son compartidos también por otras especialidades: *deformación*, *decoloración*, *amarilleamiento*, por mencionar algunos. También hay términos que podrían ser compartidos por otras especialidades, pero sólo debido a que éstas presentarían elementos textiles en su constitución como *pintura sobre tela*, o las *costuras de unión de cuadernillos* en papel y/o los *empastes de tela* en libros.

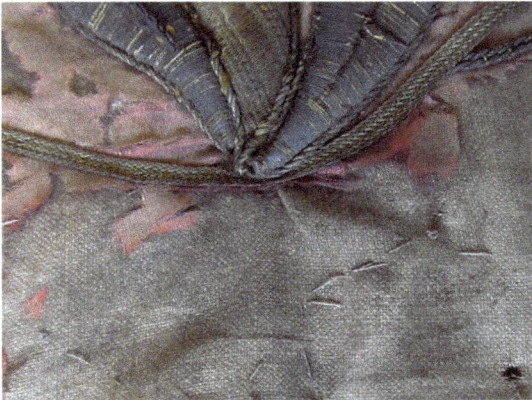

Figura 6. Textil histórico con alteraciones como *acumulación de material particulado* (polvo), *faltantes, agujeros, puntadas de reparaciones anteriores*, y *oscurecimiento de hilos metálicos* (Campos, 2018).

El lenguaje técnico en conservación textil tiende a ser más descriptivo y específico que el lenguaje textil cotidiano. Por ejemplo, un término ampliamente conocido como *remendar*, en restauración textil es reemplazado por otros términos más precisos y descriptivos de la acción como: "*consolidar* los hilados sueltos de un tejido especificando si son de trama y/o urdimbre", o en otro caso "*restituir* el faltante aplicando una tela de soporte y fijando los hilos". En todo caso, el término *remiendo*, así como también *zurcido*, hacen referencia a intervenciones anteriores que entregan información acerca del uso de un textil, de su relevancia o simplemente de su escasez, con la consecuente necesidad de prolongar su vida útil (véanse Figuras 7 y 8).

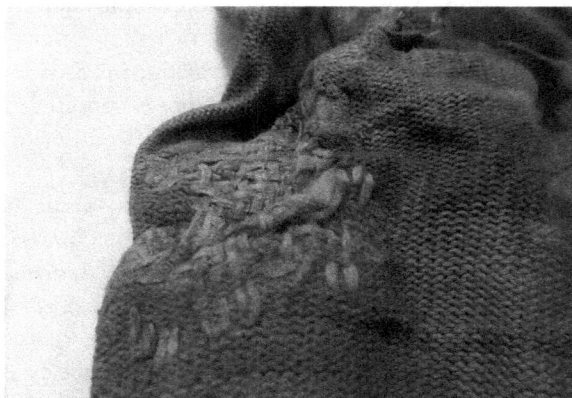

Figura 7. *Zurcido histórico* en textil patrimonial (Campos, 2019).

Figura 8. Restauración de textil con puntada *couching*, usada frecuentemente en conservación de tejidos (Campos, 2006).

Otras veces, se selecciona un término en detrimento de otro, por ejemplo, el caso de *rotura* que, si bien es utilizado en algunos informes de conservación, no es un término preferente en su uso actualmente en Chile, ya que no es tan específico para entender la naturaleza de la alteración. También está el caso de los términos *restauración* y *reparación*. Mientras que el primero es parte de las acciones de puesta en valor de un objeto patrimonial, dentro del ámbito de la profesión de la conservación, una *reparación* correspondería más a la esfera del mantenimiento de objetos no patrimoniales en el espacio cotidiano. Por otra parte, corresponde al ámbito de la información asociada al contexto de uso del objeto, sumando valor al dar cuenta de su historia.

En el campo de la arqueología, el término *reparación* es ampliamente utilizado, siendo incluso la reparación en sí misma objeto de valor, estudio y reflexión. Como ejemplo podemos mencionar la reciente exposición realizada por el Museo Chileno de Arte Precolombino, inaugurada en diciembre del 2023 "Quiebres y Reparaciones", en donde entre otros objetos, se pueden observar textiles con visibles y variados remiendos (Armstrong, 2023).

Acerca de las denominaciones textiles

Muchas de las alteraciones que sufre el patrimonio textil tienen que ver con problemas derivados del uso más que descuidos o desinterés, por lo que una gran parte del léxico en estas alteraciones se relaciona estrechamente con la comunicación cotidiana; una manera de nombrar que se deriva de una forma doméstica, característica que, como ha sido mencionado, no acontece con el lenguaje de la conservación en otras materialidades.

Esta terminología tiene también especificidad según las características particulares del patrimonio textil al que se refiera; desde un enfoque profesional como por ejemplo desde la arqueología, la historia, la etnografía, el arte contemporáneo o la conservación. También podemos agrupar términos según períodos de tiempo o si al nombrar lo estamos enfocando desde las técnicas (véase Figura 9).

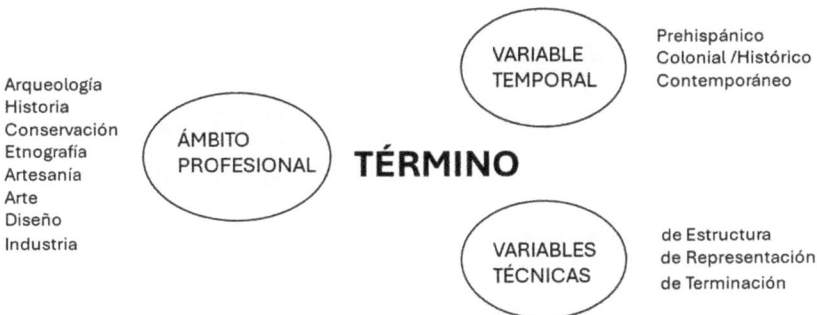

Figura 9. Gráfico relacional de variables involucradas en los términos textiles (Hoces de la Guardia, 2024).

Al abordar el problema de las denominaciones, en textil es necesario referirse a estudios realizados desde la segunda mitad del siglo XX. Irene Emery realiza un extenso trabajo publicado en 1966 que se ha constituido en la referencia de base para diferentes propuestas de clasificación y nominación de textiles. Este es uno de los pocos trabajos que tiene un enfoque lo suficientemente abierto para su aplicación con carácter más universal, aplicable a tejidos tradicionales y también contemporáneos de origen industrial. Si bien se constituye en un material muy valioso, sus denominaciones se refieren casi exclusivamente a estructuras textiles, por lo que no alcanza a cubrir todo el espectro del léxico necesario.

Por otra parte, el Centro Internacional de Estudios de Textiles Antiguos (CIETA) desde su fundación en 1954, ha buscado establecer un vocabulario preciso para las herramientas, procesos y estructuras del tejido. Dado su origen en Lyon, Francia, su enfoque se basa en estudios de textiles antiguos e históricos principalmente europeos, en los que se incorpora también la terminología de la industria de occidente, que no siempre son aplicables para el análisis de los tejidos americanos tradicionales.

En este contexto, estudios de base han sido las publicaciones de Raoul D'Harcourt sobre textiles peruanos antiguos, de 1934, originalmente en francés y más tarde traducido al inglés (1962). En la misma dirección, un trabajo más reciente es el de Anne Marie Seiler Baldinger, investigadora suiza que, con una visión más amplia, considera de manera importante los tejidos tradicionales americanos. Fue publicado inicialmente en alemán (1973) y traducido luego al inglés (1994).

A nivel local, algunos estudios dieron base para la sistematización de la terminología textil, es el caso del trabajo de tesis de la arqueóloga chilena Dra. Carolina Agüero (1994) que aporta una clasificación y denominación para los hilados que fuera inicialmente conocido como manuscrito. Otro intento lo constituye un documento de trabajo del Comité Nacional de Conservación Textil, que a partir de su reunión anual del año 1998 genera una propuesta en relación con términos textiles, basada en los estudios de la Dra. Rosa Fung[7], cuya *expertise* en la arqueología del Perú y específicamente en el estudio de las gasas precolombinas, le permitieron elaborar una clasificación que dio inicio a la discusión y ha servido de apoyo al trabajo del Comité. Este trabajo fue profundizado y comunicado en las II Jornadas de Textiles Precolombinos de Barcelona (2002).

---

[7] Arqueóloga e investigadora peruana. Ha realizado importantes estudios sobre el pasado prehispánico del Perú. Es profesora emérita de la Universidad de San Marcos.

En la línea de trabajo con textiles históricos, en el año 2001 se realizó en el Museo Histórico Nacional de Chile el curso "Estudio de Textiles Antiguos" dictado por Odile Valansot, en ese entonces secretaria general del CIETA. En esta instancia se impartió metodología y vocabulario estandarizado para el análisis y clasificación técnica, esta vez de textiles históricos.

En el año 2006, se realizan en Barcelona las III Jornadas de Textiles Precolombinos; en este encuentro se presenta y discute una nueva propuesta en la que se integran estudiosos de diferentes latitudes intentando unificar la terminología hispana de textiles. Esta se materializa en un artículo de la reconocida investigadora textil Ann Pollard Rowe, en las actas de dicha reunión. La propuesta toma como punto de partida el trabajo de Irene Emery, relevando así el mérito de este trabajo: "La gran ventaja de Emery es que es una clasificación sistemática. Ella decide de una manera lógica sobre los términos y emplea un vocabulario para describir estructuras que no tienen nombre establecido". Esta lógica se basa en el conocimiento del tejido y entendimiento de su proceso constructivo, en el que el término o descripción interpreta o guía el movimiento.

En la misma ocasión se expone y publica el análisis y propuesta de clasificación de estructuras bajo la lógica andina realizado por Sophie Desrosiers.

Una gran dificultad es que la casi totalidad de los trabajos realizados, enfocados en la terminología textil no son en idioma español y la gran mayoría de ellos se publican en inglés. Ello se relaciona también con el hecho, ya mencionado en este texto, de que los especialistas textiles de los países latinoamericanos se formaron mayoritariamente en medios de habla inglesa. Dada esta circunstancia y que el trabajo de clasificación y nomenclatura textil se ejecutó inicialmente en inglés y francés (D´Harcourt, 1934; O´Neale, 1937; Emery, 1966), como consecuencia ha determinado un orden y una lógica que ha definido la traducción al habla hispana.

Por otra parte, el paso, bastante forzado a veces, de traducción al inglés, de términos vernaculares o en español, ha sido una búsqueda por universalizar la información, lo que de algún modo "formatea" una modalidad de interpretación de los términos descritos y determina el progreso posterior de la terminología textil existente en español.

Rowe (2006) recoge una reflexión precisa de la investigadora Jane Feltham respecto a la dificultad de los idiomas:

Uno de los problemas en cualquier diccionario de equivalencias es que las lenguas germánicas fácilmente crean sustantivos, mientras que las lenguas románicas, como el español y francés, tienen que recurrir a circunlocuciones. Además, en inglés una sola palabra puede actuar como verbo, sustantivo o adjetivo (Jane Feltham citada en Rowe, 2006).

Y, desde su factura, otra de las dificultades para denominar los textiles tiene que ver con que una misma estructura puede tener procesos técnicos diferentes. El análisis de Emery establece su clasificación y nomenclatura dando mayor importancia a las estructuras por sobre las técnicas; esto porque en el caso de los artefactos textiles, ante la pérdida de orillas, imposibilita saber, con seguridad, cuál fue la técnica de tejido utilizada para su construcción. Es el caso de la técnica llamada *peinecillo* que puede ser tejida por trama o por urdimbre y estructuralmente son equivalentes pero su proceso difiere en la densidad inversa de los sistemas de hilos, urdimbre y trama. Es decir, siendo la misma relación entre ellos solo han cambiado su orientación vertical u horizontal.

Otro aporte en el trabajo de terminologías lo realiza la investigadora anteriormente nombrada Anne Marie Seiler Baldinger, que evitando imponer una denominación recopila diferentes términos, según idiomas, conformando listados para una misma técnica. En este caso la información gráfica se presenta como referente unificador, pero, aunque el listado es extenso, no alcanza a incluir algunas denominaciones de procedencia hispanoamericana, lo que en Chile es llamado *torzal*, en otros países de habla hispana es llamado *ligamento estera*, *apareado*, *encordelado*, *encordado* (véanse Figuras 10, 11 y 12).

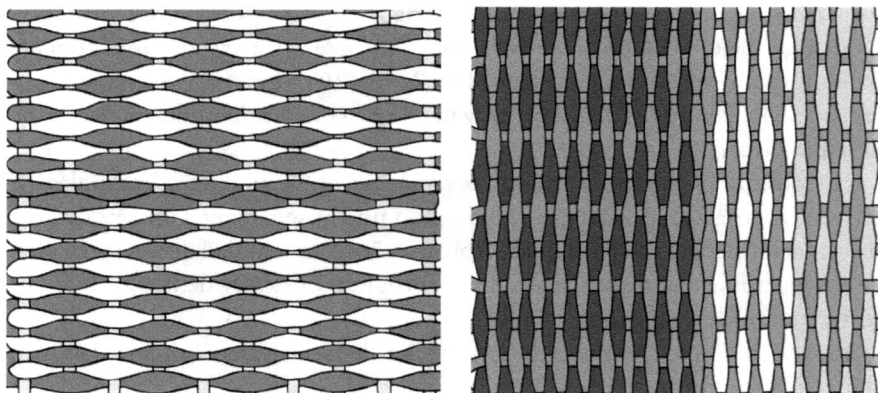

Figura 10. Ilustración de la técnica de peinecillo por trama (izquierda).

Figura 11. Ilustración de la técnica de peinecillo por urdimbre (derecha), estructuras equivalentes en las que la densidad cambia en la orientación horizontal o vertical ("Manual de Técnicas Textiles. Representación", 2016).

Fig. 118: Weft twining with staggering of weft pairs over two warp threads

Fig. 119a: Staggered weft twining with transposed warp

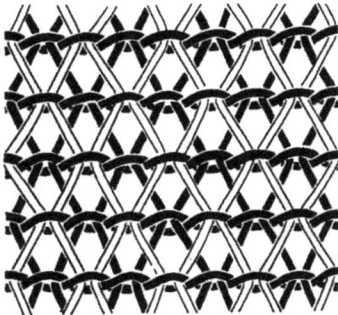
Fig. 119b: Staggered weft twining over a double, transposed warp

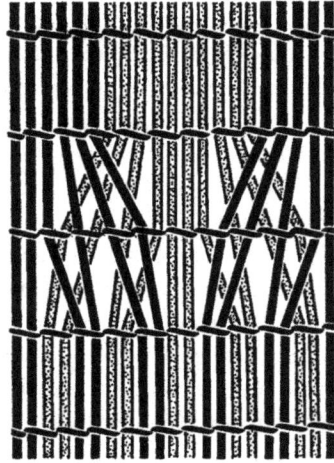
Fig. 119c: Pattern variation: staggered weft twining with transposed warp

Other terms used:
Twined weaving (Underhill 1948)
Weft-twine technique (Kent Peck 1957:477)
Fabrics with twisted weft, twining (D'Harcourt 1962:66)
Twined weave (Hodges 1964:143)
Single or double-pair twining (Pendergast 1987:14)
Taaniko (Pendergast 1987:15)
Double-twining (Cardale-Schrimpff 1972:626ff.)
Weft-faced twining (Hecht 1989:70)
Zwirnbinden des Eintrages (Seiler-Baldinger 1991:70)
Doppelfadengeflecht (Schmidt 1905)
Trames cordées (Tanavoli 1985:78)
Tissus à tramè double entrecroisée (Nooteboom 1945:1ff.)
Torcido de trama (Nardi 1975:79)
Entramado atado o cordado (Alfaro Giner 1984:116)
Ligamento de enlazado (Mirambell/Martínez 1986: Fig. 16)
Técnica de amarra (Ulloa 1985:16)
Técnica de "cadena" (Millán de Palavecino 1960: Lam. 2, Fig. 11-12)
Tejido torcido o encordado (Mora de Jaramillo 1974:336)
Trenzado con hilo doble (Susnik 1986:73)
Torção da trama (Ribeiro 1980:13)
Trançado de fio duple (Schultz 1964:208)
Twijnen (Gerlings 1952:33)
Inslagtwijnen of fitsen (Brommer 1988:90)

Figura 12. Página de la publicación de Seiler-Baldinger (1994), con detalladas ilustraciones de las variantes de la técnica de torzal y un listado de términos asociados.

Hay también publicaciones de investigadoras chilenas como Soledad Hoces de la Guardia y Paulina Brugnoli, que clasifican técnicas de terminaciones o de representación cuyo enfoque favorece acuñar los términos que expresen mejor la secuencia de movimientos necesarios para su ejecución. Estas definiciones se acompañan de ilustraciones y fotografías de reproducciones de tejido.

Un trabajo más reciente y absolutamente involucrado con sus orígenes es el detallado análisis y clasificación para las técnicas de urdimbre desarrollado por Elvira Espejo y Denise Arnold en referencia a los textiles andinos bolivianos. En él las autoras penetran en la lógica de las culturas andinas para concebir su tejido, en la que las denominaciones están involucradas con la visión y pensamiento de la cultura plasmadas en el textil, su concepción del tejido como un ser viviente e integrado a la naturaleza. Ello lo constituye en un documento cultural de gran valor y a la vez de compleja comprensión.

Un aspecto diferente y que presenta dificultades de base, tiene que ver con el vocabulario de los tejidos industriales en contraposición con el vocabulario de los textiles de origen tradicional. La integración de los términos industriales ha venido a irrumpir como otra vertiente de información terminológica que no siempre logra dialogar con las lógicas tradicionales. Ello se plasma, por ejemplo, en el trabajo de Agüero (1994) en el que para identificar ciertos nombres de hilados se recurre a términos industriales porque se desconoce la denominación originaria; así se describe material de procedencia arqueológica con palabras de origen francés como *boutoné* o *flamé* dado que no existen registros de su nominación nativa. Ello nos lleva a preguntarnos si en este esfuerzo por unificar los diferentes lenguajes de los textiles de los variados espacios de acción no corremos el riesgo de perder la riqueza de las denominaciones vernaculares.

Figura 13. Taller de anillado a tejedores tradicionales en el Cusco, en el marco del Tinkuy, 2017 (Hoces de la Guardia, 2017).

Conclusiones

El recorrido expuesto resume el esfuerzo hecho en el ámbito de las denominaciones del patrimonio textil y las diferentes variables en juego, entre ellas la multiplicidad de términos originados según su concepción técnica, expresión formal y estética, su génesis temporal y la óptica profesional.

También la interacción del lenguaje textil entre lo cotidiano y lo profesional ya que muchos términos de las alteraciones textiles son ampliamente conocidos y frecuentemente empleados por el común de las personas, a diferencia de otras áreas, donde su terminología es muy específica y ajena a la cotidianeidad. Así, en el material textil el lenguaje coloquial influyó de manera directa en el registro y fichajes de diferentes instituciones, en que la manera antigua de nombrar el deterioro y/o alteraciones de una prenda tejida ocupara términos cotidianos como rotura o zurcido, denominaciones claramente domésticas. Variable que, debemos hacer notar, sigue presente, si la RAE registra "coser" como antónimo de "desgarro, rajar y/o rasgar".

Otra dificultad presente en el lenguaje textil utilizado en el ámbito particular del CNCT es la variedad de profesionales que lo constituyen, lo que ha ido enriqueciendo la conversación en torno a los textiles, a la vez que complejizando nuestro entendimiento, ello sumado al hecho de que muchas socias provienen de distintos países hispanoparlantes, cada uno con su propio sello cultural.

Vemos cómo, en una búsqueda por facilitar la comprensión, el ejercicio por transversalizar los términos lleva por otra parte a un empobrecimiento de los lenguajes textiles concebidos desde una lógica cultural particular. Ello es evidente cuando se toma como punto de partida, por ejemplo, el idioma inglés y se está trabajando con material textil de culturas originarias.

Y finalmente, frente a estas dificultades se constata que el lenguaje visual/gráfico es universal y un apoyo fundamental porque frente a un proceso de enseñanza y aprendizaje, la diferente formación o procedencia cultural puede impedir una adecuada comunicación. Por ejemplo, en el caso de un curso dictado por quienes escriben para tejedores y tejedoras quechua hablantes en Cuzco en el año 2017, las imágenes e ilustraciones fueron el modo de comunicación más fructífero (véase Figura 13).

Bibliografía

Agüero, C. (1994). Madejas, hilados y pelos: los turbantes del Formativo Temprano en Arica, norte de Chile. [Tesis para optar al título Profesional de Arqueóloga], Departamento de Antropología, Facultad de Ciencias Sociales, Universidad de Chile, Santiago.

Armstrong, F. & Alvarado, C. (2023). *Quiebres y Reparaciones. Catálogo de Exposición Museo Chileno de Arte Precolombino*. Santiago. Recuperado de: https://museo.precolombino.cl/wp-content/uploads/2023/12/Catalogo-QyR-esp_protected.pdf.

Berenguer, J. (2011). *Compartiendo Memoria: 30 años del Museo Chileno de Arte Precolombino*. Museo Chileno de Arte Precolombino, Fondo Nacional de Desarrollo Cultural y de las Artes, Santiago. Recuperado de: https://www. academia.edu/18857453/Compartiendo_memoria_30_a%C3%B1os_del_Museo_Chileno_de_Arte_Precolombino.

Calvo, A. (2007). *Conservación y restauración. Materiales y procedimientos de la A a la Z*. Ediciones del Serbal, España.

Comité Nacional de Conservación Textil (2002). *Manual de Conservación Preventiva de Textiles. Proyecto Catastro del Patrimonio Textil Chileno*. Dirección de Bibliotecas y Museos, Fundación Andes.

Comité Nacional de Conservación Textil (2002). *Catastro del Patrimonio Textil Chileno. Informe Catastro del Patrimonio Textil Chileno*. Dirección de Bibliotecas, Archivos y Museos, Fundación Andes.

Comité Nacional de Conservación Textil (1990). *Boletín informativo del Comité Nacional de Conservación Textil*.

Cortés, E. (1990). Historia de la Conservación de Textiles Arqueológicos en América Latina. *Boletín Museo del Oro*, (28), 93–105.

Desrosiers, S. (2006). Clasificaciones de las estructuras textiles y Lógicas andinas. En *Actas de las III Jornadas sobre Textiles Precolombinos*, Barcelona: 427–442.

Emery I. (1996). *The Primary Structures of Fabrics: An Illustrated Classification Illustrated Edición*. Thames and Hudson.

Fung, R. (2002). Clasificación y terminología en español de tejidos precolombinos. En *Actas de las II Jornadas sobre Textiles Precolombinos*, Barcelona: 391–399.

Garretón, M. & Stutzin, N. (2014). Inventarios y Registros: Recorrido Arqueológico por las plazas de juego de Aldo Van Eyck en Amsterdam. *Revista 180*, (33).

Hoces de la Guardia, S. & Brugnoli, P. (2006). *Manual de Técnicas Textiles Andinas: Terminaciones. Consejo Nacional de la Cultura y de las Artes, Museo Chileno de Arte Precolombino*. Proyecto Fondecyt Santiago de Chile.

Müller, E. (2023). *Pasado de Moda. Historias de una Colección. Catálogo de exposición Museo Histórico Nacional*. Santiago.

O'Neale, L. M. (1937). Archaeological Explorations in Peru. III: Textiles of the Early Nazca Period. *Anthropology Memoirs*, 2(3), 119–218.

Rowe, A. (2006). Términos textiles en castellano. En *Actas de las III Jornadas de Textiles Precolombinos*, Barcelona: 443–469.

Seiler-Baldinger, A. (1994). *Textiles. A Classification of Techniques*. Smithsonian Institution Press, USA.

VI. Conservación y restauración: la variación terminológica de los conceptos clave en el contexto de los profesionales chilenos

Silvana Bojanoski

RESUMEN

Se presenta una discusión sobre la variación de los términos *conservación* y *restauración* a partir de un análisis terminológico puntual realizado en los textos y artículos de la *Revista Conserva*, publicada por la institución chilena Centro Nacional de Conservación y Restauración (CNCR). Se utiliza como parámetro de comparación la resolución "Terminology to characterize the conservation of tangible cultural heritage", elaborada y divulgada en 2009 por el *International Council of Museums – Committee for Conservation* (ICOM-CC). Esta discusión pone de relieve la importancia de los términos en la estructuración de un área de conocimiento especializado y en los procesos de comunicación entre profesionales y con la comunidad en general.

ABSTRACT

This paper presents a discussion on the variation of the terms conservación and restauración based on a specific terminological analysis carried out in the texts and articles of the journal Conserva, published by the Chilean institution Centro Nacional de Conservación y Restauración (CNCR). The Resolution Terminology to characterize the conservation of tangible cultural heritage, elaborated and disseminated in 2009 by the International Council of Museums – Committee for Conservation (ICOM-CC), is used as a comparison parameter. This discussion highlights the importance of the terms in the structuring of a specialized knowledge area and in the communication processes among professionals and with the community in general.

Introducción

Los términos *conservación* y *restauración* se relacionan con los conceptos clave que sintetizan los fundamentos teóricos, metodologías y decisiones adoptadas para la salvaguarda de los bienes culturales que constituyen el patrimonio cultural. Estos términos, separados o en combinación, también se relacionan con las acciones y procedimientos realizados por profesionales de diversas áreas, en un campo que se caracteriza por ser inherentemente multidisciplinario. En este texto se discuten las variantes de estos términos como parte del proceso de conformación de un área de conocimiento especializada –la conservación-restauración[1]–, la cual, además de establecer sus presupuestos teóricos-metodológicos, definir su objeto

---

[1]   Al considerar las cuestiones de este artículo, se ve necesario elegir el término que nombra la disciplina - conservación-restauración – esto explica el posicionamiento conceptual y profesional dentro del campo del patrimonio cultural.

y delimitar el campo de actuación de sus profesionales, también exige necesariamente la construcción de un vocabulario propio.

Se observa que existe en el área una polisemia de los términos que la definen
que resultan de distintas influencias teórico-conceptuales, contextos sociales e
históricos prevalentes en los diferentes países y en las diversas instituciones y
tipología de bienes culturales y acervos que constituyen el patrimonio cultural.
El análisis y la discusión de estas variaciones terminológicas son importantes porque permiten comprender cómo estos términos circulan y son adoptados por los
profesionales en distintos contextos. Esto posibilita fundamentar la armonización
de la terminología utilizada en la comunicación entre los profesionales del área,
con los profesionales de áreas afines, y, especialmente, con los diversos agentes
sociales que actúan e interactúan dentro del campo del patrimonio cultural.

Un estudio terminológico puntual: presupuestos teóricos y metodología

La propuesta de este texto es presentar los resultados de un análisis terminológico
puntual[2] sobre los términos estructurales del área presentes en el corpus textual
conformado por los artículos de la *Revista Conserva*, publicados en el período de
1997 a 2019 por el Centro Nacional de Conservación y Restauración (CNCR).

En la metodología se adoptó como parámetro de referencia y comparación
del uso de los términos la resolución titulada "Terminology to characterize the
conservation of tangible cultural heritage", divulgada en 2009 por el *International
Council of Museums – Committee for Conservation* (ICOM-CC), que buscó resolver problemas relacionados con la polisemia y la diseminación desordenada de
términos dentro del área[3].

---

[2] Cabré (1993, p. 339–340) afirma que los trabajos terminológicos pueden clasificarse como
puntuales o sistemáticos, considerando los criterios de número de términos y la motivación
inicial. Según esta autora, el trabajo puntual generalmente está motivado por la necesidad
de resolver un problema o una duda terminológica y trabaja con un número reducido
de términos. Por otro lado, el trabajo sistemático de terminología se lleva a cabo con la
finalidad de recopilar de forma estructurada un número grande de términos que, dentro
de un área o subárea temática, designan nociones específicas.

[3] En la resolución del *International Council of Museums – Committee for Conservation* (2009b),
se ejemplifica la polisemia de términos identificados en el área: *'conservación no interventiva'*,
'conservación indirecta', *'conservación pasiva'*, *'cuidado de colecciones'*, *'preservación'*, *'conserva-
ción preventiva'*, *'manutención'*, *'preservación indirecta'*, *'conservación activa'*, *'conservación'*, *'con-
servación directa'*, *'conservación interventiva'*, *'conservación reparadora'*, *'conservación curativa'*,
'estabilización', *'tratamiento'*, *'preservación directa'*, *'reparación'*, *'rehabilitación'*, *'renovación'*,
'conservación-restauración', etc.

En el análisis terminológico del corpus Revista Conserva se adoptó como referencial teórico la Teoría Comunicativa de la Terminología (TCT), la cual propone que las unidades terminológicas son multifacéticas, siendo al mismo tiempo unidades de conocimiento, de lenguaje y de comunicación (Cabré, 2003, p. 184). También se consideró el enfoque propuesto por la Socioterminología, la cual propone una terminología basada en la observación del funcionamiento del lenguaje y en el estudio de las condiciones de circulación social de los términos, ya que los términos circulan en un «mercado de significados» de las ciencias y de las técnicas (Gaudin, 1993). Desde esta perspectiva, la circulación de los términos se considera bajo el ángulo de la diversidad de sus usos sociales, lo que incluye tanto el estudio de las condiciones de circulación como de apropiación de los términos, considerados como signos lingüísticos, y no como etiquetas conceptuales (Gaudin, 2005).

Considerando un enfoque lingüístico y descriptivo, tanto la TCT como la Socioterminología analizan las unidades de significado especializadas a partir de su contexto sociocultural y reconocen la variación terminológica como aspecto y característica fundamental para entender las múltiples y diversificadas situaciones de comunicación del mundo contemporáneo.

En resumen, la propuesta es analizar la variación, circulación y apropiación de los términos en el contexto de la estructuración de la conservación-restauración como área especializada, teniendo como recorte un contexto específico, las instituciones y profesionales de Chile.

Desde la etimología hasta los usos específicos de los términos en el campo del patrimonio cultural

Los verbos *conservar* y *restaurar* son conceptual y etimológicamente distintos. Según consta en el léxico general de las lenguas, *conservar* indica mantener algo sin alteración, mientras que *restaurar* se relaciona con recuperar algo que se perdió. Etimológicamente, estas palabras de origen latino tienen registros relativamente antiguos. El elemento de composición *restaur* aparece en vocabularios desde el siglo XIV con el sentido de "reparar", "arreglar", "renovar". Por otro lado, el componente *serv*, del verbo latino *servo*, forma parte de *conservar* (registrada en 1344), así como de *preservar* (registrada a partir de 1665) y tiene el sentido de "preservar", "salvar", "asegurar la salud o la conservación de", "no perder de vista", "observar" (Houaiss y Villar, 2001).

Los sustantivos *preservación, conservación y restauración* –como acto o efecto de "preservar", "conservar" o "restaurar"–, mantienen la esencia del significado original, pero pueden asumir la función de términos especializados en distintos ámbitos de conocimiento. Así, debido a la riqueza de las lenguas y a las diversidades resultantes de la variación terminológica, los mismos vocablos pueden relacionarse a diferentes conceptos y fenómenos, en áreas tan distintas como ecología, salud, nutrición y patrimonio cultural, pudiendo hablarse, por ejemplo, de *conservación ambiental, restauración ecológica, conservación alimentaria, restauración dental, conservación preventiva*, entre muchos otros.

En el campo del patrimonio cultural desde el siglo XIX, especialmente en el contexto europeo, hubo intensas discusiones teóricas, conceptuales y éticas sobre los términos *preservación* y *conservación*, a menudo utilizados como sinónimos, y *restauración*, ya que se relacionan a las diferentes abordajes y tratamientos que se podían o debían realizar en los bienes arquitectónicos y artísticos. Según Choay (2001), en esa época se observa el enfrentamiento entre dos doctrinas: una intervencionista, que predomina en la mayoría de los países europeos, y otra anti-intervencionista, más propia de Inglaterra. Macarrón Miguel y González Mozo (2011, p. 55) señalan que por un lado estaban los partidarios de la restauración radical, con el reto de recuperar lo «original». Por otro lado, estaban los defensores de una intervención mínima, más conservadora, para mantener lo que era original, con un criterio más arqueológico y respetuoso, atendiendo a las exigencias de autenticidad estética e histórica.

En el siglo XX, a medida que el concepto de patrimonio cultural se expandió, tanto en términos territoriales como en tipologías de bienes culturales a ser protegidos y preservados, las discusiones teóricas adquirieron matices, volviendo más compleja la distinción entre los límites de la conservación y de la restauración. Hoy día, desde un cambio en los paradigmas del área, la tendencia es considerar la conservación y la restauración como integradas, complementarias e interdependientes y, de ninguna manera, excluyentes (Vaccaro, 1996, p. 327).

Es importante observar que en el corazón de los procesos de patrimonialización está la propuesta de preservar determinados bienes culturales para las futuras generaciones. Se parte del presupuesto, presente en todos los códigos de ética formulados por instituciones y asociaciones profesionales del área, de que es necesario primero preservar/conservar y solo en situaciones muy específicas realizar procedimientos de restauración. En este sentido, los términos generalmente utilizados como sinónimos –*preservación* o *conservación*– preceden a todas las acciones y medidas realizadas en el patrimonio cultural. Sin embargo, como se verá, estas premisas no necesariamente se aplican, por ejemplo, para denominar a la disciplina o área especializada.

En realidad, se observa que en el área están muchas ambigüedades en el uso de los términos, especialmente en situaciones de comunicación que involucran diferentes lenguas y tradiciones, con la prevalencia, por ejemplo, de la forma *conservation* en los países de tradición anglosajona y *restauración* en los países latinos.

La elección del término *restauración* puede ser ejemplificada en los textos del profesor Salvador Muñoz Viñas, uno de los teóricos contemporáneos más importantes del área. En el primer capítulo de la versión en español de su paradigmático libro Teoría Contemporánea de la Restauración, el autor comienza con una nota preliminar para explicar sus elecciones terminológicas. En sus palabras:

> En español, y en otros idiomas latinos, el término restauración se emplea indistintamente para describir tanto el conjunto de actividades propias del restaurador (lo que a veces se ha denominado conservación y restauración –éste es el sentido en que se emplea en el título de este libro–) como la restauración propiamente dicha — es decir, como una actividad propia del restaurador pero opuesta a otras como la conservación o la conservación preventiva (Muñoz Viñas, 2010, p. 17).

El autor está de acuerdo que estas circunstancias producen confusiones porque no siempre es posible distinguir con claridad en qué sentido se está empleando la expresión. Pero aclara que, por cuestiones de eufonía y tradición, en su libro, utilizará Restauración, con mayúscula inicial, cuando se refiera al sentido más amplio del área y restauración, con minúscula inicial, para los procedimientos específicos.

Es interesante notar que, en una versión anterior de este mismo libro, publicada en inglés con el título *Contemporary Theory of Conservation* (Muñoz Viñas, 2005), se utiliza el término *conservation* con el sentido propuesto para la Restauración en su versión en español. Esta situación ilustra la diversidad de usos y traducciones de los términos que pueden variar en los diferentes contextos y situaciones de comunicación dentro de la misma área de especialidad.

Otros ejemplos de las variaciones derivadas de la influencia de las tradiciones anglosajona y latina se pueden observar en las diferentes denominaciones de los organismos e instituciones creadas a lo largo del siglo XX, como por ejemplo: Istituto Centrale del Restauro – ICR (Italia), *International Institute for Conservation of Historic and Artistic Works* – IIC (Inglaterra), *American Institute for Conservation of Historic and Artistic Works* – AIC (Estados Unidos), *The Canadian Conservation Institute* – CCI (Canadá), Centro Nacional de Conservación y Restauración – CNCR (Chile), entre otros.

Terminología definida por el *International Council of Museums – Committee for Conservation* (ICOM-CC): una propuesta para la armonización de los términos a nivel internacional

La polisemia de los términos es natural en las lenguas, pero se convierte en un problema a resolverse cuando, en un mundo globalizado, interfiere en los procesos de comunicación, ya sea entre los profesionales, con otros agentes que trabajan en el campo patrimonial o con el público en general. Es este tipo de problema de comunicación el que justificó que los miembros del *International Council of Museums – Committee for Conservation* (ICOM-CC) elaboraran y divulgaran en 2009 la resolución titulada "Terminology to characterize the conservation of tangible cultural heritage". Al mismo tiempo, el ICOM-CC publicó un texto titulado "Commentary on the ICOM-CC Resolution on Terminology for Conservation" (ICOM-CC, 2009a), en que se explica el proceso que resultó en la propuesta final de definición de los términos.

En 2006, desde una necesidad interna de establecer algunos términos del área, la dirección del ICOM-CC definió un grupo de trabajo para estudiar la cuestión de los términos considerados esenciales. Según los documentos divulgados, la motivación de la discusión fue el crecimiento significativo de la comunidad en tamaño y diversidad de profesiones y culturas representadas; el creciente protagonismo del público en la salvaguardia del patrimonio cultural; y, por último, la identificación de la multiplicación desordenada de la terminología, resultando en confusión y malentendidos entre los profesionales (ICOM-CC, 2009b).

Sin embargo, ICOM-CC aclaró que no tenía una intención prescriptiva ni de reformulación de los principios de conservación ya establecidos en las diferentes culturas y países. Según el texto:

> No es nuestra intención interferir con las terminologías de conservación locales que ya se utilizan en muchos países, algunas de las cuales están claramente definidas en un código de ética profesional nacional. Tampoco es nuestra intención ser prescriptivos o reformular los principios de conservación (ICOM-CC, 2009a. Traducción de la autora.)[4].

Según Güichen (2007), el grupo de trabajo formado por miembros de diversos países y orígenes elaboró un documento que pasó por varias instancias de discusión y revisión. Finalmente, la resolución fue aprobada en la Asamblea General

---

[4] En el original: "It is not our intention to interfere with the local conservation terminologies already in use in many countries, some of which are clearly defined in a national professional code of ethics. It is also not our intention to be prescriptive, or to re-formulate conservation principles" (ICOM-CC, 2009a).

de la Conferencia Trienal del ICOM-CC, celebrada en Nueva Delhi en septiembre de 2008 y divulgada en 2009.

Al final, la resolución del ICOM-CC, en su versión en inglés, estableció el término hiperónimo *conservation*, que tiene un sentido más amplio y abarcador, al cual están ligados tres términos hipónimos[5], con sentidos más específicos: *preventive conservation, remedial conservation* y *restoration*. En las traducciones, al francés: *conservation-restauration, conservation preventive, conservation curative, restauration*; y al español: *conservación, conservación preventiva, conservación curativa, restauración* (ICOM-CC, 2009b, 2009c, 2009d).

También se elaboraron las definiciones, teniendo como criterio las acciones y medidas habitualmente empleadas al patrimonio cultural tangible. De acuerdo con el documento traducido al español:

Conservación: todas aquellas medidas o acciones que tengan como objetivo la salvaguarda del patrimonio cultural tangible, asegurando su accesibilidad a generaciones presentes y futuras. La conservación comprende la conservación preventiva, la conservación curativa y la restauración. Todas estas medidas y acciones deberán respetar el significado y las propiedades físicas del bien cultural en cuestión.

Conservación preventiva: todas aquellas medidas y acciones que tengan como objetivo evitar o minimizar futuros deterioros o pérdidas. Se realizan sobre el contexto o el área circundante al bien, o más frecuentemente un grupo de bienes, sin tener en cuenta su edad o condición. Estas medidas y acciones son indirectas.

Conservación curativa: todas aquellas acciones aplicadas de manera directa sobre un bien o un grupo de bienes culturales que tengan como objetivo detener los procesos dañinos presentes o reforzar su estructura. Estas acciones solo se realizan cuando los bienes se encuentran en un estado de notable fragilidad o se están deteriorando a un ritmo elevado, por lo que podrían perderse en un tiempo relativamente breve. Estas acciones a veces modifican el aspecto de los bienes.

Restauración: Todas aquellas acciones aplicadas de manera directa a un bien individual y estable, que tengan como objetivo facilitar su apreciación, comprensión y uso. Estas acciones solo se realizan cuando el bien ha perdido una parte de su significado o función a través de una alteración o un deterioro pasados. Se basan en el respeto del material original. En la mayoría de los casos, estas acciones modifican el aspecto del bien (ICOM-CC, 2009b).

---

[5] En la Semántica, que estudia los significados de las palabras, las relaciones establecidas entre hiperónimo e hipónimo indican un sentido más genérico y amplio para el primero, y un sentido más específico para el segundo.

En la Figura 1, con el objetivo de mostrar visualmente las relaciones entre los términos, se presenta un gráfico que sintetiza la propuesta terminológica en inglés, con los términos hiperónimo e hipónimos y sus respectivas traducciones a los otros dos idiomas oficiales del ICOM-CC.

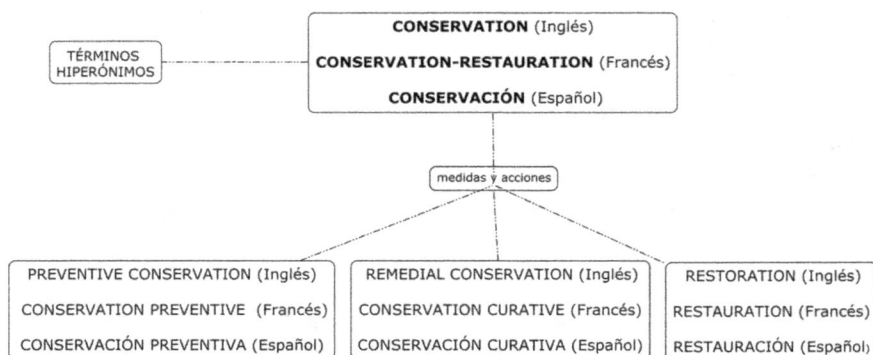

Figura 1. Estructura de organización de los términos estructurales del área propuestos por el ICOM-CC.

En los documentos divulgados sobre las elecciones de los términos es posible observar las discusiones conceptuales que naturalmente ocurrieron en el proceso de búsqueda de armonización terminológica. Aunque en la resolución no haya una explicación sobre las traducciones, se observa que en la lengua española prevaleció el término hiperónimo asociado a la tradición anglosajona en una traducción directa (*conservación*), mientras que en la traducción al francés se adoptó la unión de los dos términos (*conservation-restauration*).

Al tratarse de un organismo internacional, es natural que su recomendación sea parcial o íntegramente asimilada por las comunidades profesionales. El grado de apropiación de los términos recomendados en una comunidad específica puede servir como un indicador significativo, aunque no sea el único, de la circulación de los términos. En los próximos párrafos se discute cómo los términos propuestos por el ICOM-CC fueron o no apropiados por los profesionales del campo patrimonial chileno, a partir del análisis terminológico realizado en el corpus Revista Conserva.

Aplicación del análisis terminológico en el corpus de la Revista Conserva y los resultados obtenidos

La adecuada conformación del corpus textual y la posterior extracción y análisis de los términos son etapas fundamentales para el estudio terminológico, siendo importante justificar la metodología adoptada. La construcción de un corpus para el análisis terminológico, según varios autores (Aluísio y Almeida, 2006; Barros, 2004; Cabré, 1993), obedece a varios requisitos, tales como: representatividad en el campo de estudio, autoridad, representatividad temporal, autenticidad, cantidad de palabras, equilibrio, entre otros.

Para la creación del corpus de estudio, se consideró que los artículos y textos de la Revista Conserva están clasificados como altamente especializados, ya que pertenecen al género técnico-científico y están dirigidos a un público de expertos, cuyos temas recurrentes son las metodologías y resultados de proyectos de conservación y/o restauración en una amplia tipología de bienes culturales.

Sobre el criterio de la representatividad, los textos que conforman un corpus deben reflejar las características lingüísticas de la comunidad cuyo idioma se analiza. En este sentido, la Revista Conserva es editada por un centro de referencia del área en Chile, circula y tiene gran aceptación en otros países de América Latina. La revista también tiene representatividad temporal, ya que comenzó en el año 1997 y fue publicada continuamente hasta 2019, por un período que permite realizar incluso un análisis diacrónico de los términos.

El criterio de autoridad está garantizado considerando que los autores son expertos de diversas disciplinas relacionadas con el campo patrimonial, siendo muchos de ellos con formación en conservación-restauración y un número significativo de profesionales vinculados al CNCR. Además, como revista científica, cuenta con un comité editorial y de evaluación de los artículos aceptados para publicación.

Sobre la autenticidad, se recomienda que los textos sean escritos por hablantes nativos. La Revista Conserva publica artículos en español y portugués, de autores provenientes de varios países. Sin embargo, el análisis terminológico se realizó solo en 179 textos escritos en español, por autores chilenos[6].

Con relación al tamaño, el corpus Revista Conserva tiene 731.000 palabras, pudiendo ser clasificado como un corpus de tamaño medio[7] lo que garantiza un número razonable de ocurrencias de palabras comunes del área especializada.

Después de la etapa de preparación del corpus, se realizó la búsqueda de los términos en estudio utilizando las herramientas terminológicas del *Sketch Engine*, las cuales emplean cálculos matemáticos para identificar en los textos lo que es

---

[6] Los 179 textos usados en el estudio corresponden al 81,7% de los artículos publicados por la Revista Conserva.

[7] Berber Sardinha (2002) sugiere la clasificación de los *corpora* en lo que toca al número de palabras a continuación: Pequeño - menos de 80 mil; Pequeño-mediano - 80 a 250 mil; Mediano 250 mil a 1 millón; Mediano-grande de 1 a 10 millones; Grande a partir de 10 millones (p. 119).

de uso típico, raro, inusual o emergente en el lenguaje[8]. Con la ayuda de estas herramientas es posible, por ejemplo, identificar y cuantificar en los textos del área especializada el número de ocurrencias (frecuencia) y su respectiva puntuación (*score*) generada a partir de la comparación con un corpus de referencia, analizar las palabras que ocurren junto a los términos y también sus contextos.

Se realizaron búsquedas de los términos propuestos en la resolución del ICOM-CC traducidos al español: *conservación, conservación preventiva, conservación curativa, restauración*. También se incluyeron en las búsquedas la expresión terminológica con los dos términos (*conservación y restauración*) y las posibles variantes *preservación* y *conservación-restauración*.

En la Tabla 1 se presentan los resultados de frecuencia y puntajes obtenidos con la extracción de términos.

Tabla 1. Resultado de la extracción de términos en la herramienta *Sketch Engine*

Términos	Frecuencia	Score
conservación	2780	91.7
restauración	1492	85.5
conservación preventiva	156	169.7
conservación curativa	3	-
preservación	374	55.8
conservación-restauración	85	100.1
conservación y restauración[1]	292	-

Para profundizar en el análisis de los resultados y comprender las diversas acepciones y sentidos utilizados por los autores, se buscó agrupar las palabras asociadas a los términos considerando relaciones de sinonimia o similitud

---

[8] *Sketch Engine* es una herramienta online a la que se puede tener acceso en el enlace a continuación: https://www.sketchengine.eu/#blue.

identificadas con la ayuda de la herramienta *Word Sketch*. Los resultados se muestran en la Tabla 2.

Tabla 2. Palabras relacionadas con los términos en estudio

TÉRMINO	PALABRAS
conservación	– estado, condición, – intervención, procedimiento, tratamiento, – proceso, acción, medida, trabajo – área, campo
restauración	– intervención, tratamiento, procedimiento – proceso, proyecto, trabajo, – teoría
conservación preventiva	– acción, medida, proyecto, trabajo – programa
preservación	– condición, situación – estrategia, medida
conservación-restauración	– disciplina, campo – teoría – profesional
conservación y restauración	– intervención, procedimiento, tratamiento, – acción, proceso, trabajo – área

Posteriormente, para comprender los usos específicos de los términos y de las palabras asociadas a ellos, se analizaron sus contextos directamente en el corpus con la ayuda de la herramienta *Concordance* de *Sketch Engine*. La recopilación y organización de esta información terminológica permite entender las particularidades del uso de los términos en el ámbito de los profesionales chilenos, como se mostrará en el próximo apartado.

Uso, apropiación y circulación de los términos estructurales del área en el contexto de Chile

Las comunidades profesionales, aunque poseen características específicas resultantes de sus propios procesos históricos y culturales, también influyen o son influenciadas por otras instituciones, contextos, teorías y conceptos que circulan en un mundo globalizado. Tales mediaciones tienden a repercutir en alguna medida en los términos especializados del grupo profesional. Por este motivo, se utilizó la resolución de un organismo de actuación internacional como referencia para evaluar los usos de los términos por parte de los profesionales chilenos.

En el estudio terminológico del corpus Revista Conserva, se observa que los términos *conservación* y *restauración*[9] cuando se analizan por separado, tienen una frecuencia alta y puntajes cercanos (91.7 y 85.5, respectivamente), lo cual era esperado al ser los términos clave del área.

Sin embargo, la expresión terminológica con los dos términos juntos – *conservación y restauración*–, aunque no pudo generar un puntaje, alcanzó una frecuencia relativamente alta (265), lo que indica un uso significativo por parte de los profesionales chilenos. Se entiende que el uso de ambos términos asociados no es casual, puesto que ya formaban parte del nombre de la institución –Centro Nacional de Conservación y Restauración– desde 1982, cuando fue fundada "con el objetivo de organizar y ejecutar políticas en conservación y restauración del patrimonio a nivel nacional" (CNCR, 2022). Esta situación indica una tendencia en diversos ámbitos a acercar los dos términos como estrategia para integrar las tradiciones latina y anglosajona.

En la Tabla 2 se observa que los términos –*conservación, restauración, conservación y restauración*– están asociados con dos grupos de palabras: *intervención/procedimiento/tratamiento* y *proceso/proyecto/trabajo*. Al mirarse a los contextos, se puede verificar que los términos están relacionados con las acciones específicas y medidas aplicadas directamente a los bienes culturales, con acepciones similares a los términos *conservación curativa* y *restauración* de la resolución del ICOM-CC (2009b).

Sin embargo, el término *conservación* en el corpus también adquiere una función multidimensional, ya que está asociado con varias combinaciones y acepciones,

---

9   En la extracción de los términos se excluyó las ocurrencias con nombres de eventos e instituciones, ya que hay un gran número de referencias, por ejemplo, el nombre del Centro Nacional de Conservación y Restauración.

pudiendo referirse tanto a la denominación del área o campo de conocimiento, al estado o condición de los bienes, a las acciones más generales y a los procedimientos específicos. En este sentido, el término tiene tanto la función de hiperónimo, como en la resolución del ICOM-CC (2009b), así como de hipónimo, similar a la definición de *conservación curativa*. Como se observa en la Tabla 1, el término *conservación curativa* presentó una frecuencia muy baja en el corpus, lo que resultó en ninguna puntuación, indicando que no es un término utilizado por los profesionales chilenos.

A su vez, la combinación de los términos en la forma *conservación-restauración*, aunque menos frecuente en el corpus, presenta una puntuación alta (100.1). Esto representa nuevamente la estrategia de integrar las tradiciones anglosajona y latina, equivalente a la traducción francesa –*conservation-restauration*– del término hiperónimo anglosajón *conservation*. Pero se observó que este término tiene ocurrencias en el corpus mucho antes de la aprobación de la resolución del ICOM-CC (2009b). Se identificó su uso desde el año 2000, apareciendo posteriormente con frecuencia en los editoriales e informes de actividades, dos temas siempre bajo la responsabilidad de los directores o profesionales del CNCR. En su mayoría son textos sobre la formación profesional e implementación de cursos universitarios en el área, lo que justifica su asociación con las palabras *disciplina/campo/teoría/profesional*, según se indica en la Tabla 2. La forma de los términos yuxtapuestos ya estaba presente en el documento "The Conservator-Restorer: a definition of the profesión" (ICOM-CC, 1984), que estableció los principios y requisitos para la profesión, así como el término que define al profesional, en el cual los dos términos asociados a las tradiciones anglosajona y latina –*conservador* y *restaurador*– aparecen unidos por un guión: *conservador-restaurador*[10].

El uso del término *conservación-restauración* como hiperónimo fue considerado en la elaboración de la resolución del ICOM-CC (2009a), considerando las conexiones intrínsecas de los dos términos. Sin embargo, no fue adoptado, con la siguiente justificación:

"Conservación-Restauración" es la palabra utilizada en el código de ética europeo ECCO. Está en línea con el documento del ICOM-CC que define la profesión de "Conservador-Restaurador" (Copenhague, 1984). "Conservación-Restauración" implica que las acciones de conservación y restauración están intrínsecamente vinculadas. Sin embargo, se trata

---

[10] Acerca de las cuestiones sobre variación terminológica que definen el profesional del área ver: Bojanoski, Michelon y Bevilacqua (2018).

sólo de un compromiso histórico sobre un título profesional (entre el sur y el norte de Europa). La palabra es algo torpe y pesada, no es fácil de usar y, por lo tanto, no es fácil de comunicar con personas no profesionales, como los periodistas o el público. (ICOM-CC, 2009a. Traducción de la autora.)[11].

En el corpus Revista Conserva, la opción de utilizar la forma unificada de los términos aparece con una buena puntuación, aunque no es la única, ya que la expresión terminológica *conservación y restauración* tiene la misma acepción en los textos analizados. Se entiende que existe una sutil diferencia entre las dos formas –*conservación y restauración* y *conservación-restauración*– ya que el uso del guión indica unión, mientras que en la primera forma los términos siguen separados, aunque aproximados por la conjunción aditiva "y".

Al analizar el término *conservación preventiva*, se observa que tiene la puntuación más alta (169.7) en el corpus, lo que indica que es un término altamente especializado en el área. Se trata de una actividad ya bien consolidada en el área y que no genera muchas variaciones. En las palabras que acompañan al término, como en los contextos del corpus, se observa que su uso está alineado con la definición propuesta por la resolución del ICOM-CC (2009b).

Por último, el término *preservación*, aunque tiene una ocurrencia y puntuación (55.8) menor en comparación con los otros, se ha identificado en el corpus de estudio y, por lo tanto, debe considerarse como un término especializado. En el corpus Revista Conserva, el término aparece como sinónimo de *conservación*, como es recurrente en el área.

Considerando los resultados obtenidos en el análisis del corpus Revista Conserva, se puede proponer la estructura de términos utilizados por los profesionales chilenos con la conformación mostrada en la Figura 2. En esta propuesta, la decisión sobre las variantes que pueden ocupar la posición de hiperonimia se consideró en los términos asociados con las palabras *área*, *campo* y *disciplina*. También se buscó validar las acepciones empleadas por los profesionales observando sus contextos en el corpus.

---

[11]   En el original: "Conservation-Restoration" is the word used in the European ECCO code of ethics. It is in line with the ICOM-CC document defining the profession of the "Conservator-Restorer" (Copenhagen, 1984). "Conservation-Restoration" implies that conservation and restoration actions are intrinsically linked. However, it is only a historical compromise on a professional title (between south and north Europe). The word is somewhat clumsy and heavy, not user-friendly, and therefore not easy for communication with nonprofessionals, such as journalists or the public (International Council of Museums – Committee for Conservation, 2009a).

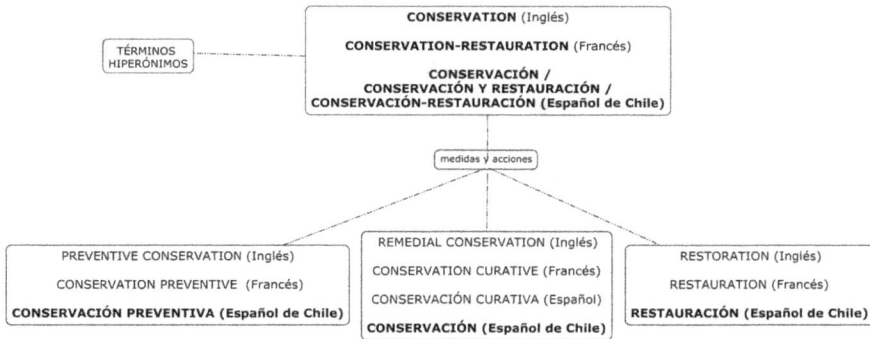

Figura 2. Estructura de organización de los términos estructurales del área considerando el corpus Revista Conserva.

En esta propuesta de estructura con la organización de los términos encontrados en el corpus, se puede observar las diferentes posiciones en que un término puede ocurrir, como es el caso de *conservación*, que asume tanto la función de hiperonimia como de hiponimia. Además, se muestran las variaciones terminológicas existentes, explicitando la polisemia terminológica que ha caracterizado al área y que se confirma en el corpus Revista Conserva. En la estructura también se visualizan los intentos de integrar los términos de las dos tradiciones, que por ahora han producido más variantes y probablemente resultan en una mayor opacidad en el uso de los términos claves del área.

Se puede concluir que en el contexto de los profesionales chilenos las tres formas –*conservación*, *conservación y restauración*, *conservación-restauración*– ocupan la misma posición y pueden considerarse equivalentes, no existiendo un término preferente que haga referencia al concepto clave del área.

Consideraciones finales

Las variaciones identificadas en el corpus Revista Conserva son naturales y están en conformidad con una disciplina que se inserta en un campo multidisciplinario y aún está en proceso de estructuración. Sin embargo, a medida que las discusiones conceptuales avancen, la tendencia es resolver situaciones de opacidad en el uso de los términos y alcanzar una mayor transparencia a través de una necesaria armonización de la terminología del área.

Las variantes no constituyen un problema cuando son aceptadas y comprendidas entre pares. Pero al traspasar los límites del área especializada, en general surge la necesidad de una terminología más definida, ya que la opacidad de los términos suele comprometer la comunicación, tanto con profesionales de áreas afines como también con las comunidades y el público en general.

Aunque sea muy difícil captar todas los aspectos y matices que caracterizan el lenguaje empleado por los profesionales de un área especializada, los estudios terminológicos permiten aproximaciones significativas al uso de sus términos y potencian discusiones importantes. Después de todo, como afirma el lingüista Émile Benveniste (1989):

> Una ciencia solo comienza a existir o logra imponerse en la medida en que hace existir y en que impone sus conceptos, a través de su denominación. No tiene otro medio de establecer su legitimidad sino por especificar su objeto denominándolo, pudiendo este constituir un orden de fenómenos, un dominio nuevo o un modo nuevo de relación entre ciertos datos (p. 252).

Por lo tanto, la necesidad de las discusiones terminológicas es consecuencia del avance teórico y conceptual del área especializada, pero se impone a medida que surgen problemas de comunicación, especialmente en un mundo globalizado. Hoy día, en la búsqueda de la necesaria armonización terminológica de un área especializada, ya no se acepta la imposición o normalización de una terminología única. Considerando que el lenguaje empleado por los profesionales es dinámico y fluido, ya que naturalmente se transforma en los diversos contextos sociales y a lo largo del tiempo, el camino es buscar soluciones consensuadas y asimiladas por la comunidad profesional, en un proceso continuo de negociación y revisión.

Por lo tanto, en la búsqueda de usos más transparentes y consistentes de las terminologías, es necesario tomar una posición proactiva, discutir y analizar los términos que definen el área, teniendo en cuenta las influencias, tradiciones y representaciones relacionadas con las elecciones de usos de los términos, que nunca son fortuitas ni aleatorias.

Bibliografía

Aluísio, S. M. & Almeida, G. M. B. (2006). O que é e como se constrói um corpus? Lições aprendidas na compilação de vários corpora para pesquisa linguística. *Calidoscópio*, 4(3), 156–178.

Barros, L. A. (2004). *Curso básico de Terminologia*. São Paulo: Editorial de la Universidade de São Paulo.

Benveniste, E. (1989). *Problemas de Lingüística Geral II*. Campinas: Pontes.

Berber Sardinha, T. (2002). Tamanho de corpus. *The ESP*, 23(2), 103–122.

Bojanoski, S. F., Michelon, F. F. & Bevilacqua, C. (2018). Conservador, restaurador, conservador-restaurador - a variação dos termos que definem o profissional. *Conserva, 23*, 45–57.

Cabré, M. T. (1993). *La terminología: teoría, metodología, aplicaciones*. Barcelona: Editorial Empúries.

Cabré, M. T. (2003). Theories of terminology: their description, prescription and explanation. Terminology. *International Journal of Theoretical and Applied Issues in Specialized Communication, 9*(2), 163–200.

Choay, F. (2001). *A alegoria do patrimônio*. São Paulo: Estação da Liberdade; Editorial UNESP.

Centro Nacional de Conservación y Restauración. (2022). *Historia del CNCR*. https://www.cncr.gob.cl/historia-del-cncr.

Gaudin, F. (1993). *Pour une Socioterminologie: des problemes semantiques aux pratiques institutionnelles*. Rouen, Francia: Université de Rouen.

Gaudin, F. (2005). La socioterminologie. *Langages, 157*, 80–92.

Güichen, G. (2007). Task force on Terminology. *ICOM-CC Newsletter, 26*, 8–9.

Houaiss, A. & Villar, M. S. (2001). *Dicionário Houaiss da Língua Portuguesa*. Rio de Janeiro: Objetiva.

International Council of Museums – Committee for Conservation, ICOM-CC. (1984). *The Conservator-Restorer: a definition of the profession*. https://www.icom-cc.org/en/definition-of-the-profession-1984.

International Council of Museums – Committee for Conservation, ICOM-CC (2009a). *Commentary on the ICOM-CC Resolution on Terminology for Conservation*. https://www.icom-cc.org/en/downloads/icom-cc-resolution-on-terminology-commentary.

International Council of Museums – Committee for Conservation, ICOM-CC (2009b). *Terminología para definir la conservación del patrimonio cultural tangible*. https://www.icom-cc.org/en/downloads/icom-cc-resolucion-terminologia-espanol.

International Council of Museums – Committee for Conservation, ICOM-CC (2009c). *Terminologie de la conservation-restauration du patrimoine culturel matériel*. https://www.icom-cc.org/en/downloads/icom-cc-resolution-terminologie-francais.

International Council of Museums – Committee for Conservation, ICOM-CC (2009d). *Terminology to characterize the conservation of tangible cultural heritage*. https://www.icom-cc.org/en/downloads/icom-cc-resolution-terminology-english.

Macarrón Miguel, A. M. & Gonzáles Mozo, A. (2011). *La conservación y la restauración en el siglo XX*. (3a ed.). Madrid: Editorial Tecnos.

Muñoz Viñas, S. (2005). *Contemporary theory of conservation*. Burlington: Elsevier. [e-book].

Muñoz Viñas, S. (2010). *Teoría contemporánea de la Restauración*. Madrid, España: Editorial Síntesis.

Vaccaro, A. M. (1996). Reintegration of losses. In *Historical and philosophical issues in the conservation of cultural heritage* (pp. 326–331) Los Angeles: The Getty Conservation Institute.

VII. Avances, funcionalidades y colaboraciones en las herramientas para la normalización de vocabulario del Centro de Documentación de Bienes Patrimoniales – Chile

Iris Moya Fuentes

RESUMEN

El registro y la documentación de colecciones patrimoniales en sistemas informatizados, requiere un trabajo intenso en el ámbito de la estandarización de vocabulario. El Centro de Documentación de Bienes Patrimoniales (CDBP), desde los orígenes de SURDOC (antes SUR) en formato *Access* hasta la actualidad, desarrolla y utiliza una serie de herramientas, en pro de optimizar el ingreso y recuperación de la información asociada a los bienes culturales muebles de los museos de Chile.

ABSTRACT

Registering and documenting the heritage collections in computerized systems requires intense work in vocabulary standardization. The CDBP, from the origins of SURDOC (formerly SUR), first in Access format to the current online version, develops and uses a series of tools to optimize the entry and recovery of information associated with the moveable cultural objects of the museums of Chile.

El CDBP y su labor en el registro y la documentación de las colecciones de los museos en Chile

El Centro de Documentación de Bienes Patrimoniales (en adelante CDBP), es una unidad técnica del Servicio Nacional del Patrimonio Cultural (Serpat) encargada de diseñar y aplicar metodologías para el inventario, registro y documentación a fin de contribuir a la protección y manejo de la información asociada a los bienes culturales muebles (Quiroz, 2007). En la actualidad cuenta con dos áreas: Coordinación del Programa SURDOC y Área de Normalización de Vocabulario. Al año 2024, el CDBP cumple 42 años al servicio de las colecciones en los museos en Chile.

De forma independiente a las herramientas de registro local (libros de inventario, fichas de registro, planillas de cálculo, entre otros) con las que cuenta cada museo, se establece, en el "Protocolo de Manejo de Colecciones y Sistemas de Inventario", que SURDOC es el sistema oficial para el registro y documentación de bienes culturales muebles[1] de todos los museos del Servicio Nacional del Patrimonio Cultural, lo que equivale a 27 museos, nacionales, regionales y especializados a lo largo de todo Chile; a esto se suman algunas instituciones invitadas con las cuales se establece un convenio de colaboración.

Su creación data de 1995 en formato *Access* (Quiroz, 2007) y de 2005 en el entorno web (Quiroz & Cordero, 2008) (véase Figura 1). A lo largo de los años, en la actualidad y dentro de su proyección, SURDOC cambia y se actualiza a fin de mantener la usabilidad y adecuarse a los requerimientos de las nuevas tecnologías, incorporando funcionalidades tanto para usuarios externos como para administradores locales.

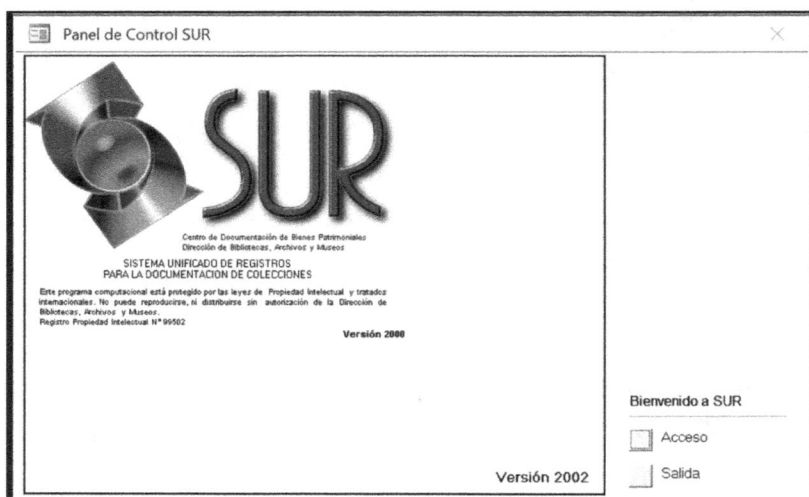

Figura 1. Captura de pantalla del inicio del antiguo sistema SUR en formato *Microsoft Access*.

SURDOC es un sistema completo de administración de colecciones con una vista pública de acceso universal, en español, que almacena y permite visualizar los objetos individualizados, con su información en campos de texto especializados y documentación visual. La vista del sitio público (véase Figura 2) permite la obtención además de una ficha en PDF y otra de tipo *Object ID* (Rivera, 2004). Toda la información que queda a disposición de público general es ingresada por las personas

---

[1] "Los museos utilizarán el Sistema de Registro SURDOC para todas sus colecciones, excepto en aquellas para las que explícitamente se defina un sistema de registro diferente que permita su control, objetos que por su naturaleza (ciencias naturales, restos humanos, colecciones paleontológicas y libros) no se ingresen en SURDOC" (Centro de Documentación de Bienes Patrimoniales, 2018, p. 17).

encargadas de las colecciones en los respectivos museos en el administrador del sitio SURDOC (véase Figura 3) es un sistema informatizado de doble faz, por lo que los datos ingresados o editados se actualizan de manera inmediata y automática.

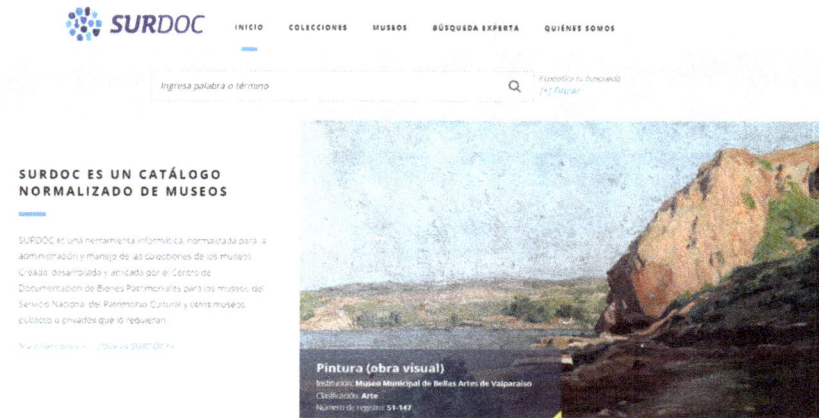

Figura 2. Captura de la pantalla principal del sitio público de SURDOC. (https://www.surdoc.cl).

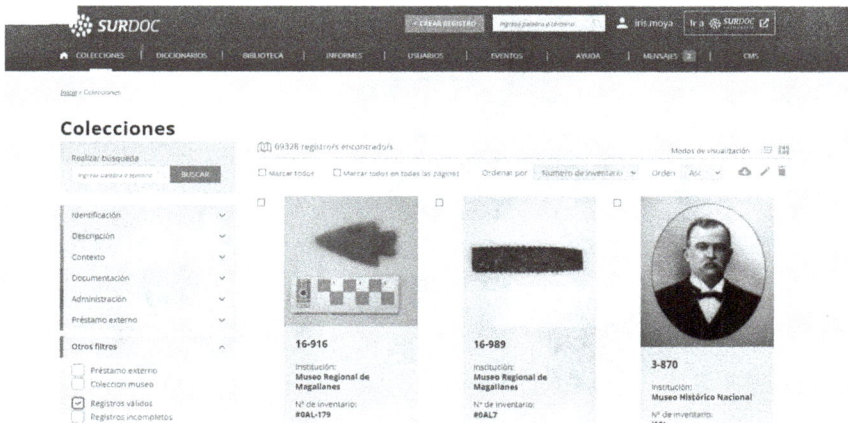

Figura 3. Captura de la pantalla principal del sitio administrador de SURDOC.

Además de los campos de registro para la identificación e individualización de los objetos (número de inventario, creador/autor, título, descripción física, técnica, material, documentación visual, dimensiones, entre otros), la plataforma contiene diversos de campos para la gestión de los objetos, como el manejo interno de la institución y fuera de esta, como los préstamos (ubicación, forma de adquisición, registrador, condiciones de conservación) y además, campos específicos para documentación (contexto, referencias bibliográficas asociadas, fichas anteriores, historia del objeto, historia de propiedad y uso).

El CDBP determinó la creación de SURDOC-Fotografía (véanse Figuras 4 y 5), un módulo especializado para el registro, documentación y gestión de colecciones

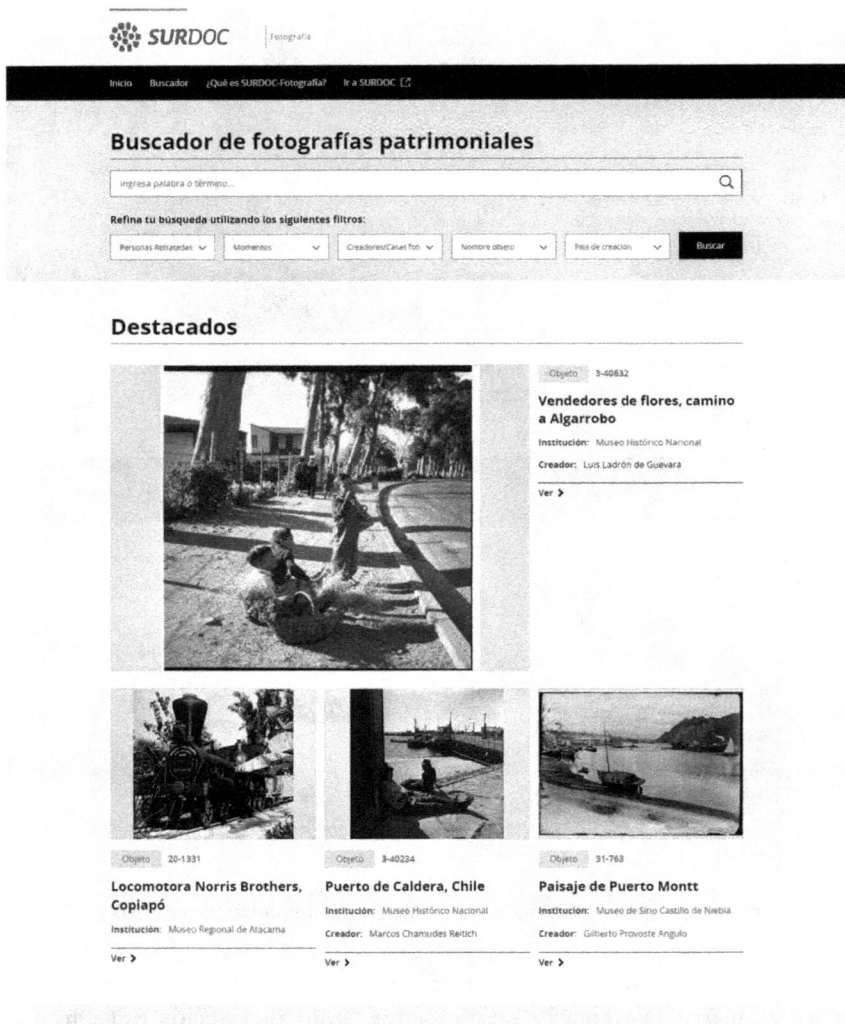

Figura 4. Captura de pantalla del sitio público de SURDOC-Fotografía (https://fotografia.surdoc.cl).

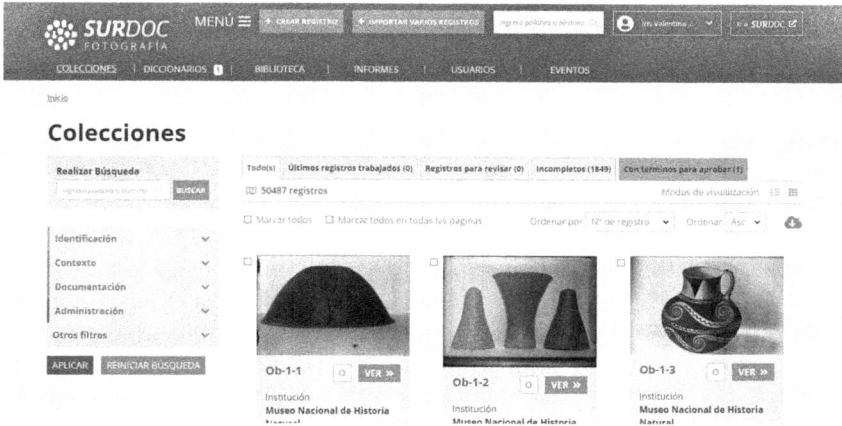

Figura 5. Captura de pantalla del sitio administrador de SURDOC-fotografía.

fotográficas que hasta el año 2019, eran registradas en SURDOC. Dadas las características específicas de las fotografías se analizaron diversos sistemas de registro con la finalidad de desarrollar un sistema que sirviera tanto para el registro de fotografías individuales, grupos y fondos. Con la creación de este nuevo módulo, se realizó la migración de datos de todos los objetos registrados en la categoría de "Historia – Fotografía" y se desarrolló un protocolo para el inventario y registro de colecciones fotográficas (Valenzuela, 2020).

A la fecha, SURDOC cuenta con más de 69000 registros mientras que SURDOC-Fotografía más de 48000[2].

Por qué normalizamos y cómo normalizamos: desafíos de la normalización de vocabulario en los museos del Serpat

La enorme cantidad de registros contenidos en SURDOC y SURDOC-Fotografía, es difícil de manejar y recuperar los datos si estos no se encuentran normalizados. Por lo demás, las colecciones de los museos (en su mayoría) no son cerradas y se incrementan por la vía de adquisición por compra, donación o ingreso de objetos arqueológicos destinados por el Consejo de Monumentos Nacionales (CMN) producto de excavaciones, investigaciones sistemáticas, salvatajes y recuperación de tráfico ilícito.

---

[2]   Cifras obtenidas el 22 de enero de 2024.

IRIS MOYA FUENTES

Los administradores locales de SURDOC, son los encargados de colecciones de los museos, cada persona que ingresa información a la plataforma debe ser capacitada por el CDBP, tanto en temas de administración de colecciones como en el manejo y usabilidad de SURDOC, para lo cual se han establecido planes personalizados de capacitación continua (Rivera, 2004, p. 130), reforzamientos, protocolos, guías y documentos de ayuda, en la actualidad se desarrolla un manual en formato video tutorial, disponible en el sistema que colabore en la capacitación y refresque conocimientos de los usuarios.

El CDBP publica anualmente documentos de ayuda para el registro e identificación de diversas tipologías de objetos que están disponibles para los registradores en formato físico (entregados con cada nueva publicación a todos los museos incorporados al sistema), en formato digital en la página web del CDBP[3] (véase Figura 6), y también en un apartado de ayuda al interior de la página de Administrador de SURDOC y SURDOC-Fotografía.

Además de los manuales y guías que ayudan en la identificación para los campos de "nombre preferente", "nombre alternativo", "material, técnica", "centro de producción artesanal", entre otros, también existen formas y herramientas internas manuales y más o menos informatizadas (como los informes y listados que pueden obtenerse desde SURDOC-Administración) para colaborar en la normalización de la información que se ingresa a los registros.

Diccionarios abiertos y diccionarios cerrados

El CDBP monitorea de forma periódica los registros que se ingresan al sistema, procedimiento que realizan los profesionales del equipo manualmente, en particular en todos los campos que incluyen datos en formato de texto libre. Para los campos que conllevan diccionarios cerrados o controlados, existen herramientas y filtros que facilitan esta labor.

Muchos de los diccionarios cerrados, cuentan con un hipervínculo con otras herramientas de información que amplían, clarifican y normalizan los datos ingresados: "nombre preferente", "nombre alternativo", "material" y "técnica". Tanto "nombre preferente" como "nombre alternativo" son campos con diccionarios abiertos, lo que significa que el administrador local tiene la capacidad de ingresar un término nuevo o elegir un término de un listado desplegable, mientras que los campos de "material" y "técnica" corresponden a diccionarios cerrados, por lo que sólo se pueden seleccionar las opciones disponibles, pero no agregar términos nuevos.

---

[3]   https://www.cdbp.gob.cl/publicaciones.

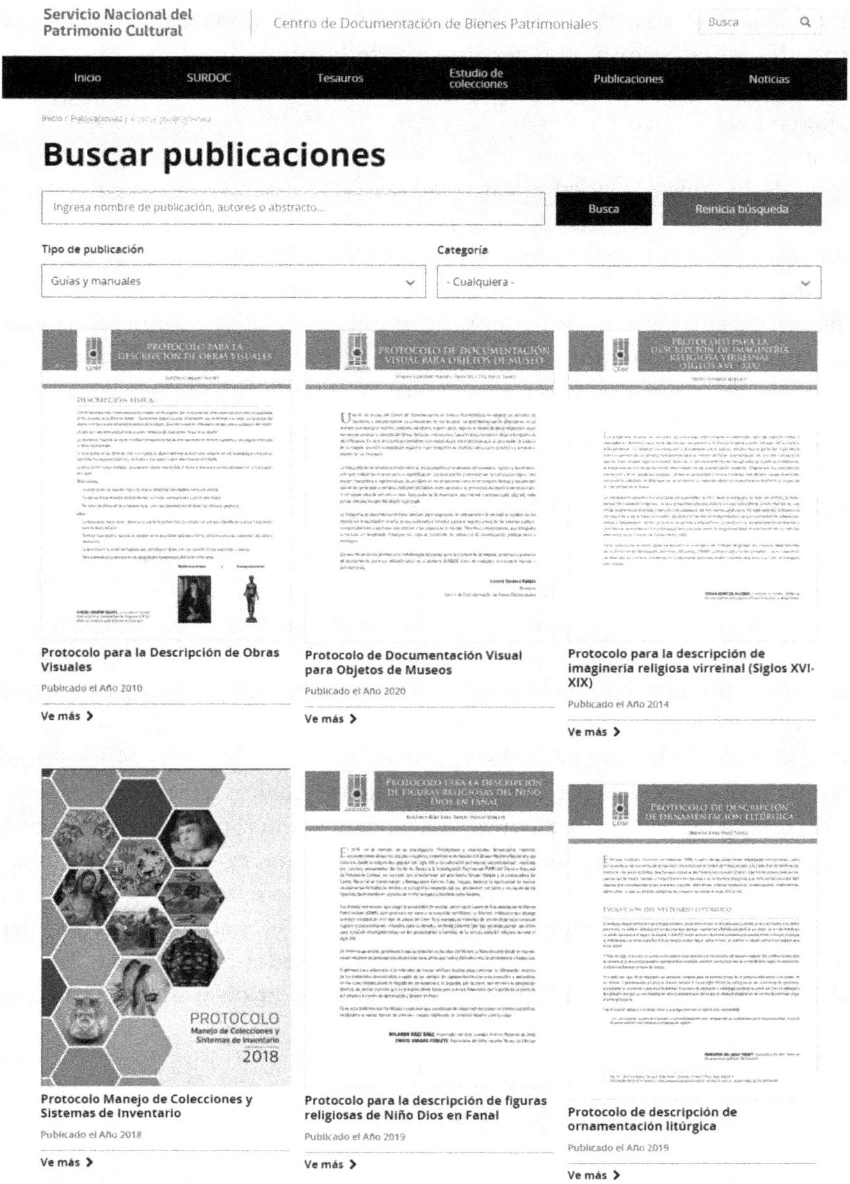

Figura 6. Algunas de las publicaciones del CDBP.

El personal del CDBP, cuenta con una clave autorizada de administrador general, que le permite obtener listados de los diccionarios cerrados tanto en formato digital (dentro de la página) como descargable (en hoja de cálculo) con el objetivo de revisar y constatar la información que se está incorporando, en particular, se analiza la pertenencia de los nombres y la correcta grafía de los mismos, y en el caso de encontrar errores y/o irregularidades, se contacta con el registrador local del sistema para de analizar cada uno de los casos.

Durante el año 2022, se puso en marcha un formulario interno de comunicación directa entre el administrador general y los registradores locales de la plataforma, un desarrollo informático específico para responder a las dudas o hacer consultas, denominado "Solicitud de revisión", un documento que se completa y envía desde la ficha de cada registro.

Hipervínculos a fuentes externas

Para validar y normalizar los campos, se trabaja con hipervínculos, los cuales se incorporan uno a uno desde la interfaz del administrador por el equipo del CDBP.

Los campos de nombre preferente, alternativo, material y técnica contienen hipervínculos a los tesauros que administra el CDBP, y también se pueden enlazar a otros diccionarios o tesauros disponibles en línea, como el diccionario de la Real Academia Española[4], el Diccionario de Americanismos de la Asociación de Academias de la Lengua[5], o los tesauros desarrollados por el Ministerio de Cultura de España[6]. Los diccionarios cerrados de técnicas y materiales, además de los links a los tesauros, están interrelacionados, con la finalidad de ofrecer al registrador las opciones más cercanas a lo que intenta registrar, por ejemplo, si se está ingresando un objeto arqueológico lítico y se selecciona como técnica, el *tallado*, *pulido* o *perforado*, el sistema le ofrecerá el material adecuado para esa técnica en este caso la piedra, o un tipo de piedra en particular (cuarzo, andesita, sílice, etc.), de esa forma el margen de error disminuye en pro de la normalización.

---

[4] https://www.rae.es.
[5] https://www.asale.org/damer/.
[6] http://tesauros.mecd.es/tesauros/.

Se utilizan otras herramientas externas también para enlazar campos de autores y creadores que amplían la información, como la página de Memoria Chilena[7], Artistas Visuales Chilenos[8], y la plataforma ULAN – Union List of Artist Names® Online[9], desarrollada por *The J. Paul Getty Trust* (Nagel, 2008).

Los Tesauros administrados por CDBP

Tesauro de Arte y Arquitectura (TAA) (véase Figura 7): A partir del año 2000, el CDBP administra el Tesauro de Arte y Arquitectura, traducción oficial en español de *Art & Architecture Thesaurus, AAT*, desarrollado por *The J. Paul Getty Trust* (Nagel, 2008; DeCarli y Tsaragaki, 2006). Al tratarse de una traducción (Mochón y Sorli, 2008), la unidad de normalización de vocabulario, trabaja la herramienta de la siguiente forma:

· **Migrando los términos:** los términos pueden migrarse en conjuntos agrupados por fecha, programadas informáticamente, y también de forma manual, tanto para un lote como para un término individual que requiera agregarse o actualizarse en caso de que *The Getty* realice modificaciones.

· **Buscando equivalencias lingüísticas de los términos:** cada término requiere de una búsqueda de equivalencia lingüística en español, esto significa que no se hace una traducción literal de los conceptos, sino de un análisis especializado por parte de personal calificado con experiencia en la identificación y registro de bienes culturales, el contraste con diversas referencias bibliográficas, y la decisión consiente y fundada de establecer un término como principal y otros como alternativos (en caso de existir) de acuerdo al uso contextual del término.

· **Traduciendo la nota de aplicación del término:** La *Scope note* o "nota de aplicación" (NA), que corresponde a la definición del término se traduce al español siguiendo los mismos parámetros de los conceptos, es decir en conocimiento del lenguaje especializado y las variaciones locales del idioma, adecuándolo en caso de ser necesario para su comprensión en el español lo más neutral posible. Y en la actualidad, gracias a un nuevo desarrollo informático, incorporando hipervínculos internos cuando una NA hace referencia a uno o más términos dentro del mismo tesauro.

---

[7]   https://www.memoriachilena.gob.cl/602/w3-channel.html.
[8]   https://www.artistasvisualeschilenos.cl/658/w3-channel.html.
[9]   https://www.getty.edu/research/tools/vocabularies/ulan/.

· **Buscando referencias bibliográficas para cada término:** El uso de equivalencias lingüísticas requiere de referencias bibliográficas que las sustenten, para esto se ha definido desde la Unidad de Normalización del CDBP que deben existir al menos tres referencias para cada término principal y una para cada término alternativo. Estas referencias deben citar el término con exactitud en su grafía, por lo tanto, no se utilizan referencias aproximativas, frases recortadas o palabras en idioma diferente al español a menos que el término, ya sea principal o alternativo, se use en bibliografía hispanohablante en su lengua materna (por ejemplo, *Ukiyo-e*[10])

· **Solicitando a *Getty* información de términos ingresados sin nota de aplicación:** Si el término existe en el TAA en inglés, pero no ha sido ingresada su *Scope note*, en caso de requerir el uso del término, el personal del CDBP se comunica directamente con ellos para obtener la información e incorporar la nota de aplicación.

· **Proponiendo a *Getty* nuevos términos:** a lo largo del tiempo, se han elaborado diversos proyectos para solicitar a *Getty Institute* la incorporación de terminología específica, para lo cual se envían los términos, sus NA y sus respectivas referencias bibliográficas.

· También algunas limitaciones por tratarse de una traducción, por ejemplo, no se pueden alterar la ubicación jerárquica de un término, tampoco se pueden eliminar o crear términos nuevos, ni incorporar nuevas Facetas, jerarquías ni términos guía. Si *The Getty* decide modificar o convertir en *legacy* o "legado"[11] un término, esta información se refleja también en su versión en español.

---

[10] *"Ukiyo-e*: Género artístico, distintivo en la pintura y técnicas de grabado, que surgió en el período Edo, entre los siglos XVII y XIX, y se convirtió en un arte muy popular entre las clases medias de Japón. Tiene como temas centrales los distritos de burdeles y teatros kabuki, con formatos que van desde la impresión de una sola hoja hasta ilustraciones de libros. Por lo general, el estilo se caracteriza por una mezcla de la narrativa realista del período Kamakura y el estilo decorativo de los períodos Momoyama y Edo. Las escuelas desarrollaron estilos muy distintivos y especialidades a lo largo del período" (https://www.aatespanol.cl/terminos/300106769).

[11] "legacy" es un concepto usado en informática para definir un elemento o estructura considerado ya obsoleto (Pacífico, 2009).

Figura 7. Captura de la página principal del Tesauro de Arte y Arquitectura, vista del sitio público (https://www.aatespanol.cl).

El Tesauro Regional Patrimonial (TRP) (véase Figura 8), por su parte, surge de un proyecto de búsqueda de términos para proponer a *The Getty Institute* con la finalidad de incorporarlos al *Art & Architecture Thesaurus*. Durante la investigación, centrada principalmente en terminología asociada a conceptos arqueológicos, etnográficos e históricos de Chile y Sudamérica (Nagel, 2008), se recopiló vasta información investigada por especialistas en arqueología, etnografía, botánica y antropología (Mochón y Sorli, 2008, p. 442), en volumen suficiente para crear un tesauro propio.

La información se organizó entonces en conceptos, términos guía y jerarquías, y fue en aumento de acuerdo a procesos de incorporación de datos, tanto internos del CDBP como por investigadores externos contratados para este fin, hasta el año 2017, fecha en que el Tesauro Regional Patrimonial se actualiza y reorganiza.

Cuenta con un árbol jerárquico y 8 facetas: "actividades", "agentes", "animales", "vegetales y minerales", "construcciones", "culturas", "materiales y técnicas", "objetos" y "patrones y significados".

A diferencia del Tesauro de Arte y Arquitectura, el Tesauro Regional Patrimonial, es un desarrollo que pertenece de forma íntegra al CDBP, y le permite todo tipo de actualizaciones, modificaciones, incorporación de términos, eliminación de términos erróneos o repetidos, movimientos dentro del árbol jerárquico, creación de nuevas jerarquías y desde el 2018 a la fecha, un trabajo colaborativo con otras unidades del Serpat e instituciones externas asociadas a SURDOC, como el Museo de Arte Popular Americano y el Proyecto Quinsac.

En la actualidad el Tesauro Regional Patrimonial alberga más de 3400 términos. El crecimiento exponencial en los últimos 5 años responde a las necesidades de normalización relevadas por las personas encargadas de las colecciones, la creación de SURDOC fotografía, las nuevas adquisiciones de colecciones de los museos y los requerimientos internos del Serpat en áreas como los Sitios de memoria, Género e Inclusión.

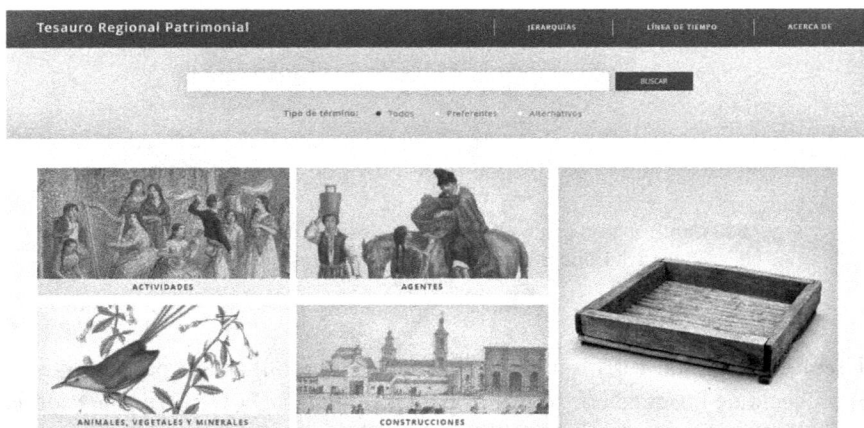

Figura 8. Captura de la página principal de Tesauro Regional Patrimonial, vista del sitio público (https://www.tesauroregional.cl).

Antes y ahora: cómo ha cambiado la forma en que trabajamos el Tesauro Regional Patrimonial

El trabajo con los tesauros del CDBP ha cambiado tanto de forma interna como externa. Entre los años 2017 y 2018 se realizaron grandes modificaciones en la arquitectura informática de ambas herramientas. Con anterioridad funcionaban en formato Html5 y fueron migradas de forma íntegra a Drupal 7 (actualmente Drupal 9). En este proceso de migración, se trabajó primero con TRP, que era una base de datos de menor tamaño y presentaba entonces mayores dificultades tanto en el ingreso de datos nuevos como en la edición de los ya existentes. La planificación de la actualización incluyó mejoras visuales, de usabilidad para el administrador y para los usuarios externos, así como una reorganización de la terminología, que estaba ordenada sólo en jerarquías, pero no se había creado la categoría de "facetas", unidad de información superior o más general que las "jerarquías".

Facetas: con posterioridad a la migración de los datos a la nueva plataforma y la creación de nuevas páginas de información, como la línea de tiempo, se realizó un análisis de los contenidos existentes con la finalidad de plantear una reorganización que incluyera las Facetas.

Esta categoría más amplia requirió la revisión de los conceptos, términos guía y conceptos ya existentes y la limpieza de conceptos carentes de notas de aplicación adecuadas y referencias bibliográficas repetidos o mal ingresados, finalmente se procedió a reorganizarlo nuevamente cuyo resultado corresponde a las 8 facetas disponibles en la actualidad.

El análisis del equipo informático de desarrollo propuso incorporar una herramienta conocida como árbol jerárquico dinámico, que permite la movilidad de las entradas (estableciendo ciertas reglas), por ejemplo, un concepto puede cambiarse de lugar, reubicándolo bajo otro término guía o jerarquía, simplemente movilizándolo con el cursor. Desde luego esta aplicación solo puede ser realizada por el administrador del sitio.

Creación de estructura de biblioteca interna de autores y de textos

Originalmente el TRP contaba con un ingreso de referencias bibliográficas que se realizaba manualmente una a una, lo que implicaba una inversión de tiempo considerable y significaba a su vez, la repetición continua de datos y alto margen de error en el ingreso tanto de textos como de autores.

En el proceso de migración de datos, fue necesaria la digitación manual una gran cantidad de entradas bibliográficas, tarea en la que el equipo del CDBP trabajó arduamente durante un tiempo considerable.

Luego de este proceso, se consiguieron dos grandes avances. En primer lugar, el equipo informático, trabajó en un desarrollo interno para gestionar las referencias bibliográficas y autores de las mismas por medio de la biblioteca. Gracias a ello, es posible ingresar las referencias bibliográficas y los autores una sola vez, permitiendo que esta información quede disponible para cuantos conceptos sea necesario referenciar con el mismo texto, o bien, el autor queda disponible para ir agregando otras publicaciones de su autoría. El Tesauro Regional Patrimonial cuenta a la fecha con más de 1560 referencias bibliográficas, que aumentan día a día.

Durante el 2018, con la migración del Tesauro de Arte y Arquitectura, este formato de biblioteca de referencias y autores se aplica con notable éxito también en el AAT.

Línea de tiempo: Con la finalidad de acercar los contenidos del TRP a otros públicos, se incorpora una página específica con pestañas desplegables que explican de forma didáctica las divisiones geográficas de Chile y los períodos culturales de cada uno. Esto busca servir de ayuda en la caracterización cultural de los objetos así como de proveer información resumida que pueda servir a investigadores de diversas áreas del conocimiento.

Protocolo interno: junto con la actualización realizada en el 2017, se elaboró un documento interno de trabajo para el TRP a fin de regular la forma en la cual se ingresan nuevas terminologías. A partir de entonces es el texto guía usado para el ingreso de todos los nuevos conceptos, así como para la actualización de los anteriores.

El protocolo de ingreso de términos para el Tesauro Regional Patrimonial, norma y define, entre otros, los siguientes campos:

Definición de los tipos de términos que contiene: "faceta", "jerarquía", "término guía", "conceptos" y "términos alternativos"

Explicación de la lógica del sistema jerárquico interno y definición detallada del contenido de cada faceta:

· Definición de los tipos de conceptos que alberga el TRP:
· Términos en español
· Términos en lenguas originarias
· Términos en español de uso local o con variantes locales
· Términos de uso histórico que no están actualmente en uso
· Términos de uso etnográfico y sus variantes de acuerdo a la grafía aplicada por los investigadores en lenguas de pueblos originarios
· Términos de uso en la historia de la investigación
· Elaboración de la nota de aplicación (cantidad de caracteres, formato de redacción, estructura, tipo de contenido, información etimológica, explicación del proceso de redacción)
· Criterios de selección y puntuación bibliográfica, con la finalidad de normar la calidad de las referencias que se están ingresando, se trabajó en un sistema de puntuación que explica los tipos de textos que pueden referenciarse dependiendo de cómo definen, mencionan, explican y desarrollan cada término, además de los campos de información que contiene la ficha de referencias, que son homologables con APA.

Incorporación de nuevos términos: La incorporación de nuevas terminologías es, en el TRP, un proceso continuo que está vinculado estrechamente con las necesidades de las instituciones que trabajan sus registros en SURDOC. Cada nuevo Nombre preferente, alternativo, material o técnica que se añade a los diccionarios cerrados o abiertos en SURDOC se analiza en pertinencia para poder realizar el hipervínculo interno y, si no está como entrada en el AAT porque pertenece a un vocablo de pueblos originarios, de uso en la historia, arqueología o antropología local de Chile y/o Sudamérica, se investiga para crearlo como concepto en el TRP. En este proceso se consulta con la persona encargada de las colecciones que identificó el término, se analiza la grafía, se recopilan referencias bibliográficas, se construye la nota de aplicación y se revisa el árbol de jerarquías para su ubicación dentro de la faceta, jerarquía y término guía correspondiente, o si se trata de un término alternativo, se suma al término preferente ya existente. Luego de su creación como entrada en el TRP se hace el hipervínculo desde SURDOC y la información queda disponible en el sitio público.

Además de la creación de términos nuevos, presentes en los diccionarios SURDOC, el CDBP se ha esforzado durante los últimos años en establecer una comunicación directa con las instituciones que están recibiendo nuevos objetos por medio de compras, donaciones y destinaciones CMN a fin de analizar las tipologías de objetos y detectar aquéllos susceptibles de formar parte del TRP.

Una de las premisas principales en el trabajo de incorporación de nuevos términos, es la de preservar, documentar y difundir los vocablos de uso local, vernáculo y de pueblos originarios, intentando rescatar todas las variaciones idiomáticas y grafías posibles, que se ha enriquecido por los términos aportados e investigados para los museos de Arte y Artesanía de Linares, Antropológico Padre Sebastián Englert, Mapuche de Cañete y Regional de La Araucanía, entre otros.

Con la firme convicción de trabajar esta herramienta de manera cada vez más colaborativa e involucrar a diferentes actores en la escena de las terminologías, también se han trabajado colecciones de artesanía, arte y etnografía con el Museo Regional de Ancud para objetos de cestería, textiles, embarcaciones y carpintería de ribera; con objetos etnográficos y de artesanía de Sud, centro y Norteamérica del Museo de Arte Popular Americano (objetos Shipibo Conibo, Shua, Amazonía, Guatemala, México y Perú), Museo Regional de Rancagua y colecciones de oficios tradicionales como los salineros (extracción de sal de mar) e instrumentos musicales etnográficos; con el Museo Regional de Atacama para colecciones Colla, minería histórica y pirquineros, con el Museo Histórico Nacional para colecciones de objetos etnográficos e históricos, con el Museo de Historia Natural de Valparaíso para objetos arqueológicos y con el Museo de Artes Decorativas en objetos de platería colonial.

Durante el año se estableció una alianza estratégica con la Subdirección de Pueblos Originarios, mediante la que se han normado y actualizado terminologías asociadas a la denominación de las respectivas lenguas, grafías y notas de aplicación, entre otros temas, por medio de la aplicación del manual interdisciplinario "Recomendaciones de buenas prácticas para proyectos vinculados a temáticas culturales indígenas y/o afrodescendientes"[12].

Durante el 2023, se colaboró con investigadores del Museo Nacional de Bellas Artes en la identificación, actualización y traducción de una serie de términos asociados a las facetas del AAT de agentes y objetos con la finalidad de incorporarlos en la base de datos de Quinsac[13], plataforma digital que busca potenciar los estudios monográficos de artistas y las prácticas del coleccionismo de arte en los siglos XIX y XX. Quinsac reúne y sistematiza distintas capas de información que permiten la construcción de catálogos razonados, como una manera de fortalecer la puesta en valor de artistas, la formación de colecciones públicas y privadas [...]

Recientemente (finales de 2023 e inicios de 2024), se incorpora en los tesauros, el uso del lenguaje no sexista utilizando manuales y protocolos internos del Serpat con la finalidad de identificar y actualizar notas de aplicación cuyo lenguaje pudiese contener léxicos discriminatorios o sexistas.

Nuevas jerarquías: debido a consultas de usuarios de SURDOC y tesauros, se trabajó en la incorporación de una jerarquía en la faceta de agentes específicamente diseñada, denominada "industrias nacionales"[14], con una investigadora externa, en la que se estudiaron una serie de referencias bibliográficas que permitieron construir cerca de 80 nuevos conceptos para fábricas, imprentas y sociedades comerciales históricas de relevancia para las colecciones de los museos de Chile.

De la misma forma, se incorporó más tarde un término guía específico de casas, estudios y fotógrafos nacionales[15] de carácter histórico, en total más de 70 nuevos conceptos con sus notas de aplicación, términos alternativos y referencias bibliográficas, los cuales se lograron vincular de forma interna en nuevo el módulo de SURDOC-Fotografía.

Durante el año 2023, y como parte de los proyectos institucionales internos en conmemoración de los 50 años del golpe de estado en Chile, se actualizaron,

---

12 https://www.pueblosoriginarios.gob.cl/publicaciones/recomendaciones-de-buenas-practicas-para-proyectos-vinculados-tematicas-culturales. Consultado en enero de 2024.
13 https://quinsac.mnba.gob.cl.
14 https://www.tesauroregional.cl/terminos/3047.
15 https://www.tesauroregional.cl/terminos/3514.

tradujeron y referenciado más de 70 términos en el AAT asociados a derechos humanos, política y sociología, los cuales fueron relevados además en la página del CDBP[16] con la finalidad de contribuir en las investigaciones e iniciativas de las diversas unidades del Serpat (así como de otros usuarios) que pudieran requerirlo.

En la misma línea investigativa se creó en el TRP el término guía "sitios de memoria", donde se incorporaron 16 conceptos nuevos de lugares declarados Monumento Histórico por el Consejo de Monumentos Nacionales, entre los que se incluyen aquellos sitios conmemorativos, lugares de desaparición, entierro y tortura. Para estos términos específicos se trabajó con bibliografía especializada, así como también con los documentos oficiales de cada declaratoria y las notas de aplicación fueron elaboradas con énfasis en la rigurosidad de los hechos documentados así como también cuidando la sensibilidad de las personas involucradas

Hacia el futuro, como proyecto de trabajo del presente año, el CDBP está planificando la labor conjunta entre profesionales del equipo con al menos un especialista en lenguas de pueblos originarios con la finalidad de investigar con mayor profundidad la terminología existente e ingresar nuevos conceptos en el árbol jerárquico.

Finalmente, se proyecta el desarrollo de un término guía para sitios arqueológicos de Chile, en el que se crearán los conceptos asociados a los sitios arqueológicos incorporados en la información contextual de los registros de SURDOC que consignen esta información, a fin de establecer nuevos hipervínculos entre ambas herramientas y nutrir las información histórica y cultural, estableciendo características socioculturales, dataciones, ubicación geográfica e investigadores destacados que trabajaron en dichos sitios, y la cultura material descrita en la bibliografía arqueológica consultada.

Conclusiones

Sin lugar a dudas, la labor de normalización de vocabulario en las colecciones de los museos de Chile presentes en la plataforma SURDOC, ha logrado avanzar de forma exponencial y sostenida, en especial después del proceso de actualización y mejoras informáticas entre 2017 y 2018, lo que ha brindado estabilidad, mayor flexibilidad y la oportunidad de trabajar de manera continua en modificaciones prácticas en la interfaz de administrador que impactan en los usuarios internos de SURDOC así como en el público que consulta las herramientas en línea del CDBP.

---

[16] https://www.cdbp.gob.cl/noticias/nuevos-terminos-politicos-culturales-y-sociologicos-en-el-tesauro-de-arte-y-arquitectura consultado en enero de 2024.

No obstante, el desafío en el área de vocabulario es superior a lo que nuestras herramientas informáticas pueden proporcionar. Desde la comprensión de los procesos de investigación y documentación dentro de las instituciones del Serpat y asociadas, se aprecia que aún existen muchos análisis y estudios que pueden entregar mayores luces sobre la naturaleza y contexto de los bienes culturales muebles, y por eso una de las labores principales del CDBP es colaborar y fomentar el desarrollo de estas investigaciones.

Tanto los tesauros como los manuales y protocolos de identificación y registro que proporcionamos, así como los programas de capacitación continua presencial y en línea, buscan apoyar y sensibilizar a las personas encargadas de las colecciones, para trabajar en pro del incremento de la información documental de los objetos depositados en los museos y otras instituciones.

Desde este punto de vista, se conoce cuánto se ha logrado avanzar, pero también cuanto podría aumentar la información cualitativa y cuantitativamente, y bajo esta premisa entendemos la normalización de vocabulario en las herramientas del CDBP como un proceso desafiante, pero a la vez colaborativo y enriquecedor.

Agradecimientos a Felipe Orellana del Museo Regional de Atacama por las imágenes del sistema SUR Access y a Francisco Mora del Museo Regional de Rancagua por las referencias de la Revista Museos.

Referencias bibliográficas

Consejo de Monumentos Nacionales, CMN. (2018). *Estándares mínimos de registro y conservación preventiva de colecciones arqueológicas y paleontológicas.* Santiago: Dirección de Bibliotecas, Archivos y Museos.

Moya, Iris (2017). *Protocolo de ingreso de términos para el Tesauro Regional Patrimonial. Centro de Documentación de Bienes Patrimoniales.* Documento de trabajo interno del CDBP.

Centro de Documentación de Bienes Patrimoniales (2018). *Protocolo de manejo de colecciones y sistemas de inventario.* Santiago: Ministerio de las Culturas, las artes y el Patrimonio. Servicio Nacional del Patrimonio Cultural.

DeCarli, G. & Tsaragaki, C. (2006). *Un Inventario de Bienes Culturales: ¿por qué y para quién?* San José, Costa Rica: ILAM Docs - Fundación ILAM.

Lafuente, I. T. (2016). La memoria recuperada: la búsqueda del nombre. La construcción del Tesauro de Denominaciones de Bienes Culturales. En *El lenguaje sobre el patrimonio. Estándares documentales para la descripción y gestión de colecciones* (pp. 76–92). Subdirección General de Documentación y Publicaciones.

Mochón Bezare, G. & Sorli Rojo, Á. (2008). Tesauros de Humanidades en internet. *Revista española de documentación científica*, *31*(3), 437–452.

Molina Salinas, C. (2019). Una base de datos de saber terminológico para las artes espaciales. *Scire: representación y organización del conocimiento*, *25*(2), 35–44

Nagel Vega, L. (2008). *Manual de registro y documentación de bienes culturales*. Santiago: Dirección de Bibliotecas, Archivos y Museos.

Nagel Vega, L. & Núñez Rodríguez, G. (2005). La normalización de vocabulario: preservación de la información. *Conserva*, (5), 5–16.

Pacífico, C. (2009). *Reutilización de Software basado en servicios Web*. [Tesis de Magíster, Universidad Nacional del Sur]. Repositorio Digital UNS.

Quiroz, D. (2007). El Centro de Documentación de Bienes Patrimoniales y el manejo de la información sobre las colecciones de los museos de la DIBAM. *Museos*, (26), 13–18.

Quiroz, D. & Cordero, L. (2008). El sistema de documentación automatizada de colecciones en los museos de Chile: El Programa SUR®. *Museos*, (4), 112–117.

Rivera Días, J. A. (2004). *Robo y Tráfico Ilícito de Bienes Culturales*. [Memoria de Licenciatura, Universidad de Chile]. Repositorio Universidad de Chile.

Subdirección Nacional de Pueblos Originarios (2018). *Recomendaciones de buenas prácticas para proyectos vinculados a temáticas culturales indígenas y/o afrodescendientes*. Ministerio de las Culturas, las Artes y el Patrimonio.

Valenzuela, C. (2020). *Protocolo para el inventario y registro de colecciones fotográficas en museos*. Centro de Documentación de Bienes Patrimoniales.

La terminología de la conservación-restauración: miradas internacionales

VIII. La conservación y restauración de los bienes culturales en papel: principios teórico-metodológicos para la construcción de una base de datos terminológicos

Cleci Regina Bevilacqua

RESUMEN

Este texto trata de los principios teórico-metodológicos aplicados en la elaboración de una base de datos terminológicos sobre la conservación y restauración de bienes culturales en papel (Base Papel) llevada a cabo por el Grupo Terminológico Cone Sul (Termisul). Se presentan el marco teórico, que se fundamenta en perspectivas teóricas de la terminología, de la traducción y de la lingüística de corpus; las etapas metodológicas para la construcción de los corpus en portugués y en las lenguas extranjeras (español, francés, inglés, italiano y ruso); los criterios de selección de los términos y de las Unidades Fraseológicas Especializadas (UFEs) en dichas lenguas y la estructura y campos de la base.

ABSTRACT

This work outlines the theoretical and methodological principles applied in the compilation of the terminological database *Bens culturais móveis em papel* (Base Papel), developed by *Projeto Terminológico Cone Sul* (Termisul). The paper presents the theoretical background, based on perspectives drawn from the fields of terminology, translation studies and corpus linguistics; the methodological steps for building the corpora in Portuguese and in foreign languages (Spanish, French, English, Italian and Russian); the criteria for selecting the terms and the Specialized Phraseological Units (SPU) in the languages included in the project; and the structure and fields of the database.

Introducción

Este capítulo tiene el objetivo de presentar los principios teórico-metodológicos empleados en la elaboración de una base de datos terminológicos relativos a la conservación y restauración de bienes culturales en papel –Base Papel–, elaborada a partir de los proyectos *A linguagem do patrimônio cultural brasileiro: conservação dos bens culturais móveis* (2016–2019) y *Conservação dos bens culturais móveis em papel: identificação e representação das Unidades Fraseológicas Especializadas (UFEs)* (2019–2021) llevados a cabo por el Grupo Terminológico Cone Sul –Termisul[1]– del

---

[1] Investigadores que participaron de ambos proyectos: Cleci Regina Bevilacqua, Patrícia Chittoni Ramos Reuillard, Anna Maria Becker Maciel, Denise Regina de Sales, Márcia Moura da Silva, Patrizia Cavallo, Rozane Rodrigues Rebechi, Sandra Dias Loguercio, Silvana de Fátima Bojanoski (UFPEL). Víctor Martínez y Gabrielle Aimi Ribeiro fueron los responsables por la construcción de la base de datos.

Instituto de Letras de la Universidad Federal de Rio Grande do Sul (UFRGS), Porto Alegre, Brasil. La base contiene términos y UFEs en portugués, español, francés, inglés, italiano y ruso y está disponible en la página del grupo de forma libre y gratuita en: https://www.ufrgs.br/termisul/papel/.

Según Grunberg (2000, pp. 160–161), "A cultura se identifica nos *produtos materiais e imateriais*, e nas formas em que cada povo os usa, nos costumes, nas tradições, nas crenças, na organização social, nas manifestações artísticas, nos processos históricos e nas atividades científicas e tecnológicas". Estos productos, considerados como bienes culturales, permiten "compreender e identificar a cultura de um povo em determinado lugar e momento histórico" (Grumberg, 2000, p. 162). Siguiendo esta perspectiva, entendemos que los bienes culturales materiales o tangibles "(…) podem ser imóveis como as cidades históricas, sítios arqueológicos e paisagísticos e bens individuais; ou móveis, como coleções arqueológicas, acervos museológicos, documentais, bibliográficos, arquivísticos, videográficos, fotográficos e cinematográficos"[2].

A su vez, la conservación de dichos bienes, de acuerdo con el *International Council of Museums – Committee for Conservation* se refiere a

(…) all measures and action aimed at safeguarding tangible cultural heritage while ensuring its accessibility to present and future generations. Conservation embraces preventive conservation, remedial conservation and restoration. All measures and actions should respect the significance and the physical properties of the cultural heritage item. (ICOM-CC, 2008, p. 1).

En Brasil, el *Instituto do Patrimônio Histórico e Artístico Nacional* (IPHAN), un organismo que forma parte del Ministerio de Cultura, fue el responsable por elaborar, junto con la sociedad brasileña, la *Política de Patrimônio Cultural Material* (PPCM), instituida por la *Portaria No 375*, de 19 de setiembre de 2018. Este documento orienta las acciones y procesos relativos al registro de un bien, que incluye, entre otros aspectos, la identificación, reconocimiento, protección, normatización, fiscalización, monitoreo, promoción, difusión y educación patrimonial relativo al patrimonio material.

En los proyectos, como indican sus títulos, de todos los tipos de bienes materiales (colecciones arqueológicas, colecciones etnográficas, arte decorativo, fotografía, etc.) decidimos recoger solamente la terminología de los bienes en papel.

Entre las justificaciones para llevar a cabo los proyectos estaban: la importancia y actualidad del tema para las áreas de terminología, terminografía, traducción y conservación-restauración de bienes culturales, en lo que respecta a la

---

[2]   IPHAN. Recuperado de http://portal.iphan.gov.br/pagina/detalhes/276.

identificación, descripción y representación de los términos y UFEs del área en una obra de referencia; el desarrollo de un polo de estudios sobre el lenguaje de la conservación de los bienes culturales en Brasil con la colaboración de investigadores de UFRGS y de la Universidad Federal de Pelotas (UFPEL); la necesidad de profundización en los estudios relativos a este tema en nuestro país, que contribuyeran a la identificación y representación de la terminología relativa la conservación y restauración de bienes en papel, así como a su consolidación y el desarrollo de una investigación que abarcara el portugués, español, francés, inglés, italiano y ruso, siguiendo la tradición de elaboración de productos multilingües del grupo Termisul.

Para lograr el objetivo propuesto en este texto, presentamos, a continuación, el marco teórico, las etapas metodológicas seguidas para la construcción de los corpus y para la identificación de los términos y UFEs en portugués y en las lenguas extranjeras, la estructura y los campos de la Base Papel y nuestras consideraciones finales.

Marco teórico

Para fundamentar la investigación realizada, nos apoyamos en principios y fundamentos de propuestas teóricas de la terminología, de la traducción y de la lingüística de corpus, sobre las que presentamos una síntesis a continuación.

De la terminología, seguimos la socioterminología (Gaudin, 1993, 2005), pues hace referencia a la importancia del contexto sociocultural en la comunicación y destaca que el estatus social y profesional de los interlocutores se refleja en la configuración del lenguaje especializado y determina la multiplicidad de conceptos y la consecuente variación en la terminología. Por ello, conforme Fausltich (2006), es fundamental analizar las condiciones de uso y circulación de los términos en su real funcionamiento y considerar que voces y/o perspectivas distintas –incluso en una misma área– pueden atribuir valores distintos a los términos, según su función en determinado contexto de uso.

Asimismo, nos fundamentamos en la Teoría Comunicativa de la Terminología (Cabré, 1999, 2001 a y b), que defiende el carácter multidisciplinar de la terminología basado en la interrelación de perspectivas lingüísticas, semióticas, cognitivas y comunicativas para explicar el carácter complejo y polifacético del término. Entre sus principales postulados están: la activación del valor especializado de un término por su uso en determinado ámbito temático y situación comunicativa específica; su función de representar y transmitir conocimiento especializado y la posibilidad de los términos sufrir variación terminológica (denominativa y conceptual), puesto que forman parte del lenguaje natural y, por tanto, siguen sus mismos procesos.

Sobre la variación terminológica, consideramos la propuesta de Freixa (2001) en que la variación denominativa se refiere a las distintas formas que puede tener un mismo término, sea por cambios ortográficos, morfológicos, sintácticos o léxicos (por ejemplo, *salvaguarda del patrimonio* y *salvaguardia del patrimonio*). A su vez, la variación conceptual corresponde a los casos en que un término tiene más de un significado, puesto que puede ser abordado desde diferentes perspectivas (por ejemplo, *agua* como agente de deterioro y *agua* como producto utilizado en los procedimientos de conservación y restauración).

De la terminología lingüístico-textual (Krieger, 1998, 2000, 2005, 2008, 2018; Krieger & Finatto, 2004), considerada como un conjunto de principios teóricos y metodológicos que guiaron y guían las investigaciones y productos terminológicos elaborados por el Grupo Termisul a lo largo de sus 33 años, tomamos los siguientes principios sintetizados en Bevilacqua & Kilian (2023):

- la terminología no solo auxilia a organizar y representar los conceptos de un área, sino que es "também elemento constitutivo da produção do saber" (Krieger, 2000, p. 211);
- el texto, concebido como un todo de sentido, es el hábitat natural de los términos y de las UFEs y se constituye como un marco cognitivo en que dichas unidades se articulan;
- el valor especializado de los términos y UFEs se define y se explica por su uso en textos especializados, producidos en situaciones comunicativas específicas; de este aspecto deviene la importancia del análisis de los elementos estructurales y discursivos de los textos (por ejemplo, las condiciones de producción, los diferentes géneros y sus características, los interlocutores, etc.);
- las terminologías pueden ser multidisciplinarias –pueden constituirse por la conjunción de saberes de distintos ámbitos–, e híbridas –revelan perspectivas distintas que conforman dichos saberes–;
- las obras terminográficas son también un tipo de texto y, por ello, necesitan seguir determinados principios y organización;
- hay una relación intrínseca entre teoría, análisis de datos y propuestas metodológicas en la elaboración de esos recursos, hecho que también confiere carácter teórico a la terminografía, puesto que esta ofrece elementos teórico-metodológicos para la elaboración de los productos terminográficos.

Además de estos aspectos, cabe referir los conceptos de *término*, UFE y *equivalencia terminológica*. Según Krieger & Finatto (2004), el *término* es un signo lingüístico que tiene valor especializado por su uso y conformación en determinada comunidad de saber y que, por tanto, hace referencia a los conceptos de determinada área, lo que define su carácter designativo-denominativo y su función de representar y transmitir conocimientos específicos de las áreas especializadas ya sean científicas, técnicas o relacionadas a oficios.

A su vez, la UFE es una unidad sintagmática, formada por dos o más de dos elementos lingüísticos que aparecen frecuentemente juntos en los textos en consecuencia de restricciones combinatorias determinadas por convenciones propias de las lenguas, de los géneros textuales y de la comunidad de saber en la que se utilizan estas unidades. Por ello, presenta cierta estabilidad y fijación, se caracteriza como modos de decir de un ámbito y hace referencia a acciones y procesos (*higienización de documentos*) o poseen funciones específicas en los géneros textuales (*de acuerdo con esta ley…*, forma prototípica en textos legislativos) (Bevilacqua, 1996, 2004; Bevilacqua et al., 2013).

En Bevilacqua et al. (2023) se construyó una definición de equivalencia terminológica a partir de la experiencia del grupo, que la describe como "a relação estabelecida entre dois ou mais termos que cumprem, em línguas e culturas diferentes, a mesma função referencial" (Bevilacqua & Kilian, 2023, p. 27). Para lograr dicha función, el término equivalente debe cumplir las siguientes condiciones: ser utilizado en la misma área y temática, en el mismo género textual y en el mismo campo semántico del término original y ser empleado por los miembros de una comunidad de saber equivalente.

Complementan los aspectos teóricos referidos, los fundamentos de la linguística de corpus de autores como Biber, Conrad & Reppen (1998), Stubbs, (1996) y Berber Sardinha (2004) que postulan la configuración del significado en el contexto real de comunicación y el desarrollo de la investigación lingüística basada en corpus textuales.

Etapas metodológicas

A continuación, presentamos las etapas metodológicas[3] relativas a la construcción de los corpus en portugués y en las lenguas extranjeras, a la identificación de los términos y al establecimiento de los equivalentes. Sin embargo, estas etapas son guiadas por dos decisiones previas, es decir, la definición del usuario del producto terminológico y la especificación de su función. Para la Base Papel, los usuarios previstos son alumnos y profesores de cursos técnicos y académicos; conservadores y restauradores, bibliotecarios, museólogos, investigadores, traductores,

---

[3]   En Bevilacqua et al. (2023) se explican en detalle todas las etapas de elaboración de productos terminográficos a partir de la experiencia de Termisul.

intérpretes, redactores, periodistas y otros profesionales del área (críticos de arte, curadores, etc.). Su función es ofrecer un conjunto de términos y UFEs del ámbito en portugués y sus equivalentes en las lenguas extranjeras, a fin de socializar la terminología del referido ámbito y de contribuir para su consolidación, además de ofrecer un recurso para la producción y traducción de textos, para la formación de futuros profesionales (adquisición de la terminología del área), entre otras posibilidades. Definimos también que su formato sería electrónico, de acceso libre y gratuito.

Construcción de los corpus

Para la construcción de los corpus en portugués y en las lenguas extranjeras, se estableció que los textos deberían: ser de género académico y técnico (libros, artículos científicos, tesis, informes, manuales, normas técnicas) y estar disponibles en sitios web reconocidos (*Associação Brasileira de Conservadores e Restauradores*, universidades, museos, periódicos científicos y eventos académicos de áreas relacionados al tema). Además, se utilizaron los siguientes parámetros de búsqueda: palabras clave en cada una de las lenguas (ejemplos en español: *conservación*, *restauración*, *bienes culturales materiales*, *papel*, etc.), la lengua (portugués, español, etc.) y el dominio de los países (pt, ar, ch, uy, py, fr, ca, en, it, ru). Se estableció aún que cada corpus tendría cerca de 1 millón de palabras. De esta manera, se aseguró que los corpus fueran comparables, hecho que facilitaría la búsqueda de los equivalentes.

Para el corpus español, se buscaron textos en los países del Mercosul (Argentina, Paraguay y Uruguay), como ya habíamos hecho en otros proyectos terminológicos anteriores. Sin embargo, fue muy difícil encontrar textos sobre la temática en Paraguay, razón que nos llevó a incluir textos de Chile y de España. Estos dos países también tienen importancia por tener centros de referencia en lo que respecta a la conservación y restauración de bienes materiales, además de la gran producción académica en el área, considerada referencia en varios países de América Latina.

Identificación de los términos y UFE

Para obtener una lista de candidatos a términos, utilizamos el recurso *Keywords* de *Sketch Engine*[4] que compara la frecuencia de las palabras del corpus especializado con la frecuencia de las palabras en un corpus de referencia de lengua general (*Portuguese Freeling* 1.3), considerando el tamaño de los dos corpus. El resultado son dos listas de palabras prototípicas del corpus de estudio, una de palabras simples y otra de sintagmáticas. Además, para obtenerse listas más depuradas, es posible

---

[4] https://www.sketchengine.eu/.

aplicar una *stoplist* o lista de exclusión de palabras para retirar aquellas que no interesan en la investigación (como artículos, pronombres, preposiciones, etc.) y definir la frecuencia de aparición que, en este caso, se estableció que debería ser igual o superior a 10 ocurrencias.

Las dos listas fueron reunidas en un único archivo *Excel* y de este archivo se excluyeron, además, nombres propios de personas, instituciones y lugares que no constaban en la lista de exclusión. Enseguida, incluimos los candidatos a términos en las categorías del árbol de dominio del área elaborada por Bojanoski (2018)[5], en la que, a partir de cinco grandes categorías –contextualizar/identificar; diagnosticar; conservar/restaurar; productos; equipamientos/instrumentos/herramientas– se incluyeron y jerarquizaron los términos.

Es importante destacar que, aunque la elaboración del árbol de dominio dependa de la visión de cada investigador, –es decir, otros investigadores podrían haberla construido de forma diferente, revelando otra perspectiva del objeto de estudio–, el árbol de dominio permite representar, visualizar y entender la forma como se estructura el área y posibilita aplicar y explicar el criterio de pertenencia temática. Esto revela, a su vez, el principio de que los términos adquieren valor especializado en el ámbito y situaciones comunicativas específicas en que son utilizados y permite entender su conformación multidisciplinaria e híbrida, además de identificar la variación terminológica, aspectos ya referidos anteriormente.

En esta etapa, fue necesario también analizar los contextos de uso de los términos a partir de las concordancias generadas por la herramienta *Key Word in Context (KWIC)* del programa *AntConc*[6]. Obsérvese que, se buscaron contextos definitorios, es decir, que definiesen el término o que mostrasen sus características o posibles daños y/o tratamientos aplicados al papel. Presentamos algunos ejemplos extraídos de las concordancias del corpus en portugués: [...] o **papel** é um material orgânico gerado a partir de fibras de plantas terrestres [...] (ptPP097); [...] o **papel** é basicamente formado por fibras de celulose de diferentes origens [...] (ptPP111); [...] o **papel** é o suporte mais comum dos documentos e livros conservados em arquivos e bibliotecas (ptPP115).

Al final de estas etapas metodológicas, seleccionamos 350 términos de una lista inicial con cerca de 6 mil candidatos a términos.

Para la extracción de las UFEs, utilizamos la herramienta *WordSketch* de *Sketch Engine*, que ofrece patrones colocacionales, o sea, las posibles palabras que se

---

[5]   El árbol de dominio se presenta en la figura 6 para indicar los casos de variación denominativa y conceptual.

[6]   https://www.laurenceanthony.net/software/antconc/.

combinan con determinado término. Por ejemplo, para el término *acervo* en portugués, se identificaron los verbos *abrigar* y *proteger* y los nombres deverbales *conservação, deterioração* y *salvaguarda.* Los criterios para su selección fueron: estar formadas por patrones verbales o nombres deverbales, siguiendo nuestra definición para dichas unidades; hacer referencia a acciones y/o procesos del área y tener frecuencia igual o superior a 10 apariciones. Analizamos también los contextos de cada UFE a partir del *KWIC* de *AntConc.* Como resultado, fueron seleccionadas unidades como *conservação de documento, deterioração do papel, higienização de documento, proliferação de fungos.*

Identificación de los equivalentes en las lenguas extranjeras

Para la identificación de los equivalentes, seguimos los mismos pasos realizados para la extracción de los términos y UFEs en portugués. Usamos las *Keywords* de *Sketch Engine* para generar palabras clave simples y sintagmáticas utilizando corpus de referencia en las lenguas extranjeras del propio programa. Por ejemplo, para el español se utilizó el corpus Spanish Web 2018 (esTen-Ten18) con 16,9 mil millones de palabras del español peninsular y americano. Aplicamos también el criterio de frecuencia de aparición igual o superior a diez. Analizamos los contextos generados por la herramienta KWIC de *AntConc* y los comparamos con los contextos del portugués para atender los criterios de equivalencia terminológica presentados en la sesión 2 y confirmar los términos y UFEs identificados en las lenguas extranjeras como equivalentes de los términos en portugués.

Base de Datos Terminológicos Papel

Teniendo en cuenta los usuarios y función referidos anteriormente, la base contiene tres módulos: uno con informaciones sobre su elaboración, otro para las búsquedas por palabra o por orden alfabético en portugués y en lenguas extranjeras y el último destinado solo a los investigadores para la inclusión de los datos.

Los campos incluidos en la base son: término o UFE en portugués o en las lenguas extranjeras; contexto de uso y su fuente; otras formas (incluye variación ortográfica, morfológica o sintáctica), ver también (incluye sinónimos o variación léxica e hipónimos del término); equivalentes en las lenguas extranjeras y nota. En la figura 1, se pueden ver los campos con las informaciones para el término *bens* en portugués. Destacamos el campo 'ver também' en que están indicados los hipónimos de *bens*, es decir, sus tipos (*bem cultural, bem cultural móvel* y *bem patrimonial*).

Contexto:

Participam de patrimônio cultural da nação todos os **bens** que traduzam referência da história da civilização. São sujeitos à legislação os bens de interesse arqueológico, histórico, artístico, ambiental e paisagístico, os arquivos e os livros, bem como outros bens que constituam testemunho dos valores da civilização. (ptPP151)

Ver também:

bem cultural

bem cultural móvel

bem patrimonial

Equivalente(s) em Inglês :

goods

Equivalente(s) em Espanhol :

bien

Equivalente(s) em Francês :

bien

Equivalente(s) em Italiano :

bene

Equivalente(s) em Russo :

ценность [tsennost]

Figura 1. Campos de la Base Papel – término *bens*.

Conforme ya hemos comentado, el tema tratado en el proyecto se caracteriza por su interdisciplinariedad, ya que incluye términos utilizados en otras áreas de conocimiento, y por ser híbrido, es decir, por abarcar distintas perspectivas. Estos hechos pueden generar casos de variación denominativa y de variación conceptual, como ya explicamos en el apartado 2. Un ejemplo de variación denominativa por cambio morfológico es *restauração* y *restauro* en portugués. En español, podemos referir el caso de *salvaguarda del patrimonio documental* y *salvaguardia del patrimonio documental*, en que hay un cambio ortográfico. Estos casos se representan en el campo 'otra forma', como señalado anteriormente.

Contexto:

Dentro del patrimonio cultural se encuentra la categoría patrimonio documental. El compromiso y la responsabilidad de las naciones hacia la salvaguarda del Patrimonio como memoria de identidad de las naciones, cobra un mayor auge en el siglo XX. Esto se manifiesta en el desarrollo de un marco legal a nivel internacional, que ampara esta categoría. Después de la segunda mitad del siglo XX, se han dictado recomendaciones para la **salvaguarda del patrimonio documental** por un grupo de organismos internacionales, en particular la UNESCO, en trabajo mancomunado con la Federación Internacional de Asociaciones de Bibliotecarios y Bibliotecas (IFLA) y el Consejo Internacional de Archivos (CIA). (Fonte - 29/06/2021; cu)

Outras formas:

salvaguardia de patrimonio documental

Contexto:

Según las Directrices para la **Salvaguardia del Patrimonio Documental** de la UNESCO es ineludible: Facilitar el acceso universal al patrimonio documental, mediante actividades consistentes en promover la producción de copias numerizadas y catálogos consultables en Internet y en publicar y distribuir libros, CD, DVD y otros productos de manera tan amplia y equitativa como sea posible. (Fonte - 29/06/2021; bo)

Equivalente(s) em Português :

salvaguarda de patrimônio documental

Figura 2. Ejemplo de variación denominativa – *salvaguarda/salvaguardia del patrimonio documental*.

Los casos de sinonimia (cambio lexical), son indicados en el campo 'ver também', como se puede ver en la figura 3 para los términos *ventilación* y *aireación*. En estos casos, las entradas están relacionadas por hipervínculo y es posible navegar de una a otra. En este ejemplo, se observa aún, en este mismo campo, un tipo de *ventilación* (*ventilación natural*), es decir, un hipónimo de la entrada principal.

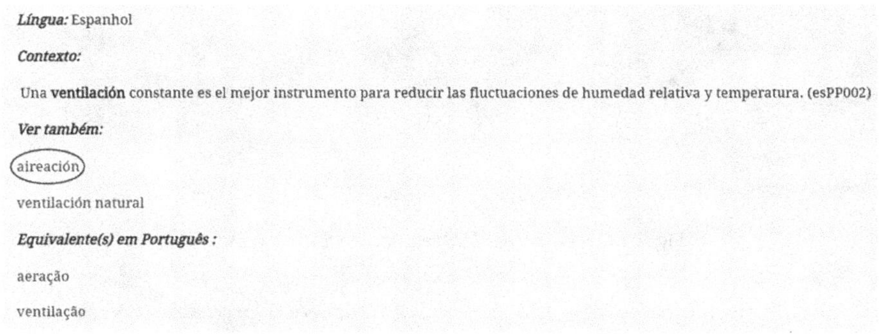

Língua: Espanhol

Contexto:

Una **ventilación** constante es el mejor instrumento para reducir las fluctuaciones de humedad relativa y temperatura. (esPP002)

Ver também:

aireación

ventilación natural

Equivalente(s) em Português :

aeração

ventilação

Figura 3. Ejemplo de sinonimia – *ventilación* y *aireación*.

Como ejemplos variación conceptual, tenemos los casos de *Conservación (1)*, que se refiere al área o a la disciplina que abarca la preservación, la restauración, y *conservación (2)*, que denota los procedimientos y técnicas que buscan extender la vida de los bienes culturales. Otro ejemplo es el de *agua (1)* con el sentido de agente de deterioro y *agua (2)* que es el producto utilizado en los procedimientos y técnicas de conservación y restauración. Los términos que presentaron variación denominativa se incluyen cada uno en su artículo, indicado por los números (1) y (2), como es posible ver en las figuras 4 y 5 para los términos *água* (1) y (2) en portugués y sus equivalentes en las lenguas extranjeras.

ÁGUA (1)

> **Contexto:** Existem ainda alguns descuidos que podem causar sérios danos ao acervo. Podem ser causados pela **água**, tanto pela infiltração como até mesmo por enchentes [...]. (ptPP099)
>
> *Equivalente(s) em Inglês :*
> water 1
> *Equivalente(s) em Espanhol :*
> agua 1
> *Equivalente(s) em Francês :*
> eau 1
> *Equivalente(s) em Italiano :*
> acqua 1
> *Equivalente(s) em Russo :*
> вода 1 [voda]

Figura 4. Ejemplo de variación conceptual – término *água (1)*.

ÁGUA (2)

> **Contexto:** No tanque superior se dá o processo da reenfibragem, que é a passagem de uma solução de **água** + polpa de papel através de uma tela semipermeável onde está o documento a ser restaurado. Como resultado esperado temos o depósito da polpa nas áreas do documento onde houveram perdas de material. (ptPP023)
>
> **Ver também:**
> água deionizada
> água desmineralizada
> água destilada
> água quente
>
> *Equivalente(s) em Inglês :*
> water 2
> *Equivalente(s) em Espanhol :*
> agua 2
> *Equivalente(s) em Francês :*
> eau 2
> *Equivalente(s) em Italiano :*
> acqua 2
> *Equivalente(s) em Russo :*
> вода 2 [voda]

Figura 5. Ejemplo de variación conceptual – término *água (2)*.

A partir del árbol de dominio referido anteriormente (Bojanoski, 2018), presentamos la figura 6 para mostrar los casos de sinonimia (en rojo) y los de variación conceptual (en azul).

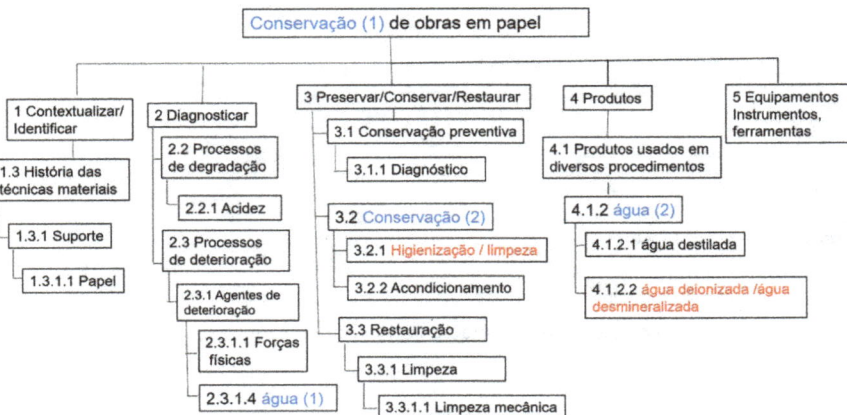

Bojanoski (2018)

Figura 6. Árbol de dominio – casos de sinonimia y de variación conceptual. Bojanoski (2018).

Consideraciones finales

De todo lo que hemos presentado sobre los aspectos teóricos y metodológicos para la construcción de la Base Papel –y que pueden aplicarse a otros productos terminológicos–, destacamos la importancia de:

· conocer la forma cómo se constituye el área para poder entender la génesis de sus términos, la multidisciplinariedad y los distintos puntos de vista que reflejan, lo que puede generar variación terminológica, ya sea denominativa o conceptual;
· considerar que las teorías lingüísticas de la terminología tienden a entender la normalización como el proceso de uniformizar y armonizar los términos utilizados en determinado espacio sociocultural y lingüístico (Faulstich, 2006); eso supone tener en cuenta la circulación social de los términos y, por lo tanto, las prácticas lingüísticas en los ámbitos o esferas discursivas en que son utilizados;
· proponer, a partir de lo anterior, soluciones para la representación de los términos identificados y de la variación terminológica que sean adecuadas al público y a la función de la obra;

· entender que el valor y la función de los términos y de las UFEs se generan en determinado ámbito discursivo que, a su vez, está implicado por aspectos sociales, históricos y culturales;
· definir el público y la función del producto que se quiere elaborar, puesto que esto orienta la toma de decisiones y las etapas del trabajo terminológico;
· establecer, considerando lo anterior, etapas metodológicas que auxilien a identificar los términos y su variación denominativa y conceptual, así como las UFEs;
· proponer campos del producto a ser elaborado que ofrezcan informaciones adecuadas y pertinentes al público previsto y a su función;
· contar con la colaboración de los especialistas del área que puedan contribuir en todas las etapas del trabajo (constitución del corpus textual, selección de términos y discusión de los problemas identificados);
· comprender que el trabajo terminológico también es complejo y también es multi e interdisciplinario.

A partir de lo expuesto, esperamos haber podido explicitar los principios teórico-metodológicos y el proceso de elaboración de un producto terminográfico relacionado a los bienes culturales en papel y destacado el valor de dicho producto para la difusión de la terminología a un conjunto más amplio de la sociedad, hecho que también auxilia a consolidarla y a valorarla. En este sentido, creemos que la base aquí presentada tiene relevancia no solo a los que se dedican o se interesan por el tema de la conservación y restauración de bienes materiales y los bienes en papel en específico, sino también a la sociedad en general, dado que es un área fundamental para la salvaguarda de la memoria y de la historia de las distintas sociedades y países. Estos aspectos refuerzan el rol social de la terminología y la importancia del trabajo conjunto entre terminólogos/terminógrafos y los especialistas en el tema en la elaboración de obras terminográficas. Deseamos que este trabajo interdisciplinario y colectivo sea una constante y una motivación para la creación de nuevos grupos con vistas a la creación de otros tantos productos terminográficos necesarios a la divulgación del conocimiento especializado, a su democratización y a la comunicación entre las distintas comunidades de saber y/o grupo sociales.

Referencias bibliográficas

Berber Sardinha, T. (2004). *Lingüística de Corpus.* Manole.

Bevilacqua, C. R. (1996). *A fraseología jurídico-ambiental.* [Tesis de maestria, Universidade Federal do Rio Grande do Sul]. Lume –Repositório digital. https://lume.ufrgs.br/handle/10183/217084.

Bevilacqua, C. R. (2004). *Unidades Fraseológicas Especializadas Eventivas: descripción y reglas de formación en el ámbito de la energía solar.* [Tesis doctoral, Universitat Pompeu Fabra]. Tesis Doctorals en Xarxa. https://www.tdx.cat/bitstream/handle/10803/7515/tcrb.pdf?sequence=1&isAllowed=y.

Bevilacqua, C. R., Maciel, A. M. B., Reuillard, P. C., Scheeren, C. M. & Killian, C. (2013). Combinatórias léxicas especializadas da linguagem legislativa: uma abordagem orientada pelo *corpus*. En Murakawa, C., & Nadin, O. L. (Eds.), *Terminologia: uma ciência interdisciplinar* (pp. 227–243). Cultura Acadêmica.

Bevilacqua, C. R. & Kilian, C. K. (2023). Quando a teoria e a prática se encontram. En C. R. Bevilacqua, D. R. D. Sales, M. M. D. Silva, P. C. R. Reuillard & S. D. Loguercio (Eds.). *Como elaborar um dicionário especializado? A experiência do grupo Termisul* (1a ed., pp. 14–31). Zouk. https://www.editorazouk.com.br/pd-95a553--e-book-como-elaborar-um-dicionario-especializado.html?ct=308e81&p=1&s=1.

Bevilacqua, C. R., Sales, D. R. D., Silva, M. M. D., Reuillard, P. C. & Loguercio, S. D. (2023). *Como elaborar um dicionário especializado? A experiência do grupo Termisul* (1a ed.). Zouk. https://www.editorazouk.com.br/pd-95a553--e-book-como-elaborar-um-dicionario-especializado.html?ct=308e81&p=1&s=1.

Biber, D., Conrad, S. & Reppen, R. (1998). *Corpus linguistics: investigating language structure and use.* Cambridge University Press.

Bojanoski, S. F. (2018). *Terminologia em conservação de bens culturais em papel: produção de um glossário para profissionais em formação.* [Tesis doctoral, Universidade Federal de Pelotas]. Guaiaca – Repositório Institucional. https://guaiaca.ufpel.edu.br/handle/prefix/6203.

Cabré, M. T. (1999). *Terminología: representación y comunicación. Una teoría de base comunicativa y otros artículos.* Institut Universitari de Lingüística Aplicada.

Cabré, M. T. (2001a). Sumario de principios que configuran la nueva propuesta teórica y consecuencias metodológicas. En M. T. Cabré & J. Feliu (Eds.), *La terminología científico-técnica: reconocimiento, análisis y extracción de información formal y semántica* (pp. 17–25). Institut Universitari de Lingüística Aplicada.

Cabré, M. T. (2001b). Consecuencias teóricas de la propuesta metodológica. En M. T. Cabré & J. Feliu, (Eds.), *La terminología científico-técnica: reconocimiento, análisis y extracción de información formal y semántica* (pp. 27–36). Institut Universitari de Lingüística Aplicada.

Faulstich, E. (2006). A socioterminologia na comunicação científica e técnica. *Ciência e Cultura, 58*(2), 27–31. http://cienciaecultura.bvs.br/pdf/cic/v58n2/a12v58n2.

Freixa, J. (2001). Reconocimiento de unidades denominativas: incidencia de la variación en el reconocimiento de unidades terminológicas.

En En M. T. Cabré & J. Feliu (Eds.), *La terminología científico-técnica: reconocimiento, análisis y extracción de información formal y semántica* (pp. 57–65). Institut Universitari de Lingüística Aplicada.

Gaudin, F. (2005). La socioterminologie. *Langages, 157,* 80–92, mars 2005.

Gaudin, F. (1993). *Pour une socioterminologie. Des problèmees sémantiques aux pratiques institutionnelles.* Publications de l'Université de Rouen.

Grunber, E. (2000). Educação patrimonial. Utilização dos bens patrimoniais como recursos educacionais. *Cadernos do CEOM, 12,* 159–180, junio/2000. https://bell.unochapeco.edu.br/revistas/index.php/rcc/article/view/2133.

International Council of Museums – Committee of Conservation. (2008). *Resolution adopted by the ICOM-CC membership at the 15th Triennial Conference.* New Delhi. https://journals.openedition.org/ceroart/2794?file=1.

Instituto do Patrimônio Histórico e Artístico Nacional. (2018). *Portaria No 375, de 19 de setembro de 2018.* Institui a Política de Patrimônico Cultural Material do IPHAN e dá outras providências. http://portal.iphan.gov.br/uploads/legislacao/portaria3752018sei_iphan0732090.pdf.

Krieger, M. G. (1998). Terminologia em contextos integradores: funcionalidade e fundamentos. *Organon, 12*(26), 19–31. https://seer.ufrgs.br/index.php/organon/article/view/29556/18256.

Krieger, M. G. (2000). Terminologia revisitada. *DELTA, 16*(2), 209–228. https://revistas.pucsp.br/index.php/delta/article/view/39899/26971.

Krieger, M. G. & Finatto, M. J. B. (2004). *Introdução à Terminologia*: Teoria & Prática. São Paulo: Contexto.

Krieger, M. G. (2005). Terminologias em construção: procedimentos metodológicos. *Anais do VIII Congresso Internacional da ABECAN (Associação Brasileira de Estudos Canadenses).* http://www.ufrgs.br/termisul/files/file112160.pdf.

Krieger, M. G. (2008). Porque Lexicografia e Terminologia: relações textuais. *Anais do 8º Encontro do CELSUL (Círculo de Estudos Linguísticos do Sul).* Educat. https://www.leffa.pro.br/tela4/Textos/Textos/Anais/CELSUL_VIII/lexicografia_e_terminologia.pdf.

Krieger, M. G. (2018). Terminografia: entre teoria e aplicações. En Isquerdo, A. N., & Dal Corno, G. O. M. *As Ciências do Léxico. Lexicologia, Lexicografia, Terminologia* (Vol. VIII, pp. 329–346). Editora UFMS.

Stubbs, M. (1996). *Text and corpus analysis.* Computer-assisted studies of language and culture. Blackwell.

IX. Sobre la terminología en conservación-restauración: implicaciones, saberes, procesos y desafíos

Isabel Medina-González

RESUMEN

Este capítulo explora, analiza y problematiza la terminología en la conservación-restauración desde una perspectiva holística que implica derroteros conceptuales, disciplinarios e inter-disciplinarios para profundizar en sus implicaciones, sus saberes y sus procesos que están el centro de la construcción, uso y reproducción de nuestro lenguaje profesional. Con ello, busca encontrar vías de profundización sobre los fundamentos, prácticas y resultados de los procesos de estandarización terminológica en nuestro campo, amén de clarificar sus desafíos.

ABSTRACT

This chapter examines, analyses and problematizes the terminology employed in the field of heritage conservation, from a holistic perspective that involves conceptual, disciplinary and interdisciplinary scopes, in order to examine the implications, knowledge and processes that lay at the hearth of the construction, use and reproduction of our professional language. The aim is to deeply explore the foundations, practices and results of language standardization in our disciplinary field, as much as to point out their actual challenges.

Introducción

Sin lugar a dudas, es todo un desafío profundizar de forma crítica sobre el tema de la terminología en el campo profesional de la conservación-restauración. Las razones son varías y solo expongo algunas. No hay corpus bibliográfico específicamente dedicado a la temática, sino más bien variados esfuerzos des-perdigados. Aunque nuestra disciplina tiene amplios y variados horizontes de formas expositivas textuales, existe una laguna de bibliografía sobre las prácticas de escribir como conservador-restaurador. Frecuentemente, los conservadores-restauradores nos debatimos sobre el uso de un término y otro, pero pareciera que mucho de esas discusiones luego se quedan pendientes. ¿Cuántas veces he oído sobre la necesidad de actualizar o adaptar glosarios existentes? ¿Cuántas veces me lo he propuesto como parte de un informe u otro escrito académico y no le he concretado?

Parece aún un reto más complejo, y a la vez innovador, emprender un análisis terminológico de la conservación-restauración desde la florida y compleja barri-cada de nuestro idioma español, ya que de por si la literatura especializada de este ámbito disciplinar aparece más prolija en otras lenguas, particularmente el inglés.

Por ello, participar en un libro que tome a la terminología de la conservación-restauración, desde un país hispanohablante como Chile, resulta doblemente atractivo y acertado, sobre todo porque en este esfuerzo han conjuntado las voluntades y las voces de distintas profesiones y organizaciones. En efecto, como en muchos problemas grandes y urgentes de nuestro campo profesional, las vías pertinentes para llegar a puerto radican en los engranes de la colaboración tanto interdisciplinaria como institucional.

Empezaré este capítulo con una reflexión personal. Después de una trayectoria de 30 años como conservadora-restauradora, que se traducen en un entrelazamiento de competencias como practicante, investigadora y profesora, así como lectora, autora, dictaminadora y editora de varios textos, invariablemente me siento incomoda, desalentada y tremendamente aburrida cuando algún documento derivado de los saberes de nuestra disciplina empieza con una definición proveniente del Diccionario de la Lengua Española (DLE). Las razones son varias, y aquí expondré algunas pertinentes al argumento de este capítulo. Con ello vale la pena proveer algún antecedente: la Real Academia Española es una institución fundada en 1713, que según sus propios y actualizados estatutos tiene como misión principal "velar por que los cambios que experimente la lengua española en su constante adaptación a las necesidades de sus hablantes no quiebren la esencial unidad que mantiene en todo el ámbito hispánico" (RAE, 2024). No es mi objetivo aquí profundizar en las varias controversias de orden general que se han planteado sobre la validez de la regulación del lenguaje normalizado por la RAE, incluyendo la más reciente vinculada al rechazo de autorizar el uso del lenguaje inclusivo (García, 2023). Más bien quisiera referirme a razones disciplinarias particulares: cuando uno busca en la página web del DLE a las definiciones de conservación, restauración, conservar, restaurar, conservador y restaurador descubre, con cierta sorpresa, que en ninguna de ellas hay indicio de las complejidades conceptuales, teóricas, metodológicas y de praxis de nuestro quehacer profesional. Incluso al examinar a los términos de conservación y restauración no aparece seña que éstos se refieran a una disciplina o profesión. La cuestión se vuelve más espinosa cuando comparamos las definiciones de los vocablos que dan cuenta de disciplinas afines, por ejemplo: Arquitectura: "Arte de proyectar y construir", Historia: "Disciplina que estudia y narra cronológicamente los acontecimientos pasados", Arqueología: "Ciencia que estudia las artes, los monumentos y los objetos de la antigüedad, especialmente a través de sus restos" (DLE, 2024). ¿Será esto una inocente omisión sobre el *status* profesional adquirido por el campo de la conservación y restauración en los últimos 50 años?, o bien ¿estamos presenciando una evidencia de discriminación epistémica? Es difícil determinarlo (véase Figura 1).

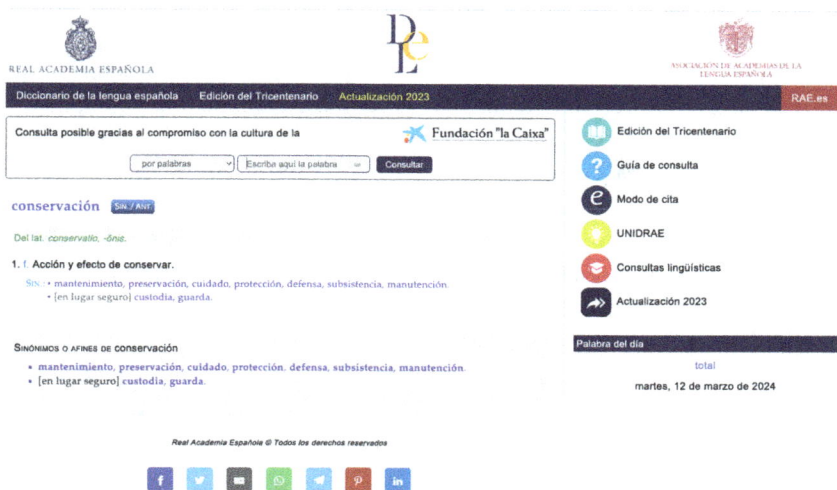

Figura 1. Vista de general de la página introductoria del Diccionario de la Lengua Española de la Real Academia Española. *Diccionario de la Lengua Española.* https://dle.rae.es/.

Sin embargo, en función de encontrar alguna respuesta, conviene indagar sobre cómo la RAE lleva a cabo la confección de su afamado diccionario. Como su propio sitio web (RAE, 2024) revela, la RAE está conformada por una serie, ya preestablecida, de grupos e institutos especializados que proponen términos y definiciones que son revisados y aprobados por el Pleno de académicos con el apoyo de Academias. El proceso está, por tanto, dominado, por un sistema convencional y jerarquizado que, a pesar de los esfuerzos recientes, permanece lejos de derroteros abiertos e inclusivos[1]. Dudo que alguna vez haya participado un conservador-restaurador en este sistema; ello explicaría, aunque no justificaría, por qué las definiciones del diccionario de la RAE son tan lejanas al lenguaje conceptual de nuestra comunidad profesional. Decepcionante, pero real, ya que se esperaría que una profesión que lleva por lo menos 50 años de desarrollo en España y México hubiera ya atravesado este techo de cristal de reconocimiento de *status* profesional al menos en el ámbito de su terminología.

Señalaré ahora aquí algo que, quizá es obvio, pero de cualquier manera relevante: la RAE no tiene el monopolio de la producción de diccionarios y hay otras organizaciones que tienen otras formas de construirlos. Uno muy famoso es el

---

[1]   De forma algo implícita la RAE parece haber reconocido algunos problemas sistémicos de exclusivismo sobre su forma de trabajo: ya en 2011 estableció un sistema de consulta interactivo para sugerencias y opiniones del público (RAE, 2024)

adoptado por el *Oxford English Dictionary*, o mejor conocido como OED, el cual fue establecido en el siglo XIX en la Gran Bretaña por la *Philosophical Society*. Como lo refiere su página web (OED, 2024), el proceso de elaboración y actualización de este diccionario se caracteriza por un sistema denominado *crowdsourcing*: una serie de voluntarios y lectores pagados extraen términos de diversas fuentes para crear *quotations* (o citaciones) que son sometidos a investigación y análisis de diversa naturaleza por expertos de distinto tipo, cuyas propuestas finales son revisadas y aprobadas por editores del OED. Se trata, entonces, de un sistema comparativamente menos jerarquizado, más horizontal, inclusivo y participativo que el de la RAE. La inclusividad del OED tiene tal peso que una de las anécdotas más interesantes de su historia es que uno de los principales contribuidores de su primera edición fue W. Chester Minor, un veterano de la Guerra Civil Americana que estaba internado en un asilo para criminales y dementes (Winchester, 1998, 2004) (véase Figura 2).

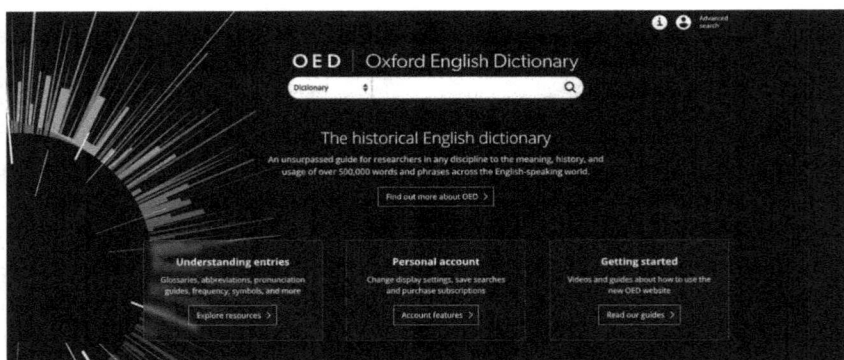

Figura 2. Imagen de la página web del *Oxford English Dictionary* (https://www.oed.com).

Ahora bien, personalmente desconozco si algún restaurador o restauradora ha sido parte del *crowdsourcing* del OED, pero en todo caso sospecho que este sistema si ha sido efectivo para integrar sus voces ya que las definiciones de *conservación*, *restauración*, *conservar*, *restaurar*, *conservador* y *restaurador* integran lenguajes y nociones de mayor cercanía a nuestra praxis profesional. Incluso, en las definiciones aparecen nociones propias del mundo patrimonial, algunos términos teóricos complejos -tales como *original* y *preservación*-, y visiones valorativas de la conservación, lo que provee evidencia de que la terminología está en constante actualización.

La comparación que acabo de plantear aquí podría llevarnos a varias interesantes conversaciones: temas sobre la visibilidad de nuestra profesión en diferentes tradiciones culturales, las diferencias de nuestro campo en el mundo occidental y la validez de los términos *conservación*, *preservación* y *restauración* en Europa conforme a un eje latino y anglosajón se antojan como posibles propuestas. Mi contribución en este libro, sin embargo, busca cumplir con otra intención: advertir sobre lo concierne al proceso de gestión terminológica que se sitúa en la conformación o transformación de lenguajes disciplinarios, como los que acometen a nuestro campo profesional. Por supuesto, no sobra decir que términos y lenguajes son artificios, cuya gestación, circulación y codificación conciernen a contextos, contenidos y procederes específicos. En este capítulo justo me propongo a usar estas dimensiones para problematizar el tema de la terminología en el ámbito de la conservación-restauración desde una esfera teórica. Para ello coloco mi mirada en sus implicaciones, los saberes y las rutas involucradas, para con ello, finalizar al plantearles algunas conclusiones.

Implicaciones: nociones y deconstrucciones

La terminología generalmente se concibe como un conjunto de términos o vocablos de una materia especializada, cuya codificación se da en diversos formatos: diccionarios, vocabularios, glosarios y bases de datos. Una muestra de estos sistemas de codificación en el ámbito de la conservación y restauración se ubica en el sitio web del Ministerio de Cultura de Francia (MCF, 2024): se denomina vocabularios y busca que todos utilicemos "las mismas palabras dándoles los mismos significados y aplicándolas a los mismos objetos o procesos". Este objetivo tan claro, desafortunadamente, se vuelve difuso cuando entramos al contenido del repositorio. Al contrario de las aspiraciones expuestas, la sección de vocabularios de conservación-restauración no presenta un sistema de estandarización terminológica, sino los *links* de diferentes diccionarios, glosarios y bases de datos terminológicos que han surgido en los últimos 20 años en nuestro campo profesional en diversos lugares del mundo. Una revisión de esta muestra da cuenta, de hecho, de las múltiples discrepancias que ha conllevado la terminología de nuestro campo en tiempo y espacio, amén que permite plantear algunas aserciones. La primera es que nuestro campo profesional no tiene una terminología consensuada a nivel mundial. Asimismo, es evidente que una gran cantidad de terminologías profesionales se han producido en distintas lenguas, incluyendo al español. Y la tercera es que si producimos terminologías es porque las requerimos en nuestro campo.

¿Pero por qué necesitamos terminologías en nuestro campo profesional? ¿Qué implicaciones tiene la terminología en nuestro quehacer disciplinario? Responder estas preguntas revela algunos asuntos de interés. En efecto, cualquiera que haya pasado un tiempo con conservadores-restauradores habrá caído en cuenta que tenemos un lenguaje muy específico: una jerga compuesta de vocablos particulares que refieren a distintos tipos de objetos, variados fenómenos y diversos procesos. Adicionalmente, los miembros de nuestra comunidad pasamos mucho tiempo hablando sobre la terminología: conversamos sobre si este vocablo es el más adecuado o preciso para nombrar alguna instancia; disertamos sobre si tal vocablo es sinónimo de otro concepto, y nos debatimos sobre si habrá mejores alternativas para referir a alguna cuestión. Es natural que después de una conversación sobre términos, no lleguemos a terminar la discusión, sino más bien planteemos que hay que pasar más tiempo pensando en los términos.

Asimismo, en un mundo tan especializado como en el que nos desempeñamos, parece indispensable contar con una terminología concreta, precisa e inequívoca para favorecer nuestro trabajo. Algunos autores afirman que los beneficios obtenidos derivan de la optimización de los procesos de intercambio de información: por ejemplo, Susan Cor (2024) ha señalado que las terminologías favorecen una comunicación clara y exacta en nuestro campo, lo cual garantiza mejores prácticas y resultados. Este punto resulta no sólo sensato, sino apropiado cuando consideramos que nuestra labor profesional frecuentemente involucra a escenarios de grupos de trabajo y secuencias de procesos en los que la falta de un lenguaje compartido puede generar múltiples malentendidos y ambigüedades. Asimismo, dado que la praxis de la conservación-restauración actualmente involucra profesionales de diversas disciplinas con universos conceptuales muy distintos –las ciencias naturales, las aplicadas, las sociales y las humanas– es imprescindible contar con una plataforma lingüística que nos sea colectivamente inteligible, evite confusiones y favorezca los beneficios del intercambio.

Sin embargo, es importante señalar que los asuntos relativos a terminología disciplinaria van más allá de la comunicación. Esto se debe a que los términos, además de ser unidades de transmisión comunicativa, son unidades de significación o de representación (Cabré, 1993, 1999, 2001). En este sentido, la terminología ordena al pensamiento y a su consecución, ya desde la adquisición de conocimiento, pasando por la estructuración de la información, y hasta la articulación de nuestro saber. Este proceso posee singular complejidad en nuestro quehacer profesional y para demostrarlo basta exponer un ejemplo derivado de la práctica.

Los conservadores-restauradores frecuentemente realizamos un proceso conocido como "diagnóstico de estado físico de un bien cultural". Se trata de un procedimiento muy sofisticado, que desafortunadamente no ha recibido toda la atención que merece. Por ello, vale la pena deconstruirlo. Durante el diagnostico, los profesionales de la conservación-restauración recuperamos ciertos conceptos e informaciones previamente adquiridos, es decir, in vitro, y los conectamos con fenómenos que percibimos con nuestros sentidos, predominantemente con la vista, in vivo. Las ideas resultantes de dicha articulación se traducen a un lenguaje codificado en vocablos que refieren a alteraciones específicas: grieta, fisura, fractura, etc. El término seleccionado constituye, por su propia naturaleza, un referente que representa una faceta de la realidad dentro de un universo de representación textual y gráfico que denominamos "informe". La capacidad referencial de cada uno de los términos empleados es poderosa: no mostramos una fotografía de cada grieta, sino que registramos el fenómeno codificado, estableciendo una confianza sobre la veracidad de su referenciación.

Ahora bien, para que este sistema de codificación se sostenga y para opere en la colectividad de nuestra práctica disciplinaria, debe existir un acuerdo en cuanto a lo que cada vocablo da a conocer, lo que significa y lo que representa. Esto es de especial importancia en el diagnóstico de estado físico, ya que el vocablo es utilizado para generar una explicación de lo que implica la alteración y una propuesta de lo que se requiere hacer en cuanto a su intervención: la grieta se ocasionó por esto, la grieta se debe atender de esta manera. Es decir que, si somos suficientemente agudos, nos daremos cuenta de que el término empleado termina siendo una conexión entre el conocimiento, la percepción, el discernimiento, el análisis, la evaluación y la decisión. Es decir, un término entabla una noción o concepto. Entonces, su uso (apropiado o inapropiado) implica múltiples consecuencias, ya que incide en la forma que comprendemos el estado actual del bien, el resultado de su diagnóstico, y la base a partir de la cual damos curso a nuestras determinaciones o acciones. Si el centro de la gravedad del quehacer de la conservación y la restauración es la toma de decisiones (Medina-González, 2011), la toma de decisiones está atravesada por los términos y/o conceptos que empleamos los conservadores-restauradores. La terminología es entonces la codificación del significado y de la representación implícitos en el término; y, por ende, constituye un sistema conceptual. Como tal, la competencia y el uso adecuado de la terminología tiene serias implicaciones en la transmisión de conocimientos, lo que le da un sentido vertebral en los procesos de enseñanza-aprendizaje. La terminología entonces tiene un valor en la construcción y reproducción de nuestros saberes profesionales, una perspectiva que abordaré con mayor detalle a continuación.

Saberes: disciplinas y lenguajes

Para comprender hasta qué punto los saberes que están implicados en la terminología y viceversa, vale la pena explorar algunas conexiones que desde el lenguaje se han situado en las matrices analíticas de la historia y la filosofía.

Efectivamente, las terminologías tienen una dimensión histórica y, por tanto, sus entidades –los términos/conceptos– como vehículos constitutivos de significación y representación son contextuales, contingentes, cambiantes y dinámicas. Hasta el momento no he encontrado una historia de la conservación y restauración que tome como eje de argumentación las terminologías que hemos desarrollado a lo largo del tiempo, pero seguramente este abordaje desvelaría mucho de la forma que nuestra disciplina ha cambiado a lo largo del tiempo, las características que el lenguaje profesional ha adquirido en escalas de tiempo y lugar, y los momentos de inflexión que han generado tanto en los léxicos como en la configuración de saberes disciplinarios. Vale la pena explorar algunas instancias de esta propuesta histórica sobre el lenguaje profesional y el desarrollo de nuestra disciplina.

Una primera instancia puede dirigirse a explorar un término o concepto como reflejo de una época de desarrollo de nuestra disciplina. Reconocemos que la noción de *estilo* es determinante para comprender los horizontes de los objetivos de la restauración conforme a los postulados planteados por Emmanuel Viollet-Leduc a finales del siglo XIX (cf. Magar, 2018). Por su parte, los términos o conceptos que se enlazan en la idea de "momento metodológico" son referentes indispensables en la articulación del contenido y continente de la restauración que se daría a la luz con la Teoría del Restauro, de Cesare Brandi (1964), en los años 60.

Ahora bien, otra instancia de indagación puede dirigirse a cómo nacen y se desarrollan las terminologías históricamente. Tomaré un ejemplo personal. Hace diez años, en la búsqueda reflexiva de un título para una revista especializada en el campo patrimonial, propuse que la palabra *intervención* remite a los procesos paradigmáticos de la conservación-restauración. En ese momento, ese término lo empleé para ir más allá de la referencia clásica a los tratamientos que hacemos como conservadores-restauradores en los bienes culturales. Mi intención era también referir a las intervenciones discursivas, es decir, a los argumentos escritos, en forma de ensayos, informes, reportes e investigaciones, que se desplegarían en aquella publicación. Ahora comprendo que esas intervenciones son espacios de conversación, de indagación, de diálogo y de enseñanza: es decir, calderos de expresión disciplinaria. Muchos de esos espacios de expresión hoy en día han empezado a ser objetos de indagación, con propio derecho, sobre la historia de la conservación-restauración (cf. Madrid, 2021). En ellos podemos mapear como surgen, se repiten y se consolidan ciertos términos, lo que, a su vez, construye nuestra práctica disciplinaria.

Es interesante señalar que estas exploraciones terminológicas pueden llevarnos a discernir momentos de inflexión profesional. Por ejemplo, sabemos que la reflexión crítica sobre ciertos términos o conceptos han reestructurado el ser, pensar y hacer de la conservación-restauración. Y que, en este devenir, ciertos vocablos o nociones han caído en desuso y, en ocasiones, han resurgido con interesantes consecuencias. Ejemplo de ello es el concepto de *retratabilidad*, que si bien se explicitó en la Carta de Atenas en el año 1931 (CATHM, 1931), fue luego poco visible, hasta que reviviera nuevamente a finales del siglo XX, justo cuando la noción de *reversibilidad* entraba en crisis (Velleda & Avila, 2013; Muñoz Viñas, 2003). Algunos procesos de transformación terminológica tienen lugar, afortunadamente, en procesos de debate académico: hace un tiempo, por ejemplo, una colega y yo entablamos un debate sobre la vigencia de la noción de *mínima intervención*, ese intercambio no sólo decantó en una publicación que dio a la luz recientemente (Madrid, 2023; Medina-González, 2023), sino que conllevó a que replanteáramos nuestras propias posiciones, asunto que se nos ha quedado en el tintero ante los propios tiempos que determinan la producción editorial.

Tomando en cuenta lo anterior, vale la pena explorar el carácter disciplinario que tienen las terminologías. En efecto, "la terminología se define como el conjunto de los términos de una materia especializada" (Cabré, 1993; Santamarina, 2009)

Y es aquí donde la palabra "disciplina" es clave. En el texto seminal de *Las Palabras y las Cosas, arqueología de las ciencias humanas*, Foucautl (1968) argumenta que las condiciones del discurso cambian a lo largo del tiempo porque existen diversas condiciones subyacentes a la verdad. En este sentido, el discurso científico con su terminología es tanto agente de la formación de disciplinas científicas como cómplice en el artificio de la construcción de su verdad. Entonces, es importante reconocer que cuando una terminología disciplinaria es revisada y reconstituida, no sólo se clarifican nuevos y viejos términos, sino que también se aportan nuevas explicaciones sobre éstos. La innovación de vocabularios, diccionarios y glosarios no es una simple estandarización de vocablos y nociones, sino momentos donde se reactiva la disciplina que requiere el lenguaje disciplinario. Y este acto puede llevar a la reconfiguración de la disciplina, e incluso a la gestación de nuevas formas de comprender y operar a la práctica disciplinaria, así como de establecer sus horizontes de verdad.

Un ejemplo muy explicativo de lo anterior deriva de la reconstitución que ha sufrido el concepto de *autenticidad* en los últimos 30 años en el ámbito de la con-servación-restauración. En efecto, el párrafo introductorio de la seminal *Carta de Venecia* (ICOMOS, 1964) dio el cabal sentido de responsabilidad a la preservación de los monumentos con base en la noción de *autenticidad*, misma que se estableció como una piedra angular de la verdad deontológica de nuestra profesión. Sin embargo, para principios de los años 90, el entendimiento de la autenticidad fue reconfigurado con el Documento de Nara, pasando de una condición subyacente de verdad científica –que lo aproximaba a la noción de original o verdadero– hacia una propuesta enmarcada bajo el alero de criterios de relatividad cultural (UNESCO, 1994). Como parte de ello, reflexionar disciplinariamente sobre qué podía ser algo *auténtico* en diversos contextos culturales se ha convertido practica necesaria en la disciplina de la conservación-restauración (Stovel, 1995a, 1995b; Saouma-Forero, 2001).

Volvamos ahora al argumento de que la terminología disciplinaria constituye un sistema conceptual, con el fin de profundizar en cómo ha operado con las posturas teóricas que se sitúan en el desarrollo histórico de la conservación-restauración. Para ello, conviene advertir que nuevos términos y conceptos han participado en la construcción teórica disciplinar y viceversa. Para fundamentar esta aserción basta considerar que los textos teóricos clásicos de la conservación-restauración no hacían gran distinción entre los términos o conceptos de *alteración* y *deterioro*; sin embargo, propuestas teóricas más recientes, de corte valorativo, plantean un escenario distinto: mientras *alteración* se asocia con una transformación material, el *deterioro* se reconfigura como una ponderación o discordancia entre estas alteraciones y su impacto con la valoración del bien patrimonial. En este sentido, es importante considerar que los saberes disciplinarios implícitos en la construcción terminológica no existen en un territorio exento de problematización.

Dicha circunstancia requiere aproximaciones críticas que bien pueden orientarse desde un ámbito que ha explorado los vínculos entre mundo, pensamiento y lenguaje: el filosófico. En este respecto, vale la pena señalar que, como afirma Morales Fabrero (2022):

> (…) la filosofía nació y persiste, por la problemática de determinar la relación entre el hombre –lo subjetivo– y la realidad externa a nosotros –lo objetivo–. En esta dialéctica entre subjetivo y objetivo, ha habido un paradigma que ha dominado toda la filosofía desde Platón, hasta principios del siglo XIX, la conciencia y el pensamiento, siendo sustituidos en la era moderna por el paradigma lingüístico, producido a principios de siglo XIX, a partir de las reflexiones analíticas de Frege, Russell y Wittgenstein y hermenéuticas de, principalmente, Von Humboldt y Heidegger, que implicó el abandono de categorías de análisis y supuestos metafísicos como punto de partida del pensamiento filosófico, así como, en buena medida, de conceptos corrientes en la filosofía de aquel tiempo tales como conciencia, sujeto trascendental, espíritu, etc. (p. 1)

Aquí es pertinente recordar aquella famosa frase de Ludwig Wittgenstein que reza: "El límite de nuestro lenguaje es el límite de nuestro mundo". En efecto, el lenguaje construye realidades por que los "conceptos que posee una comunidad establecen la forma de la experiencia que sus integrantes tienen del mundo, pero a su vez esos conceptos se subordinan al mundo debido a que son el producto de una forma de vida específica y dependen de las condiciones materiales en que se generan y de los juegos de lenguaje a los que pertenecen" (Morales Fabero, 2022, p. 2).

Es justo este tema procedimental que se prefigura en la subordinación al mundo de las terminologías que quisiera abordar en el siguiente bloque de este capítulo.

Configuraciones: destinos y caminos

1. La palabra terminología no solo se refiere al producto terminado y denominado de esa manera, sino también a la praxis que lo genera; es decir, a
   los procesos que se dedican a la recopilación, descripción, análisis, ordena-
   miento y presentación de los términos de un campo del saber especializado
   (Santamarina, 2009).

2. Las prácticas terminológicas cuentan con una profunda genealogía de metodologías y procesos; sin embargo, en los últimos años, se han tendido puentes
   interdisciplinarios con la lingüística y se han propuesto diversos métodos
   de estandarización terminológica, como el ISO 10241, *Presentation od terminological entries in vocabularies*, y el ISO 704, *Terminological work: principles
   and methods*. Desconozco hasta qué punto los glosarios, vocabularios, o
   diccionarios del campo de la conservación-restauración se han construido
   interdisciplinariamente con las metodologías lingüísticas antes mencionadas,
   ya que los productos no siempre hacen explícitos sus procesos de gestación,
   los principios en que se sustentaron su alcance y los detalles de los procedimientos. No obstante, quisiera hacer una evaluación sobre los aciertos que,
   como practicante, veo en algunas terminologías de nuestro campo tanto
   en cuanto a proceso como a producto. Eso, con el fin de ofrecer alguna
   perspectiva de aportación que tienda la mano desde una visión prospectiva.

Un producto que llama la atención es *el Glosario de Formas de Deterioro de Piedra*
(ICOMOS, 2019), que fue elaborado por el Comité Científico Internacional de
Piedra del ICOMOS (véase Figura 3). Conforme a su propia introducción, este
glosario procedió de la revisión de glosarios publicados en diferentes países,
sobre todo de Europa y de Norteamérica, para dar lugar a un producto en idioma
inglés que, posteriormente, ha sido traducido a otras lenguas, incluyendo el
español. Esta secuencia de trabajo en las traducciones puede ser el origen de
algunos sinsabores. Ya los traductores se enfrentaron a algunas limitaciones
de comunicación que asumieron con honestidad estas limitaciones: el término
decay, por ejemplo, no pudo ser traducido al español por no encontrar una
correspondencia adecuada. Algunos colegas mexicanos han advertido algunas
idiosincrasias derivadas de la traducción, ya que en este glosario se proponen
nomenclaturas que parecen alejadas de las comprensiones conceptuales que
involucra una gestación terminológica desde nuestro idioma. La lección que
se deriva de ello es que cualquier terminología debe de elaborarse desde la
producción lingüística de su comunidad de uso. Un elemento negativo que yo
he detectado es que, aunque trata de incorporar todos los tipos de piedra, en
realidad, el universo naturalmente se concentra en los materiales pétreos más

comunes del patrimonio edificado europeo. La terminología de alteración de calizas, una roca muy empleada en el sureste mexicano, y en prácticamente todos los bienes culturales de adscripción Maya, es limitado en relación, por ejemplo, al mármol. Por ello, es fundamental que las terminologías procedan de una localidad a una globalidad, y no al contrario, ya que ello permite crear una verdadera *glocalidad* terminológica.

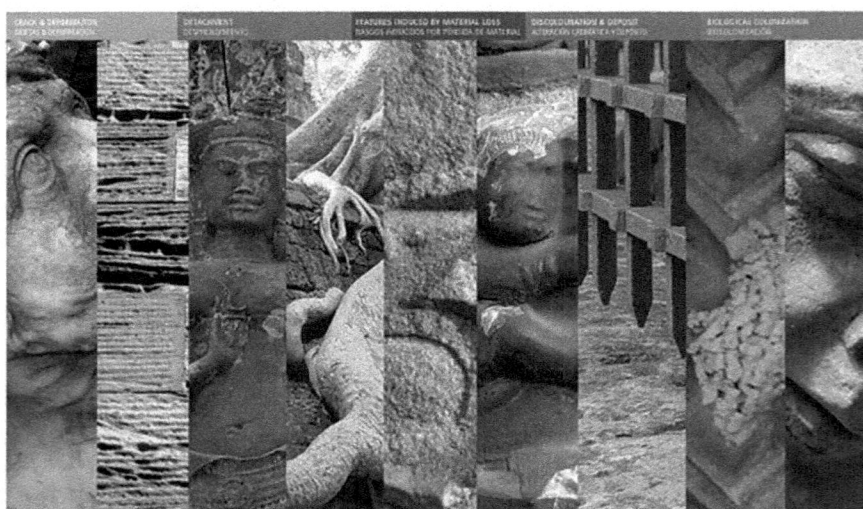

Figura 3. Portada del *Glosario de Formas de Deterioro de Piedra.* ICOMOS (2010). https://openarchive.icomos.org/id/eprint/2089/.

Ahora bien, este glosario tiene diversos aspectos positivos que habrán de considerarse en futuros ejercicios de estandarización terminológica. Uno de ellos es que este glosario se caracteriza por su carácter sintético y pragmático, lo cual se hace evidente en la presentación de una breve definición de términos genéricos, tales como como *alteración, daño, degradación, deterioro y meteorización*. Otro beneficio de su estructura es que ordena y jerarquiza de una forma amigable a los fenómenos detectables a simple vista, que son clasificados en 6 familias, lo que se traduce en una diagramación cromática. Otro acierto es que cada término involucra una definición, términos equivalentes, subtipos, lista de confusiones posibles y notas adicionales. Una gran ventaja es que ofrece imágenes de los deterioros, lo que permite reconocerlos y compararlos con otros similares. Esta aproximación lo ha hecho muy atractivo en su empleo en escenarios de enseñanza-aprendizaje.

Otro glosario del campo de la conservación-restauración que vale le pena evaluar es el *EwaGlos* (Weyer et al., 2005), una iniciativa que surgió del trabajo conjunto de un consorcio de siete instituciones académicas europeas, en el que colaboraron profesionales de diversas generaciones y disciplinas (Figura 4).

Un aspecto interesante del proceso de elaboración de este glosario, mismo que se declara en su introducción, es que sus editores procedieron desde el supuesto de que ningún diccionario puede comprender todos los términos y, con base en ello, determinaron sus alcances frente al área de conocimiento del producto. En este caso, el procedimiento involucró acompañamiento lingüístico que siguió una metodología lineal, que determinó: los lectores potenciales, la selección de conceptos a revisar, la estructura temática de los índices, el contenido orientativo para el tratamiento de cada término, así como requerimientos en términos de construcción textual y acompañamiento gráfico, lo cual sentó una matriz de trabajo para un proceso constructivo y colaborativo en once diferentes idiomas. Así, gracias a que se procedió a una equivalencia idiomática, el producto resultante carece de las limitaciones de una traducción literal.

Cabe señalar que un beneficio adicional del proceso de elaboración del *EwaGlos* es que contó con la participación de investigadores con larga data en la docencia, que ofrecieron experticia y experiencia en el desarrollo terminológico, así como con materiales, textos y fotografías que ya habían reunido con el propósito académico de estandarizar le terminología como parte de los procesos de enseñanza-aprendizaje. Es de notar que su texto introductorio no sólo transparenta y releva a conceptualización, construcción, curaduría y edición del glosario, sino que reflexiona críticamente sobre sus intenciones y logros. El resultado es un glosario estructurado y jerarquizado alrededor de tres temáticas: técnicas constructivas, condición física e intervenciones. Cada uno de estos rubros es tratado de forma innovadora. En el primero se avanza a técnicas artesanales y artísticas, mismas

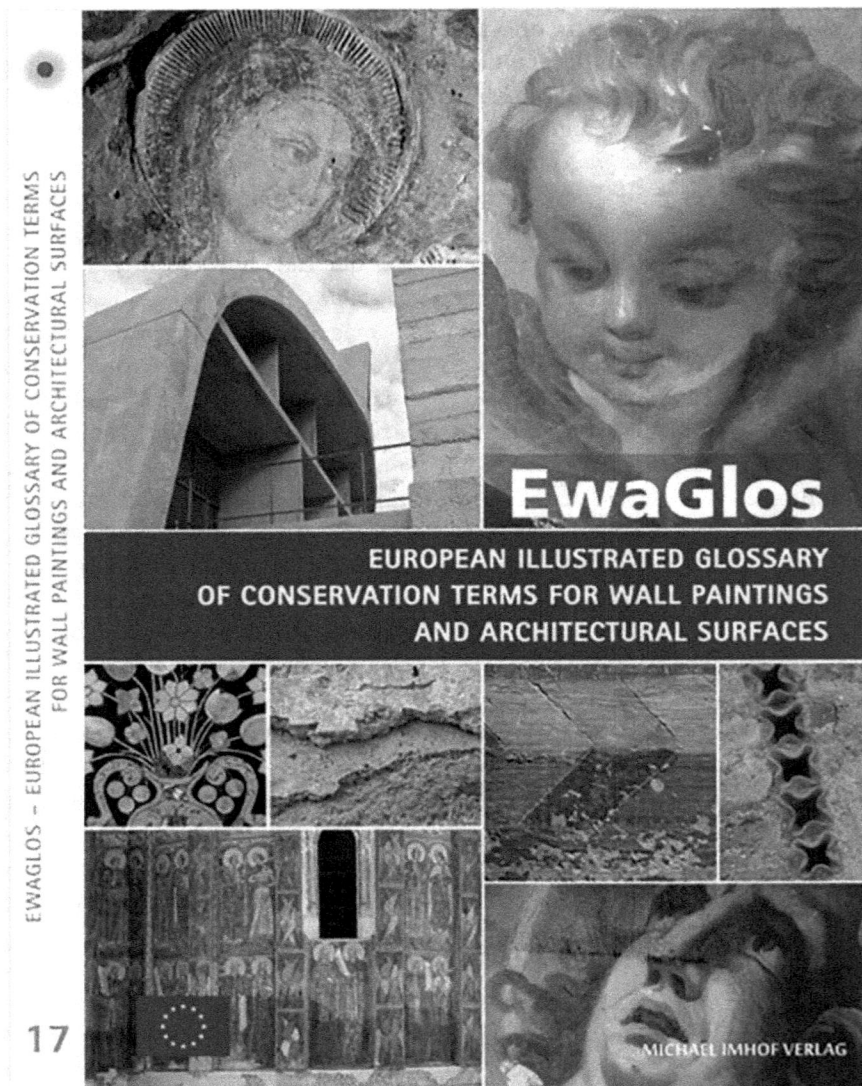

Figura 4. Página web del *EwaGlos* (Weyer, A. et al., 2015). https://openarchive.icomos.org/id/eprint/1706.

que son tratadas de forma equitativa. La segunda, apropiadamente, distingue las fuentes de las alteraciones y los fenómenos de alteración, lo cual reproduce el sistema de pensamiento que seguimos los conservadores-restauradores frente al diagnóstico. En este respecto, también es muy importante considerar el esfuerzo en el desarrollo de gráficos explicativos de algunos procesos de alteración, ya que hace uso de un elemento didáctico de mucha efectividad. Finalmente, en el tercer rubro temático, dedicado a la intervención, se aproximan temas de investigación, documentación, prevención, conservación, restauración, así como un apéndice de materiales. Una de las limitaciones notorias de este esfuerzo es que su puesta al público no trascendió al sistema digital de base de datos, lo que permitiría un mayor dinamismo en su uso y actualización. Sin embargo, la página web se mantiene abierta para recibir comentarios y mejorías, a la par que una segunda edición está en elaboración.

Sirva este último comentario ahora para dar lugar a otros tipos de glosarios que, desde el inicio, se configuraron en el mundo digital, ya sea como repositorios o bases de datos. El primero de ellos es el *Art and Architecture Thesaurus Online* (Getty Research Institute - CRI, 2024), un glosario que involucra a más de 300 colaboradores que, desde diversos idiomas, han producido una base de datos con casi 80,000 conceptos y casi medio millón de términos (véase Figura 5). Un aspecto notable de este proyecto es la transparencia de la complejidad del bosque jerárquico terminológico sobre el cual se construye, así como las sinonimias que ofrece en diferentes lenguajes. Su estructura digital es muy clara, lo que en gran medida hace posible el trabajo colaborativo, su uso dinámico y su actualización interactiva. Adicionalmente, su contenido es sencillo y flexible, ya que, en lugar de ser amplio en sus definiciones, se decanta por proporcionar interfaces a fuentes informativa (GRI, 2024) (véase Figura 5).

Frente a las anteriores instancias producidas en contextos europeos y norteamericanos, aquí resulta de importancia dar lugar a un esfuerzo en idioma español: el *Tesauro de Bienes Muebles e Inmuebles Religiosos* (ENCRyM, 2023), proyecto que empezó de forma personal la Mtra. Martha Tapia, profesora de la ENCRyM-INAH, como respuesta a los desafíos terminológicos que implicaba el intricando mundo del registro patrimonial de bienes sacros (véase Figura 6). Como lo señala su propia página web y algunas conversaciones recientes que he podido entablar con su autora, el proceso de manufactura del tesauro se ha ido complejizando desde su integración en plataformas digitales del INAH; no obstante, en términos generales, éste comprende el análisis de diferentes fuentes de información: la revisión de bibliografía, el planteamiento de preguntas especificas a colegas de diversas disciplinas y, en ocasión, ejercicios o talleres en reuniones de alcance centroamericano. Un beneficio de las últimas es que se dado espacio para cierta variabilidad lingüística dentro del propio idioma español. Su estructura simple lo hace muy amigable en su uso, que enuncia al nombre y sinónimo sobre el objeto, proporciona una descripción, incluye bibliografía (en proceso) y provee imágenes

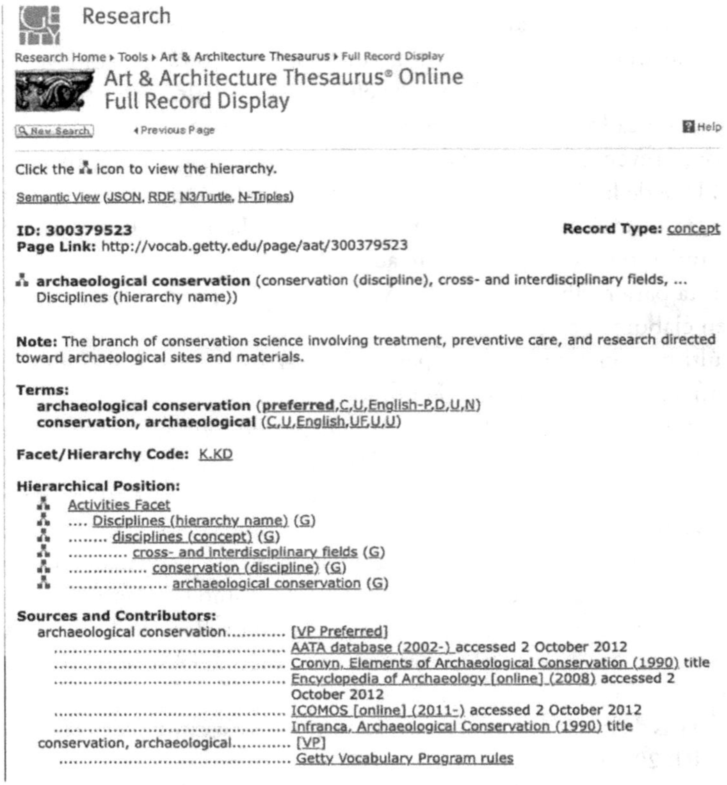

Research

Research Home ▸ Tools ▸ Art & Architecture Thesaurus ▸ Full Record Display

Art & Architecture Thesaurus® Online
Full Record Display

New Search ◂ Previous Page Help

Click the icon to view the hierarchy.

Semantic View (JSON, RDF, N3/Turtle, N-Triples)

ID: 300379523 **Record Type:** concept
Page Link: http://vocab.getty.edu/page/aat/300379523

archaeological conservation (conservation (discipline), cross- and interdisciplinary fields, ... Disciplines (hierarchy name))

Note: The branch of conservation science involving treatment, preventive care, and research directed toward archaeological sites and materials.

Terms:
archaeological conservation (**preferred**,C,U,English-P,D,U,N)
conservation, archaeological (C,U,English,UF,U,U)

Facet/Hierarchy Code: K.KD

Hierarchical Position:
Activities Facet
.... Disciplines (hierarchy name) (G)
.... disciplines (concept) (G)
.... cross- and interdisciplinary fields (G)
.... conservation (discipline) (G)
.... archaeological conservation (G)

Sources and Contributors:
archaeological conservation............ [VP Preferred]
.... AATA database (2002-) accessed 2 October 2012
.... Cronyn, Elements of Archaeological Conservation (1990) title
.... Encyclopedia of Archaeology [online] (2008) accessed 2 October 2012
.... ICOMOS [online] (2011-) accessed 2 October 2012
.... Infranca, Archaeological Conservation (1990) title
conservation, archaeological............ [VP]
.... Getty Vocabulary Program rules

Figura 5. Estructura del *Art and Architecture Thesaurus Online* (GRI, 2024). https://www.getty.edu/research/tools/vocabularies/aat/.

de diversos ejemplos representativos que han sido donadas por restauradores y que han servido para empezar a estandarizar algunos requerimientos fotográficos. A la fecha, y como resultado de la labor de un pequeño grupo de profesionales por más de 10 años, el tesauro ha logrado procesar 1000 términos en más de 10 años de trabajo. Su contenido está en constante crecimiento tanto textual como gráfico, gracias a que cuenta con una plataforma colaborativa online. Un aspecto muy interesante es que el tesauro no solo ha cumplido su cometido de facilitar el registro, sino también procesos de enseñanza-aprendizaje en el ámbito del control del tráfico ilícito. Una cuestión interesante es que han empezado a trabajar en el tema de las alteraciones. Quizá una de sus principales limitaciones es su falta de visibilidad en la comunidad de conservación-restauración de Latinoamérica (véase Figura 6).

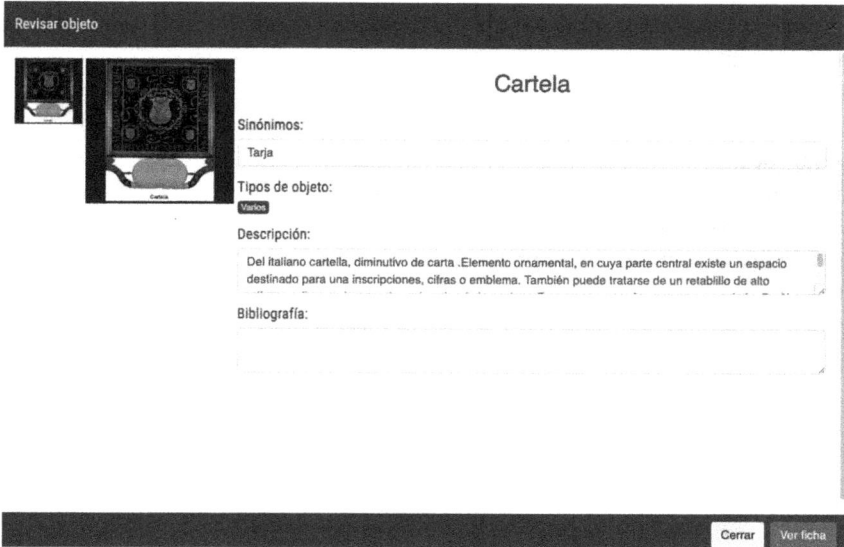

Figura 6. Página de consulta del *Tesauro de Bienes Muebles e Inmuebles Religiosos* (https://tesauro.encryminah.com).

Como hemos podido evaluar en esta sección, la creación de una terminología de conservación-restauración implica decisiones que impactan el resultado y alcance del producto final, lo que, a su vez, tiene consecuencias en su uso. De esta manera, cualquier esfuerzo terminológico debe comprender un análisis profundo tanto de aspectos teóricos, como metodológicos y prácticos. La revisión de iniciativas revela las formas en las que los conservadores-restauradores contribuimos a la construcción de nuestra disciplina y en diversos sentidos sus desafíos terminológicos, el tema que abordaré en la siguiente sección.

A manera de conclusión: nuevos desafíos

En este capítulo he querido ofrecer una visión crítica de la terminología de la conservación-restauración que abarque temas de implicaciones, saberes y procesos desde posturas disciplinarias e interdisciplinarias. Durante su desarrollo, he querido transparentar las complejidades y los desafíos que están inscritos en la configuración de un vocabulario común. Asimismo, he profundizado en los saberes para demostrar la importancia del lenguaje y la terminología en la construcción disciplinaria. Asimismo, he tomado una ruta procedimental desde la interdisciplina para comprender los procesos de producción y consumo de algunas terminologías.

Quisiera terminar esta intervención señalando que, desde la antropología, mucho se ha escrito sobre la importancia que tiene el lenguaje en la dimensión cultural. Por un lado, uno de los fundadores de la etnografía norteamericana, Frank Hamilton Cushing, afirmaba que la etimología de una palabra podía revelar toda la filosofía del pueblo Zuni (Green, 1990, p. 97). Por otro lado, Franz Boas (1911, p. 50), padre de la antropología relativista, incitó a la investigación y conocimiento de las lenguas indígenas para una comprensión de las cosmogonías de las culturas nativas del continente americano. Más recientemente, Sánchez (2007) ha expuesto claramente que lenguaje y cultura no solo tienen muchas propiedades en común, sino que hay ciertas propiedades del lenguaje que inciden en la cultura. Sumando a ello, debido a que la simbolización es una propiedad que comparten lenguaje y cultura, este autor concluye que "no puede haber lenguaje sin cultura, ni cultura sin lenguaje", ya que ambos están recíprocamente implicados (Sánchez, 2007, p. 72).

Este enfoque resulta provocador y potente en el marco del surgimiento de enfoques comunitarios, participativos y no occidentales en la disciplina de la conservación-restauración en la actualidad. En efecto, algunas aproximaciones nos han enseñado que las comunidades indígenas o tradicionales tienen sus formas muy particulares de comprender a ciertos bienes y sus atributos, que no pueden reducirse a simples homogenizaciones culturales o sociales, lo que demanda investigación, consideración y reformulación de la disciplina de la conservación-restauración (cf. Ndoro y Chirikure, 2024; Schneider, 2024; Ortega, 2024). Adicionalmente, algunas investigaciones recientes nos informan que hay ciertas expresiones indígenas que revelan nuevas formas de comprender los que los conservadores-restauradores convencionalmente denominamos "agentes de alteración", lo que también configura sus formas de respuesta, lo que constituye una nueva forma de pensar en el desastre y en su manejo, por ejemplo (cf. Muzzio, 2023; Quinto, 2023). Desde mi punto de vista, estas perspectivas nos señalan que la conservación está actualmente enfrentando nuevos retos frente a las diversidades culturales que buscan evitar violencias o desplazamientos epistemológicos. Estas circunstancias requieren de nuevos abordajes conceptuales, teóricos, metodológica y prácticos. Y es ahí donde la construcción terminológica adquiere un nuevo desafío: el de la interculturalidad.

Referencias bibliográficas

Boas, F. (1911). *Introduction to the Handbook of American Indian Languages*. Georgetown University Press.

Brandi, C. (2005/1965). *Theory of Restauration*. Nardine.

Cabré, M. T. (1993). *La terminología. Teoría, metodología, aplicaciones.* Antàrtida-Empúries.

Cabré, M. T. (1999). *La terminología. Representación y comunicación.* Universitat Pompeu Fabra.

Cabré, M. T. & Feliu, J. (Eds.) (2001). *La terminología científico-técnica: Reconocimiento, análisis y extracción de información formal y semántica.* Universitat Pompeu Fabra.

Cabré, M. T. (2002). Terminología y lingüística: la teoría de las puertas. *Estudios de Lingüística Española, 16.* http://elies.rediris.es/elies16/Cabré.html.

CATHM (1931). The Athens Charter for the Restoration of Historic Monuments. *First International Congress of Architects and Technicians of Historic Monuments.*

Escuela Nacional de Conservación, Restauración y Museografía-ENCRyM (2023). *Tesauro de Bienes Muebles e Inmuebles Religiosos.* https://tesauro.encryminah.com/.

García, C. (2021, 11 de octubre). El nuevo y tajante mensaje de la RAE sobre el lenguaje inclusivo. *Diario La Razón.* https://www.larazon.es/cultura/20211011/flcl3i4owvcwrpviqqivljy7wq.html.

Getty Research Institute, GRI (2024). *Art and Architecture Thesaurus Online.* https://www.getty.edu/research/tools/vocabularies/aat/.

Green, J. (Ed.) (1990). *Cushing at Zuni. The correspondence and journals of Frank Hamilton Cushing 1979–1884.* The University of New Mexico Press.

ICOMOS, International Scientific Committee for Stone (ISCS) (2010). *ICOMOS-ISCS: Illustrated Glossary on Stone Deterioration Patterns.* https://openarchive.icomos.org/id/eprint/2089/.

Madrid, Y. (2021). La mínima intervención: un… ¿criterio? En I. Villaseñor & T. Velasco (Eds.), *Principios, criterios y normativa para la conservación del patrimonio cultural. Debates y Reflexiones* (pp. 115–127). México: Instituto Nacional de Antropología e Historia (INAH), Coordinación Nacional de Conservación del Patrimonio Cultural. https://mediateca.inah.gob.mx/repositorio/islandora/object/libro%3A845.

Magar Meurs, V. (2018). Viollet-le-Duc y Mérimée. Editorial. *Conversaciones con., (3),* 5–8. Recuperado a partir de https://www.revistas.inah.gob.mx/index.php/conversaciones/article/view/11838.

Medina-González, I. (2011). Hacia un nuevo centro de gravedad: el proceso de toma de decisiones en la definición y formación de conservadores-restauradores profesionales. *Revista Conserva, 16,* 5–15

Medina-González, I. (2021). Un mínimo indispensable: Disertaciones sobre el criterio de los "límites de la acción" en la conservación-restauración.

En I. Villaseñor & T. Velasco (Eds.), *Principios, criterios y normativa para la conservación del patrimonio cultural. Debates yReflexiones* (pp. 108–114). México: Instituto Nacional de Antropología e Historia (INAH), Coordinación Nacional de Conservación del Patrimonio Cultural. https://mediateca.inah.gob.mx/repositorio/islandora/object/libro%3A845.

Muñoz Viñas, S. (2003). *Teoría Contemporánea de la Restauración* (1a ed.). Síntesis.

Oxford University Press. (n. d.). *Oxford English Dictionary*. https://www.oed.com/.

Real Academia Española (n. d.). *Diccionario de la lengua española*, 23a ed., [versión 23.7 en línea]. https://dle.rae.es.

Santamarina, I. (2009). *La terminología como disciplina: definición, funciones y aplicaciones*. Liceus. https://rua.ua.es/dspace/handle/10045/12770.

Saouma-Forero, G. (Ed.) (2001). *Authenticity and integrity in an African context. Expert meeting, Great Zimbabwe 26/29 May, 2000*. UNESCO.

Stovel, H. (1995a). Working towards the Nara document. En K. E. Larsen (Ed.), *Nara conference on authenticity - Conférence de Nara sur l'authenticité, Japan 1994, Proceedings* (pp. xxxiii–xxxvi), UNESCO World Heritage Centre/ Agency for Cultural Affairs (Japan)/ICCROM/ICOMOS, Tapir Publishers.

Stovel, H. (1995b). Considerations in framing the authenticity question for conservation. En K. E. Larsen (Ed.) *Nara conference on authenticity – Conférence de Nara sur l'authenticité, Japan 1994, Proceedings*, (pp. 393–398), UNESCO World Heritage Centre/ Agency for Cultural Affairs (Japan)/ ICCROM/ICOMOS, Tapir Publishers.

UNESCO (1994). Nara document on Authenticity. En K. E. Larsen (Ed.), *Nara conference on authenticity - Conférence de Nara sur l'authenticité, Japan, Proceedings* (pp. xxi–xxv), UNESCO World Heritage Centre/Agency for Cultural Affairs (Japan)/ICCROM/ICOMOS. Tapir Publishers.

Velleda, K. & C. Avila (2013). La retratabilidad: La emergencia e implicaciones de un nuevo concepto en la restauración. *Contribuciones de las Ciencias Sociales*, (21). https://www.eumed.net/rev/cccss/25/retratabilidad.html.

Weyer, A., Roig Picazo, P., Pop, D., Cassar, J., Özköse, A., Vallet, J. M. & Srša, I. (2015). *EwaGlos-European illustrated glossary of conservation terms for wall paintings and architectural surfaces* (Vol. 17). Michael Imhof Verlag. https://openarchive.icomos.org/id/eprint/1706/.

X. Reflexiones sobre terminología en conservación y restauración

Ana María Calvo Manuel

RESUMEN

La terminología en conservación y restauración del patrimonio cultural ha adquirido gran desarrollo en los últimos años. Sin embargo, cuando iniciamos la andadura sobre esta cuestión, a mediados de los noventa del siglo XX, apenas contábamos con algunos títulos, en inglés fundamentalmente, y glosarios al final de publicaciones especializadas. A la vista del avance que se ha producido en este tipo de trabajos, reflexionamos aquí sobre la importancia de editar y difundir estos diccionarios con las variantes terminológicas y las equivalencias en otras lenguas.

ABSTRACT

The terminology in conservation and restoration of cultural heritage has acquired great development in recent years. However, when we began our journey on this issue, in the mid-nineties of the 20th century, we only had a few titles, mainly in English, and glossaries at the end of specialized publications. In view of the progress that has been made in this type of work, we reflect here on the importance of editing and disseminating these dictionaries with terminological variants and equivalences in other languages.

La terminología de conservación y restauración como base de una disciplina

Como en cualquier ámbito científico, la terminología especializada constituye una base fundamental para entendernos y difundir el conocimiento. Sin un lenguaje común, en un espacio en el que participan tan diversas profesiones (conservadores, historiadores, arqueólogos, arquitectos, archiveros, artistas, químicos, biólogos, físicos, fotógrafos, etc.) debido a la multi y pluridisciplinariedad de los trabajos que se llevan a cabo, sería difícil el entendimiento y el avance científico.

La disciplina de la conservación y restauración del patrimonio cultural es un campo de reciente afianzamiento académico y profesional que, a pesar de haberse practicado a lo largo de siglos, solo desde finales del XVII en adelante se observa una búsqueda de especialización y de rigor científico en torno a la restauración de los bienes muebles. Desde entonces, a cada momento histórico le correspondió una mayor demanda de rigor científico. Pero fue, sobre todo, a mediados del siglo XX cuando, a partir de las iniciativas del Consejo Internacional de Museos, se configuró la formación especializada en conservación. Desde esa época la necesidad de definir la terminología se convirtió en objetivo fundamental, empezando por las definiciones de la propia actividad y sus variantes. Así se aprobará por parte del Comité Internacional para la Conservación del ICOM (ICOM-CC, 1987) uno de los primeros documentos básicos de la profesión, *El conservador-restaurador: una definición de la profesión*, en 1984, en la asamblea de Copenhague.

Como el lenguaje siguió evolucionando y la profesión se consolidó cada vez más con el transcurso del tiempo, un segundo documento sobre definiciones se aprobó en 2008 en Nueva Delhi, durante la XVª Conferencia Trianual, también por el ICOM-CC (2008): *Terminología para definir la conservación del patrimonio cultural tangible*.

La normalización europea en todos los ámbitos, incluido el patrimonio cultural y su conservación, dio un paso más en cuestiones terminológicas, definiendo y afianzando las definiciones sobre nuestra profesión en el siglo XXI. La creación de normas y estándares se aplicó así también a la conservación del patrimonio cultural. En España, AENOR, Asociación Española de Normalización y Certificación, publica la normativa europea dedicada a la conservación del patrimonio cultural, generada por el Comité Técnico 346 del Comité Europeo de Normalización. Entre los documentos publicados se encuentra el relativo a la terminología: *Conservación del patrimonio cultural. Principales términos generales y definiciones* (AENOR, 2020), basado en las definiciones del ICOM-CC anteriormente citadas.

De este modo se continuó trabajando en la terminología como base necesaria para la disciplina, el conocimiento y el entendimiento común, en un mundo cada vez más global y participativo. Teniendo en cuenta, además, las diferentes acepciones que muchos términos habían adquirido en diferentes lugares y las variantes lingüísticas.

Los orígenes de *Conservación y restauración. Materiales, técnicas y procedimientos. De la A a la Z*

En los años 90, el proyecto de la colección editorial Cultura Artística, dirigida por el profesor Joan Sureda, incluía una serie de diccionarios de términos artísticos. En ese contexto aceptamos el reto planteado de llevar a cabo el volumen correspondiente a la conservación y restauración de bienes muebles.

Era evidente la buena labor que un diccionario de esta clase (cf. Calvo, 1997) podía ofrecer para agrupar y definir los términos de nuestro ámbito profesional. No existía entonces ninguna publicación en lengua castellana que desempeñase esta labor. Además, no estaban acuñadas ni fijadas aún todas esas palabras específicas que permitían aludir a los distintos elementos, instrumentos y operaciones relacionados con la conservación y la restauración. En unos casos, porque no se había impuesto la palabra más acorde que desterrara a las otras; en otros, porque dado su origen extranjero no había sido adaptada o castellanizada totalmente.

El primer problema consistió, pues, en seleccionar los términos que debían figurar en este tipo de diccionario. Algunos de los términos que incluimos podría parecer que no deberían tener, en principio, entrada en un diccionario de conservación, al pertenecer más bien al dominio de las técnicas artísticas o de la química. Pero en conservación-restauración, para poder actuar con rigor y seguridad sobre determinadas materias, resulta necesario conocer muy estrictamente cuáles son sus componentes y la tecnología de fabricación de los objetos, así como el comportamiento fisicoquímico de los materiales y productos. También, por ese mismo motivo, se incluyeron algunos nombres comerciales de productos de uso habitual pero poco conocidos en cuanto a su composición y variantes.

Para esa labor inicial de compendio ordenado de los términos relativos a la conservación partimos de una serie de publicaciones de especialistas en esta materia específica. En ese sentido recurrimos a la obra de Mª Luisa Gómez González (1994), a las publicaciones clásicas de Gettens & Stout (1996), Brandi (1977), Plenderleith (1967), así como a diferentes tratados, y revisamos también otros glosarios que figuraban en algunos artículos y publicaciones en castellano.

Sin embargo, con esta publicación la autora no quería limitarse a la mera definición de los términos, se pretendía también proporcionar una amplia variedad de información, de manera que pudiera servir al especialista y al estudioso como prontuario o recordatorio de un dato puntual, pero que, además, contuviera un recorrido sucinto por la historia de ciertos conceptos, perfilando brevemente las distintas opciones que suelen plantearse ante una determinada técnica. Conseguir este equilibrio en que se aunase el rigor técnico comprobado que requiere un experto, y el tono didáctico, sintético, de la explicación que requiere el mero estudioso, interesado, pero no especialista, era también problemático de realizar. Y por ello, se evidencian desajustes tanto en la extensión como en los reenvíos de unos términos a otros.

Por otra parte, creímos conveniente incluir referencias bibliográficas en algunos términos fundamentales cuando existían publicaciones específicas sobre el tema.

Con todas sus irregularidades y defectos parece que esta publicación ha resultado útil a través de los años, pero hay que tener en cuenta que se trata de una edición de 1997 y, por lo tanto, adolece de una necesaria actualización.

Avances y nuevas aportaciones a la terminología especializada

Desde aquella ya lejana fecha de finales de los noventa hasta la actualidad hemos comprobado como aumentaban exponencialmente las publicaciones especializadas incluyendo diccionarios, glosarios, léxicos y tesauros. En italiano se había publicado, en 1992, *Lessico del restauro* por Cristina Giannini, pero no se trataba de un diccionario o glosario, sino de un ensayo que relataba la evolución de la profesión. Sin embargo, la misma autora, junto con Roberta Roani, editaron en el año 2000, la obra *Dizionario del restauro e della diagnostic*, que fue traducida y publicada en castellano por la editorial Nerea en 2008. También en italiano se publicó, en 2005, el *Glossario delle techniche artistiche e del restauro*, a cargo de Claudio Paolini y Manfredi Faldi, en una edición del Palazzo Spinelli de Florencia. En el año 2003 se publica en España, en la colección de diccionarios técnicos de la editorial Akal, *Conservación y restauración de bienes culturales. Español - Alemán - Inglés - Italiano - Francés*, un diccionario multilingüe, dirigido por Celia Martínez Cabetas y Lourdes Rico Martínez, que, aunque no incluye definiciones sino únicamente la correlación de los términos en las lenguas citadas, supuso una afirmación de la terminología técnica en nuestro campo.

En Barcelona, Mireia Xarrié comenzó a trabajar en unos glosarios especializados en conservación, publicándolos en primer lugar en inglés y, finalmente en 2007, un volumen en castellano. Más recientemente han aparecido el *Glosario de términos técnicos para restauración y museología*, de Marcos Rivadeneira y Guillermo Narváez, en edición latinoamericana, en 2013; y *Vademécum del conservador. Terminología aplicada a la conservación del Patrimonio Cultural*, de Javier Madrona Ortega, en 2015.

Además de estas publicaciones de enfoque generalista, han aparecido a través de los años otros glosarios especializados en algún tipo de material u objeto artístico y cultural específico. Por ejemplo, en 1997, se publicó *Conservación de libros y documentos. Glosario de términos técnicos. Inglés - Español. Español - Inglés*, de John Mc. Cleary; en francés el *Petit glossaire à l'usage du conservateur-restaurateur de sculpture* se editó, en 2006, por el Institut Royal du Patrimoine Artistique de Bruxelles, con la coordinación de Myriam Serck-Dewaide en el contexto de un proyecto europeo denominado CRISTAL. Más recientemente se ha publicado también: *Diccionario técnico Akal de materiales de restauración*, elaborado por Salvador Muñoz Viñas, Julia Osca Pons e Ignasi Gironés Sarrió (2014), centrado, como su nombre indica, en la descripción y características de algunos de los más importantes materiales que utilizamos en las intervenciones de conservación restauración; *EWAGLOS European Illustrated Glossary for Conservation Terms of Wall Painting and Architectonic Surfaces* (2015), referido a pinturas murales y superficies arquitectónicas, es el resultado también de un proyecto europeo, por lo que aparecen las definiciones en inglés con traducción a búlgaro, croata, francés, alemán, húngaro, italiano, polaco, rumano, español y turco; se encuentra disponible gratuitamente en internet[1] y cuenta, asimismo, con edición impresa

---

[1]   Disponible en: https://openarchive.icomos.org/id/eprint/1706/.

en papel. Igualmente está accesible en la web, desde 2010, la publicación de ICOMOS sobre las formas de alteración de la piedra *Illustrated glossary on stone deterioration patterns*, en la colección Monuments and Sites XV, con versiones en inglés, francés y castellano. Otro ejemplo, vinculado en este caso a la conservación de mosaicos, sería el *Illustrated Glossary: Technician Training for the Maintenance of In Situ Mosaic*, disponible desde 2013, también en línea en diferentes idiomas, entre las publicaciones de The Getty Conservation Institute.

En España contamos con las publicaciones, en papel, pero también recientemente digitalizadas y disponibles en línea, del Ministerio de Cultura, en sus Colecciones en Red CERES, con libre acceso a todos los tesauros y diccionarios creados para normalizar el lenguaje de las bases de datos[2]. Sin embargo, en el ámbito específico de la conservación-restauración, cabe destacar los libros del *Proyecto COREMANS*[3], también del Ministerio de Cultura, pero gestionados por el Instituto del Patrimonio Cultural de España, que cuentan con glosarios especializados.

En relación con los materiales y las técnicas es necesario citar, asimismo, dos glosarios o enciclopedias accesibles en Internet: CAMEO[4] y POLYEVART[5]. La primera fue desarrollada inicialmente por el *Museum of Fine Arts* de Boston en inglés, y POLYEVART está en español, y ha sido creada y ampliada por el Ministerio de Cultura a través de proyectos de investigación.

Para estas búsquedas de diccionarios y glosarios específicos sobre conservación y restauración, contamos actualmente con unas amplísimas bases de datos bibliográficas online que nos permiten encontrar títulos antiguos y modernos sobre este tema. Podemos destacar los *AATA Online*[6] de The Getty Conservation Institute y *The Bibliographic Database of the Conservation Information Network* – BCIN[7].

Seguramente hay muchas más publicaciones útiles para su consulta en cuestiones relacionadas con la conservación y restauración del patrimonio cultural mueble, pero no tratamos aquí de recopilar todo lo editado sino de señalar,

---

[2] *Tesauros* de CER.es Colecciones en Red, Ministerio de Cultura de España. Disponibles online en: https://www.cultura.gob.es/cultura/areas/museos/mc/ceres/tesauros.html.
[3] *Proyecto Coremans*. Disponible online en: https://ipce.cultura.gob.es/difusion/publicaciones/coremans.html [consulta: 12-01-2024].
[4] Disponible en: https://cameo.mfa.org/wiki/Main_Page.
[5] Disponible en: https://www.cultura.gob.es/cultura/areas/patrimonio/mc/polyevart/presentacion.html.
[6] Disponible en: https://www.getty.edu/conservation/publications_resources/aata/index.html.
[7] Disponible en: https://bcin.info/vufind/.

sólo por medio de algunos ejemplos, la gran cantidad de recursos con los que contamos actualmente.

Una nueva visión sobre la terminología en conservación del patrimonio cultural

Con todos estos cambios producidos en el siglo XXI, las definiciones de Nueva Delhi y los documentos de AENOR, se hacía evidente que nuestro trabajo necesitaba una actualización, sobre todo en relación con algunos de los términos básicos de la conservación. Por lo tanto, en un primer intento, iniciamos en la Universidad Complutense de Madrid unos proyectos de innovación educativa, contando con diferentes profesores y alumnos. La idea era poner al día términos fundamentales o aquellos que daban lugar a mayor confusión interpretativa y, además, ponerlo en acceso abierto a través de los recursos de que disponemos hoy. Así publicamos, en 2016, *Terminología básica de conservación y restauración del Patrimonio Cultural 2. Español-Inglés-Francés-Italiano-Alemán*, disponible en pdf online en E-Prints Complutense, al que luego añadimos en 2018 la correspondencia en portugués, que está accesible en la página Docta Complutense[8].

Este proyecto ha tenido continuidad con la publicación en línea de *Cabinet. Fichero cibernético para la conservación del patrimonio cultural*, bajo la dirección de la profesora Ana Galán, que ha contado con un amplio grupo de profesionales en colaboración multidisciplinar. En ese fichero[9] se han volcado todos los datos de los proyectos anteriormente citados, y se continua actualmente con la ampliación de los términos.

Así, la iniciativa de la Pontificia Universidad Católica de Chile, con la "I Jornada internacional sobre Terminología de la Conservación Restauración de Bienes Patrimoniales Chile", contribuye a dar un paso más en esta línea de trabajos, con la propuesta de ConservaTerm[10].

Por nuestra parte, la idea de poner al día aquel diccionario publicado en 1997 ha sido una constante que, por motivos laborales y personales, se ha retrasado demasiado. Somos conscientes de los cambios que se han producido en la profesión. Nuestra propia mentalidad ha evolucionado, y por ello, tras lógica reflexión, hemos asumido acepciones más modernas dictadas por las instituciones de referencia

---

[8]   Disponible en: https://docta.ucm.es/entities/publication/5ff18bc9-af93-44ab-862f-829e89f8 2b96.

[9]   Disponible en: https://www.ucm.es/ficherocibernetico/.

[10]   *Conservaterm.* I Jornada Internacional sobre Terminología de la Conservación Restauración de Bienes Patrimoniales. Disponible en: https://www.youtube.com/watch?v=8N92E6oz9_8 [consulta 12-01-2023].

en nuestro campo. Estamos trabajando, por tanto, en esa actualización con el mismo objetivo que nos guió en su día, en el proyecto inicial, no solo tratando de definir unos términos sino de fijar unos criterios que sirvan –tras una necesaria tarea de reflexión– para comprender mejor los retos actuales de esta profesión. No se pretendió anteriormente ni ahora hacer un simple diccionario al uso sino un libro aclaratorio de ideas y cuestiones acerca de la conservación y restauración.

Conclusiones: un camino sin fin

Es evidente que el lenguaje está en continua evolución y, por lo tanto, también el vocabulario especializado cambia y se ajusta a los nuevos tiempos. Términos que antes se usaban, dejan de utilizarse, y otros nuevos surgen en el panorama profesional. Pero, no solo eso, lo que es más importante: también evolucionan las mentalidades y los criterios, por lo que es necesaria una precisa y permanente adaptación de la terminología en el ámbito de la conservación y restauración.

Así pues, sean muy bienvenidos todos los esfuerzos empleados para este fin.

Referencias bibliográficas

Asociación Española de Normalización, AENOR. (2020). *Conservación del patrimonio cultural. Principales términos generales y definiciones*. (UNE-EN 15898:2020, CEN/TC 346).

Alberti, L., Bourguignon, E., Carbonara, E., Roby, T. & Segura Escobar, J. (2013). *Illustrated Glossary: Technician Training for the Maintenance of In Situ Mosaics*. The Getty Conservation Institute. https://www.getty.edu/ conservation/publications_resources/pdf_publications/glossaire.html.

Brandi, C. (1977). *Teoría de la restauración*. Alianza.

Calvo, A. (1997). *Conservación y restauración. Materiales, técnicas y procedimientos. De la A a la Z*. Ediciones del Serbal.

Conservaterm. I Jornada Internacional sobre Terminología de la Conservación Restauración de Bienes Patrimoniales. https://www.youtube.com/ watch?v=8N92E6oz9_8.

Gettens, R. J. & Stout, G. L. (1966). *Painting Materials. A Short Encyclopaedia*. Dover Publications.

Giannini, C. (1992). Lessico del *restauro*. Nardini Editore.

Giannini, C. & Roani, R. (2008). *Diccionario de restauración y diagnóstico*. Nerea.

Giannini, C. & Roani, R. (2000). *Dizionario del restauro e della diagnostica*. Nardini Editore.

Gómez González, M. L. (1994). *Examen científico aplicado a la conservación de obras de arte*. Min. Cultura, ICRBC.

ICOM-CC (1987). El conservador-restaurador: una definición de la profesión. *Museum*, XXXIX, 4, pp. 231–233. https://unesdoc.unesco.org/ark:/48223/pf0000079455_spa.

ICOM-CC (2008). *Terminología para definir la conservación del patrimonio cultural tangible*. https://ge-iic.com/files/Cartasydocumentos/2008_Terminologia_ICOM.pdf.

ICOMOS (2010). *Illustrated glossary on stone deterioration patterns* (*Monuments and Sites* XV). https://openarchive.icomos.org/id/eprint/2089/1/spanish_glossary.pdf.

Madrona Ortega, J. (2015). *Vademécum del conservador. Terminología aplicada a la conservación del Patrimonio Cultural*. Tecnos.

Martínez Cabetas, C. & Rico Martínez, L. (Dir.) (2003). *Conservación y restauración de bienes culturales. Español - Alemán - Inglés – Italiano – Francés*. Akal.

Mc. Cleary, J. (1997). *Conservación de libros y documentos. Glosario de términos técnicos. Inglés-Español. Español-Inglés*. Clan Editorial.

Muñoz Viñas, S., Osca Pons, J. & Gironés Sarrió, I. (2014). *Diccionario técnico Akal de materiales de restauración*. Akal.

Paolini, C. & Faldi, M. (2005). *Glossario delle techniche artistiche e del restauro*. Edizioni Palazzo Spinelli.

Plendeleith, H. J. (1967). *La conservación de antigüedades y obras de arte*. ICCR.

Instituto de Patrimonio Cultural de España (n. d.) *Proyecto Coremans*. https://ipce.cultura.gob.es/difusion/publicaciones/coremans.html.

Rivadeneira, M. & Narváez, G. (2013). *Glosario de términos técnicos para restauración y museología*. Codeu.

Serk-Dewaide, M. (Coord.). (2006). *Petit glossaire à l'usage du conservateur-restaurateur de sculpture*. Institut Royal du Patrimonie Artistique.

Ministerio de Cultura de España (n. d.) *Tesauros*. Red Digital de Colecciones de Museos de España, Colecciones en Red (CER.es). https://www.cultura.gob.es/cultura/areas/museos/mc/ceres/tesauros.html.

VV. AA. (2015). *EWAGLOS European Illustrated Glossary for Conservation Terms of Wall Painting and Architectonic Surfaces*. https://openarchive.icomos.org/id/eprint/1706/.

Xarrié, M. (2007). *Diccionario de conservación y restauración de obras de arte 1 (A–Z)*. Balaam.

Biodata de los autores

Carles Tebé
Pontificia Universidad Católica de Chile
ctebe@uc.cl
Licenciado en Filología Románica (especialidad: Filología Catalana) por la Universitat Autònoma de Barcelona. Máster en Gestión de Servicios Lingüísticos por la Universitat de Barcelona. Doctor en Lingüística Aplicada por la Universitat Pompeu Fabra.

Profesor e investigador en la Pontificia Universidad Católica de Chile. Jefe del Programa de Traducción de la Facultad de Letras UC. Creador del Diplomado on-line en Tecnologías de la Traducción y Gestión de Proyectos. Presidente de la Red Iberoamericana de Terminología (RITerm) entre 2014 y 2018.

Sus intereses de investigación actuales son: la variación terminológica, la traducción científica y técnica, y las herramientas informáticas aplicadas a la traducción. Sus proyectos de investigación vigentes son: investigador en el Proyecto de Investigación Interdisciplinaria VRI-UC II202228 "Análisis de la variación terminológica en el ámbito de la conservación-restauración de los bienes patrimoniales", y director principal del proyecto ANID FONDEF IDeA I+D 2022 ID22I10052 "Plataforma para la identificación de las alteraciones a los bienes patrimoniales chilenos".

Luciana Pissolato
Pontificia Universidad Católica de Chile
lupissolato@uc.cl
Licenciada en Letras, mención Español, por la Universidade Federal de São Carlos, Brasil. Máster y Doctorado en Lingüística, por la Universidade de São Paulo, Brasil. Profesora e investigadora en la Facultad de Letras, Pontificia Universidad Católica de Chile.

Áreas de especialidad y de interés de investigación: terminología, metáfora terminológica, lingüística de corpus aplicada a la investigación en humanidades.

Investigadora principal en el proyecto ANID FONDEF IDeA I+D 2022 ID22I10052 "Plataforma para la identificación de las alteraciones a los bienes patrimoniales chilenos" e investigadora en el proyecto VRI-UC II202228 "Análisis de la variación *terminológica en el ámbito de la conservación-restauración de los bienes patrimoniales*"

Ignacia Montero
Pontificia Universidad Católica de Chile
ignacia@uc.cl
Licenciada en Letras mención Lingüística y Literatura Hispánicas en la Pontificia Universidad Católica de Chile. Doble Máster en Traducción Especializada y Tecnologías de la Traducción (inglés/alemán-español) en la Universidad de Heidelberg de Alemania (UHEI) y la Pontificia Universidad Católica de Chile (PUC). Estudiante de Doctorado en Lingüística en la Pontificia Universidad Católica de Chile.

Investigadora en dos proyectos vigentes sobre variación terminológica en el ámbito del patrimonio en Chile: Proyecto de Investigación Interdisciplinaria VRI-UC II202228 "Análisis de la variación terminológica en el ámbito de la conservación-restauración de los bienes patrimoniales" y ANID FONDEF IDeA I+D 2022 ID22I10052 "Plataforma para la identificación de las alteraciones a los bienes patrimoniales chilenos".

Angela Benavente Covarrubias
Centro Nacional de Conservación y Restauración
Angela.Benavente@patrimoniocultural.gob.cl
Conservadora Jefa de la Unidad de Patrimonio de las Artes Visuales del Centro Nacional de Conservación y Restauración.

Licenciada en Arte con mención en Restauración de la Pontificia Universidad Católica de Chile y Magister en Estéticas Americanas de la misma universidad.

Se ha especializado en la restauración de patrimonio pictórico desde la formulación de su memoria de grado "Investigación sobre la instancia material de una obra pictórica a través de métodos de análisis científicos", y su aplicación en "La Serie Grande de Santa Teresa". Formó parte del grupo gestor de la Asociación Gremial de Conservadores-Restauradores de Chile (AGCR Chile), siendo su primera presidenta. Ha participado en la organización del 1er y 4º congreso de la especialidad en nuestro país.

Desde el año 2000 ha trabajado en el Laboratorio de Pintura, hoy Unidad de Patrimonio de las Artes Visuales (UPAV) del Centro Nacional Conservación y Restauración (CNCR), primero a través de diversos proyectos y desde el 2010 forma parte del equipo de la UPAV. Desde el año 2014 hasta el 2024 coordinó el Comité Conservadata del CNCR, encargado de desarrollar estrategias e instrumentos que permitan mejorar la organización, gestión y accesibilidad de la información técnica y administrativa generada en el CNCR. Entre los años 2011 y 2019 representó al CNCR en la Mesa de trabajo de Lucha contra el tráfico ilícito de Bienes Patrimoniales del SNPC, siendo su Coordinadora los años 2016 y 2017. El año 2019, asume la responsabilidad del Programa de Patrimonio Mural de la Unidad. Desde el año 2022, asume la jefatura de la Unidad de Patrimonio de las Artes Visuales.

Ha participado en proyectos de investigación y restauración del patrimonio pictórico y mural chileno, dentro de los cuales destaca el "Estudio diagnóstico del Mural Historia de Concepción" (2010), y en los proyectos de Apoyo a la Investigación Patrimonial (FAIP), "Estudio iconográfico y valoración simbólica para la conservación de la pintura mural de la iglesia y convento de San Francisco: el barroco andino en el Chile central" (2017) y "Las joyas en los retratos femeninos de Monvoisin" (2019) en el cual fue investigadora responsable. En su tesis de magister, "Las transformaciones en el paisaje urbano y contexto visual, como factor de deterioro del mural Paso Inferior Santa Lucía (1970)", aborda la problemática del mural como obra mural inserta desarrollo de esta expresión en nuestro país, en el espacio público y en el acontecer histórico.

Francisca Campos Álvarez
Encargada de conservación del Museo de Artes Decorativas y Museo Histórico Dominico, Santiago de Chile
francisca.campos@museoschile.gob.cl
Licenciada en Arte con Mención en Restauración, por la Pontificia Universidad Católica de Chile.

Conservadora con especialidad en conservación-restauración de textiles y manejo de colecciones. Socia del Comité Nacional de Conservación Textil y presidenta por el período 2022–2024.
Intereses actuales:
Participación en calidad de representante del Comité Nacional de Conservación Textil (institución asociada) en proyecto Fondef ID221l10052 "Plataforma para la Identificación de las alteraciones a los bienes patrimoniales chilenos".

Ana-María Teresa Rojas Zepeda
Comité Nacional de Conservación Textil
rojaszeta@gmail.com
Magister en Arte. Licenciada en Teoría e Historia del Arte y Pedagogía en Artes Plásticas en la Academia de Bellas Artes, ASP de Varsovia-Polonia. Cátedra de Pintura, especialidad en Tapiz Artístico.

Docente de la Facultad de Ciencias Sociales, en la Universidad Alberto Hurtado, en la Carrera de Arqueología.

Presidenta del Comité Nacional de Conservación Textil entre los años 1999–2005.

Intereses actuales:
Realización de proyectos de investigación, conservación preventiva y artículos especializados, en textiles arqueológicos y etnográficos; participación en diferentes Seminarios y Congresos Nacionales e Internacionales de Conservación y Cultura Textil Precolombina.

Soledad Hoces de la Guardia Chellew
Académica Escuela de Diseño, Pontificia Universidad Católica de Chile
shoces@uc.cl
Diseñadora, Pontificia Universidad Católica de Chile.

Docencia en Diseño en pregrado y cursos de extensión con foco en el área textil, temas de artesanía y patrimonio.

Socia del Comité Nacional de Conservación Textil y presidenta entre los años 2006–2008.

Ejecución de proyectos de investigación Fondecyt asociada al Museo Chileno de Arte Precolombino entre los años 1991–2012.

Intereses actuales:
Proyectos de investigación en textiles arqueológicos y etnográficos andinos, participando en encuentros y congresos internacionales y como autora y coautora en publicaciones de difusión y artículos especializados. Proyectos y asesorías con comunidades de tejedoras urbanas y tradicionales en diferentes regiones del país.

Silvana Bojanoski
Universidad Federal de Pelotas, Brasil
silvana.bojanoski@ufpel.edu.br
Licenciada em Historia por la Universidad Federal de Paraná. Especialista en Conservación y Restauración de Obras en Papel por la Universidad Federal de Paraná. Máster em Historia por la Universidad Estadual de Maringá. Doctora en Memoria Social y Patrimonio Cultural por la Universidad Federal de Pelotas. Pos-doctorado junto al proyecto interdisciplinario ANID FONDEF IDeA I+D 2022 – "Plataforma para la identificación de las alteraciones a los bienes patrimoniales chilenos".

Conservadora-Restauradora en la Biblioteca Nacional de Brasil (2006–2010). Profesora del Curso de Pregrado en Conservación y Restauración de Bienes Culturales Muebles de la Universidad Federal de Pelotas desde 2010, impartiendo las asignaturas de conservación y restauración de papel y documentos. Coordinadora del Laboratorio de Conservación y Restauración de Bienes Culturales en Papel – LAPEL.

Experiencia en conservación, restauración y conservación preventiva, especialmente de fondos de archivos y colecciones bibliográficas.

Intereses de investigación: patrimonio cultural, terminología de bienes culturales en papel, impactos ambientales sobre el patrimonio cultural.

Proyecto vigente: Rescate y recuperación de colecciones de papel afectadas por inundaciones en 2024 (Rio Grande do Sul, Brasil).

Iris Moya Fuentes
Centro de Documentación de Bienes Patrimoniales
Iris.moya@patrimoniocultural.gob.cl
Arqueóloga titulada en 2008 en la Universidad Internacional SEK-Chile, A partir del año 2019, se suma al equipo del CDBP como Coordinadora del Área de Normalización de vocabulario, la cual tiene a su cargo el Tesauro de Arte y Arquitectura y el Tesauro Regional Patrimonial.

Dentro de su trabajo en el Centro de Documentación de Bienes Patrimoniales, ha trabajado también en las publicaciones "Protocolo para la descripción e identificación de cerámica arqueológica Norte Chico y Zona Central" (2015), "Guía básica para la identificación y documentación de objetos arqueológicos en museos" (2024) y colaborado en el "Manual de Documentación de Colecciones Patrimoniales" (2022).

Cleci Regina Bevilacqua
Universidade Federal do Rio Grande do Sul (UFRGS)
cleci.bevilacqua@ufrgs.br
Licenciada en Traducción Portugués-Español y en Letras Portugués-Español por la Universidad Federal de Rio Grande do Sul (UFRGS). Máster en Estudios de Lenguaje por la misma Universidad. Doctora en Lingüística Aplicada por la Universidad Pompeu Fabra. Posdoctorado realizado en el Grupo de Terminología y Organización del Conocimiento (GTERM), Universidad de la República. Profesora del Departamento de Lenguas Modernas (1990–2022) y del Programa de Posgrado en Letras, Instituto de Letras, UFRGS (2004–2024). Coordinadora del Proyecto TERMISUL (Projeto Terminológico Cone Sul, 2010–2022). Líder del grupo de investigación Termisul del Conselho Nacional de Desenvolvimento Científico e Tecnológico (CNPq) e investigadora de CNPq. Secretaria (2006–2010) y presidente (2010–2012) de la Red Iberoamericana de Terminología (RITerm). Miembro de la Directiva de la Associação Brasileira de Pesquisadores em Tradução (ABRAPT, 2020–2022) y del Núcleo de Estudos de Tradução Olga Fedossejeva (NET), Instituto de Letras, UFRGS. Intereses de investigación actuales: Terminología, Fraseología Especializada y Traducción. Proyectos de investigación vigentes: A terminologia do

patrimônio cultural imaterial, A terminologia do patrimônio cultural imaterial: língua espanhola e italiana e Patrimônio Cultural Imaterial: criação de base de dados terminológica em português e espanhol.

Isabel Medina-González
Escuela Nacional de Conservación, Restauración y Museografía [ENCRyM],
Instituto Nacional de Antropología e Historia [INAH], México
ismedin@gmail.com
Licenciada en restauración (Escuela Nacional de Conservación, Restauración y Museografía [ENCRyM], Instituto Nacional de Antropología e Historia [INAH], México); maestra en gestión de patrimonio arqueológico (University of York, Reino Unido) y doctora en arqueología (University College London [UCL], Reino Unido). En el año 2000 obtuvo el Premio Internacional al Joven Americanista, del Congreso Internacional de Americanistas y el 2022, fue galardonada con el Premio INAH a la mejor investigación en materia de Conservación del Patrimonio Ha sido: investigador honorario del Institute of Archaeology (UCL, Reino Unido), miembro del Sistema Nacional de Investigadores (SIN i), Secretaria Académica de ICOMOS México y Subdirectora de Investigación de la ENCRyM-INAH. Tiene una trayectoria de más de 30 años de trabajo en el INAH como restauradora, investigadora y docente, particularmente en el ámbito de la conservación de patrimonio arqueológico, industrial, paleontológico e indígena Actualmente es profesora e investigadora de tiempo completo del INAH tanto de la licenciatura en restauración como en la Maestría de Conservación y Restauración de Bienes Inmuebles, ambas en temas teóricos, planificación estratégica y conservación arqueológica, patrimonios indígenas y legados de la diversidad cultural. Es coordinadora y asesora de diversos proyectos de conservación e investigación de legados de interés cultural, incluyendo sitios de patrimonio mundial en México (Teotihuacán), Centro América (Monumento Guayabo, Asentamientos Diquis, Costa Rica; Copán, Honduras) y Sudamérica (Chinchorro, Quapac Ñan; Chile; San Agustín, Lindosa Chiribiquite, Tierradentro, Colombia; Ingapirka, Ecuador). Ha publicado y presentado ponencias extensivamente de forma nacional e internacional, asimismo tiene una amplia trayectoria editorial de libros y revistas. Es la Chaire de la Cátedra Unesco de Ciencias de la Conservacion y forma parte de la consultoría Ser Patrimonio.

Ana María Calvo Manuel
Universidad Complutense de Madrid
ancalvo@ucm.es
Licenciada en Geografía e Historia (sección de Historia del Arte) por la Universidad Complutense de Madrid. Graduada en Conservación y Restauración de Pintura

por la Escuela Superior de Conservación y Restauración de Bienes Culturales de Madrid. Doctora en Bellas Artes por la Universidad Politécnica de Valencia, en el programa de Conservación del Patrimonio Histórico-Artístico.

Profesora de materias de conservación del patrimonio cultural en licenciatura, grado, máster y doctorado de diversas universidades españolas y extranjeras. Ha participado en proyectos de investigación y ha dirigido tesis de máster y doctorado en el ámbito de la conservación. Dirigió el Departamento de Conservación y Restauración de la Diputación de Castellón hasta 1995. Participó en la muestra "Arte y Cultura en torno a 1492" de la Exposición Universal de Sevilla, en 1992. Entre 2002 y 2011 organizó la puesta en funcionamiento de una nueva licenciatura en conservación y restauración en la Escola das Artes de la Universidade Católica Portuguesa en Oporto.

Reconocidos cuatro sexenios de investigación por la ANECA, con participación en proyectos y publicaciones centrados en terminología, criterios de conservación-restauración, y en conservación de obras pictóricas. Ha sido directora de la revista digital ECR (Estudos de Conservação e Restauro), y codirectora de Ge-conservación del GEIIC.

En 2018 obtuvo el Premio Reserva del GEIIC en "reconocimiento a una labor, trayectoria profesional y buenas prácticas que han dejado profunda huella y un legado para las siguientes generaciones de profesionales en Conservación-Restauración".

www.ingramcontent.com/pod-product-compliance
Lightning Source LLC
Chambersburg PA
CBHW050650280326
41932CB00015B/2853